創新的团队
智慧的管理
优秀的業績

读青岛实例管理故事
有感

廉新华

幼儿园开放教育丛书

幼儿园管理故事

主编　宁征

南京师范大学出版社
NANJING NORMAL UNIVERSITY PRESS

图书在版编目(CIP)数据

幼儿园管理故事 / 宁征主编. —南京 ：南京师范大学出版社，2013.11（2021.3重印）

ISBN 978-7-5651-1530-1

Ⅰ.①幼… Ⅱ.①宁… Ⅲ.①幼儿园—管理 Ⅳ.①G617

中国版本图书馆 CIP 数据核字(2013)第 188931 号

书　　名	幼儿园管理故事
主　　编	宁　征
责任编辑	陆正东
出版发行	南京师范大学出版社
地　　址	江苏省南京市玄武区后宰门西村9号（邮编：210016）
电　　话	(025)83598919 (总编办)　83598412 (营销部)　83598009 (邮购部)
网　　址	http://press.njnu.edu.cn
电子信箱	nspzbb@njnu.edu.cn
照　　排	南京凯建图文制作有限公司
印　　刷	江苏淮阴新华印务有限公司
开　　本	787 毫米×960 毫米　1/16
印　　张	16.25
字　　数	242 千
版　　次	2013 年 11 月第 1 版　2021 年 3 月第 3 次印刷
书　　号	ISBN 978-7-5651-1530-1
定　　价	45.00 元
出 版 人	张志刚

目 录

前言

1993年11月8日，是青岛市实验幼儿园诞生之日。从只有我和副园长李爱玲带领三位青岛幼儿师范毕业的学生和一名返聘的老园长许秀珍一起创业，到逐步将三位幼师生培养起来担当领导岗位，时光荏苒，如今本园又培养了6位新的成员加入到领导队伍中，使我们这个团队不断地壮大起来，且各自收获了不同的成长体验和成果。

《幼儿园管理故事》的诞生是基于我从事幼教的原生态管理实践经历中所探索、获得的经验与体悟，同时也是基于对我所带领的领导团队成员日常辛勤付出的一种回报。因为书中每一个角色所表达出来的具体内容，都是每一个人客观真实地记录了自己在日常管理中的心路历程，这体现的是青岛市实验幼儿园管理者团队的群体智慧和鲜明的个性特征，是对发生在教育现场和工作现场不同问题的发现和解决过程的真实写照，也是我们阶段性反思与总结提升的一个过程。

在与我们的领导成员朝夕相处的年月里，我和搭档李爱玲园长同心同德，从点点滴滴开始，随时随刻、毫无保留地将我们在工作中的点滴管理经验和心得体会传递给每一名成员，与他们同甘苦，共命运，一路走来，留下诸多难以忘怀的故事。

我清晰地记得，幼儿园的发展历经五次跨越，从1993年的只有一所幼儿园，发展到1995年、2001年、2007年、2008年不断拓展优质教育资源，先后创办起五所幼儿园，横跨青岛市内东西南北。每一次跨越，都会给骨干教师带来发展的机遇和空间，萌发他们实现自我价值的愿望，同时，也是对我和李爱玲园长提出新挑战的时候，必须选拔合适的人选充实到管理团队中来。自1996年起，除按编制规定设立的三位行政干部职务由主管部门实行民主推荐任命外，经过上级组织部门的同意，其余管理者的选拔在园内实行干部聘任制。在园内聘任的园领导先后有8人，他们每一个人的成长历程，都离不开园领导群体之间的真诚相助、友善合作、坦诚相待、攻坚克难等兄弟姊妹般的真情实感。有时他们会犯一些低级错误，有时他们会不理解我和李园长的良苦用心，有时他们会把简单的问题复杂化等。无论遇到什么问题和困难，我和李园长总是会在第一时间帮助他们化解矛盾冲突，寻找解决问题的切入点，使他们在学会解决问题的过程中获得丰富的管理体验。当他们在日常的工作中表现出点滴的创新或成果，我们则会在第一时间与其他成员分享，使他们在尝试成功与快乐中健康发展，实现自我价值。

在领导成员中尝试采用周计划与周小结的方式，是基于我们所拓展的幼儿园坐落于不同的区域，园领导间没有办法每天见面，日常沟通交流受到很大的限制。为提高效率，我想到了用此办法解决成员间的沟通和交流问题，一则让每一名管理者养成会规划、能执行、善思考、爱反思、会提升的习惯；二则使我能够及时发现他们的闪光点和问题，在民主、和谐的互动中实现共同发展。近十年来，这种周计划、周小结制的做法，让每一名成员持续不断地坚持下来，它是我们共同收获的精神财富，让每一名领导成员，从流水账式地记录自己的日常工作，到带着理念和策略去有效工作和反思，记录自己刻骨铭心的片段，使每个人收获自己的快乐和成长。

我想，《幼儿园管理故事》的出版，不仅是我们“开放教育”研究者献给青岛市实验幼儿园建园20周年的礼物，也是我们这个名不见经传的团队呈现给广大学前教育同仁们的一份作业，我们真心期待大家给予指正，使我们在改进和完善中不断进步。

宁征

2013年5月7日

第一篇

园长宁征的故事

宁征小传

宁征，1982 年 7 月于青岛幼儿师范学校毕业，被分配到青岛市城阳区流亭镇任乡镇幼教辅导员；1992 年 10 月至 1993 年 8 月任青岛幼儿师范学校第二附属幼儿园园长；1993 年 8 月至今任青岛市实验幼儿园园长。先后获得“全国优秀教师”、“山东省劳动模范”、“山东省富民兴鲁劳动奖章”、“山东省特级教师”、“青岛市劳动模范”、“青岛市专业技术拔尖人才”（连续三届）等 20 余项称号。2011 年 7 月被教育部聘为学术委员会成员，2012 年享受国务院特殊津贴，2013 年 3 月当选为山东省教育年度新闻人物，2013 年 4 月被山东省政府命名为劳动模范。2003 年至 2007 年先后当选为青岛市第十、十一届政协委员；兼任中国学前教育研究会第七届常务理事。

2012 年 2 月 7 日，宁征作为中国学前教育界的唯一代表，和全国各界的其他 11 名群众代表走进中南海，参加了由温家宝总理亲自主持召开的国务院政府工作报告座谈会，并向温家宝总理等国家领导人就今后学前教育的改革与发展提出 4 点建议，发言得到了温总理的充分肯定。

自 1994 年起她创立和承担起“开放教育”研究，先后承担 8 项国家、省、市级课题，其中“创建幼儿园高品质团队的研究”课题荣获国家“十一五”研究课题一等奖，2 项“十二五”国家级研究课题立项；其撰写的 40 余篇论文在省级以上重要期刊发表，3 篇入选世界学前教育组织（OEMP）学术会议论文集，1 篇入选中国幼教百年论文集，1 篇入选中国首届园长大会论文集；出版“开放教育”专著 5 部，累计字数近百万。

作为国培、省培项目特聘专家和青岛大学特聘研究生导师以及市专家讲师团成员，宁征每年多次进行“开放教育”特色介绍和经验交流，数十次赴省内外推广传播“开放教育”团队管理和科研成果，受训者达万余人。她培养的本园教师，有 3 人提拔为园长，5 人提拔为分园园长，17 名教师获省市特级教师、优秀教师、教学能手称号。

宁征先后创办 5 所幼儿园，实现了优质资源的不断拓展，促进了幼儿的健康和谐发展，在一定程度上缓解了幼儿入好园难的问题。市级以上各大媒体曾 20 余次对其办园特色及成果予以追踪报道。在她带领下，幼儿园获得“全国教育系统先进集体”、“全国教科研先进单位”、“省十佳幼儿园”等 20 余项荣誉称号。

智者，立足之本

我想从如何做一名有智慧的园长谈起。尽管有句话大家听得已经很熟悉了，但是，我还是很喜欢。“一个好园长，就是一所好幼儿园。”我认为有思想、有智慧是当好园长的前提，也是幼儿园健康、持续发展的关键。园长要扮演好自己的角色，如教练、培训师、导航员、伯乐等，首先是科学规划幼儿园，其次是科学有效地决策。

2013年是我职业生涯的第31年。31年的职业经历，可谓是进入“而立”之年，有太多的思念和思考。一个人如果没有思想和智慧，生活和工作将失去方向。我崇尚苏联伟大的教育家苏霍姆林斯基说过的一句话：“校长，首先是教育思想的领导，其次才是行政上的领导。”30年来，我就是秉承着这样的思想和理念去追求自己的价值目标的。无论我在乡镇做幼教辅导员的十年里，还是在青岛幼儿师范附属幼儿园做园长的一年里，乃至我从1993年起做青岛市实验幼儿园的园长至今，我的信念就是要做一名有思想、有智慧的教师和园长。在乡镇的10年，我做了很多创新的工作，如统一招聘教师、统一在全镇调配教师、统一发放教师工资，对园长、教师进行系统的培训等等，使原本名不见经传的乡镇，成为全县一类幼儿园最多的乡镇。我清楚地记得，因为工作成就突出，青岛市的农村幼儿工作现场会在我所在的流亭镇召开，我被评为“青岛市优秀教师”。此后上级领导又要授予我“全国优秀教师”的称号，那时我觉得自己已经是一名公办教师了，就把这个机会给了另一名园长。结果这位园长也因为有了这个称号，成为90年代初期青岛民师免考青岛幼儿师范学校的唯一学生，她现在已经退休，成为了一名真正意义上的公办退休教师。1985年，我把上级给我的“青岛市优秀园丁”奖项也给了一位园长，她当年就转为正式的公办教师。每每想起这些，我心里充盈着幸福和快乐。

1992年10月是我幼教生涯中的第一个转折点，我被组织调入青岛幼儿师范学校第二附属幼儿园任园长。在为期10个月的园长生涯中，我学习到了面对一所问题和困难重重的幼儿园所应该采取的有效管理策略。

1993年8月30日，是我生命中值得记忆的一天。我被上级组织任命担任青岛市实验幼儿园的园长工作，肩负起在两个月内创办实验幼儿园的任务。青岛市实验幼儿园，为我实现专业升华提供了更广阔的平台。而我，也在这里大胆探索、深入研究，和所有关心爱护幼儿园的人士一起塑造了“开放教育”的专业品牌。

在我和同事们刚到这里时，我们所面临的情况不能不让我们感到空前的压力：恶劣的设施条件、不断逼近的开园时间、千头万绪的建园工作。为了解决这些问题，不知让大家吃了多少苦。

没有节假日，我们每天工作十几个小时，疲惫不堪。但想到对市局领导如期开园的承诺，我们只有拼命工作。在这段时间里，我真正认识到：人必须自立、自强、肩负起责任、激情投入工作。

1993年11月8日，我们迎来了第一批入园幼儿，共计51人。面对仅有的这些幼儿，我们的目标只有一个：别人有的我们要做到优，别人没有的我们要做好。

开办初期，我们创造性地做了几项敢为人先的事情：① 敞开园门——邀请家长走进幼儿园，零距离与教师、幼儿活动，观摩教师组织的半日活动；② 建立家园联系制——教师每月结合幼儿在园的具体表现向家长反馈每名幼儿的发展水平，家长再结合幼儿在家庭中的表现向教师做反馈；③ 进行总结性幼儿发展评估——学期末，教师根据课程目标，按健康、语言、社会、科学、艺术五个领域以书面语言的方式，向家长全面反馈每名幼儿的发展水平。令我们引以为豪的是，这些创新在幼儿的身上收到了良好的效果。

一石激起千层浪，我们的创新，赢得了家长们的信赖。开园短短两个多月，要求入园的家长络绎不绝。1994年春天，我们破例再扩班，在园幼儿达到120余名。不到一年的时间，我们又在八大峡小区创办起分园，使在园幼儿达到

260 余名。时至今日，历经近 20 年的发展，我们实现了优质资源的不断拓展，先后创办起 5 所幼儿园，横跨青岛市东西南北，在园幼儿 1 400 余人，教职工 170 人，一定程度上缓解了百姓入好园难的问题，由于高质量办园，得到社会、家长、同仁们的高度认可。

开放课程：内涵发展之本

青岛市实验幼儿园要成为学前教育的实验、示范基地，这是青岛市教育局领导在建园初期对我们提出的明确办园目标。那么，到底怎样定位？怎样才能使我们成为实验、示范基地？到底坚持怎样的办园之路才能真正实现这一目标并使本园可持续发展？创新是唯一的出路。

建园初期，我们只有正副园长和三名幼师毕业的学生。然而，市教育局要求我们把实验幼儿园办成青岛市的实验、示范基地，发挥龙头引领作用。怎样使这所新建园成为龙头园，是我思考最多的问题。我们已经处在了一个开放的时代和社会，开放的时代必然呼唤开放的教育。中国的改革开放，给青岛这座美丽的城市带来了崭新的发展机遇。由于最先被国家确定为沿海开放城市之一，青岛已步入一个开放的时代，我们必须开启新的时代的大门，迈向开放的教育。

回顾我童年时代的成长经历，尽管那时农村没有幼儿园，我也不知道幼儿园是什么样子，但是，农村独具的自然环境却给我带来了无穷的乐趣和快乐。下雨了，和小伙伴们在大街和沟河里接受雨水的洗礼；下雪了，我们一起打雪仗、嬉戏，无比兴奋；春暖花开的季节，我们去山上采野花；秋季里，我们和大人们去田野收获果实……四季轮回。童年的时光在呼唤着我，现在，如何让城里的这些“小皇帝”“小公主”们远离水泥地、柏油马路和封闭的家庭和幼儿园，是我做实验幼儿园园长开启“开放教育”的前奏。于是，解放幼儿的时空、解放幼儿的头脑、解放幼儿的手脚、解放幼儿的嘴巴等陶行知的教育思想被我们借鉴和应用到教育的实践中。由此,我们开始把幼儿带到大自然、带到社区里,去探寻春天的秘密;把幼儿带到远离市区 50 里外的郊区农村,去感知大自然所带来的惊奇;带他们到水上飞机场,去亲近水上飞机和气垫船;带他们到火车站,去了解火车带给人们的快捷;带他们到海边的名胜景点,去领略青岛的城市风貌等等。令我们大为惊奇的是:幼儿的眼睛亮了,他们有太多的好奇、太多的疑问。幼儿时而惊叹,时而欢呼,时而窃窃私语,时而开怀大笑……这些举措令幼儿更愿意高高兴兴来幼儿园了,在教室里他们有话可说,有事可做了。幼儿谈论、交流的话题无不与他们的真切感受相关联,他们所言说的无不是对大自然、大社会的真切体验。家长们高兴了,教师们开心了 ,幼儿变化了。这就是我们"开放教育"园本课程初探的结果。

这就是我和教师们倡导的与众不同的"开放教育"课程所带来的不同凡响的结果吧。

在青岛市实验幼儿园的这 20 年里,我特别感谢局领导对我的信任和关怀,让我在这片土地上耕耘了这么长时间。如果没有这么长的时间,很难形成当下"开放教育"的园本课程体系。因为园本课程的建设不是一朝一夕、一蹴而就的工程。我认为园本课程应该是园领导和教师们以幼儿发展为本,在真实的教育实践中不断地探索、反思、总结、完善、提升所形成的具有明显个性特征的思想、理念和策略的课程。它的本质是为幼儿创设适宜的教育环境,使幼儿在各种丰富的活动和游戏中,通过与环境互动、与同伴互动、与教师互动,主动学习,获得有益经验的过程。好的园本课程是成就幼儿和教师的阶梯。对于园本课程文化的建设,我们真的是在边工作、边实践的过程中慢慢总结、沉淀、提升形成的。

儿童:回归自然

担任青岛市实验幼儿园园长的角色,令我最欣慰的是在建园初期由我确立的“开放教育”研究。从诞生之日到现在,历经20年,它成了我园的一张亮丽名片。回归幼儿的天性是“开放教育”的归宿;走向大自然、走向大社会是“开放教育”的重要主张;让幼儿在开放、自主、温馨、有序的环境中主动发展是“开放教育”的追求;在爱的世界里相遇共同成长是“开放教育”的核心文化理念。由此,“开放教育”培养了大批善于交往、乐于合作、敢于表达、勇于创造的优秀幼儿,受到家长及社会各界的高度认可。在成就幼儿健康发展的同时,成就了每一名来到这里工作的教职工。

2012年3月9日,受青岛市教育局之邀,中国学前教育研究会理事长、南京师范大学博士生导师虞永平教授,向全市负责学前教育的干部、园长、骨干教师做了关于“幼儿园课程建设的基本路向”专题报告,我也在现场听课。他对我撰写的《幼儿园开放课程》这样评价:“落实了一种不断扩展的空间、时间、资源方式、经验和心灵的取向。”我觉得虞教授全方位地诠释了我们对“开放教育”探究的理性和实践,我们所追求的“开放教育”就是让幼儿在开放的生态环境中,运用各种感官充分感知和体验,真切、自然、创造性地表达自己的愿望,在充满乐趣的活动中体验快乐、感受幸福!

这里的“空间”就是依据幼儿的兴趣和需要,为他们的学习和生活提供无边缘的机会和条件。他们的探索和体验或许在幼儿园,或许在家庭,或许在大社会中的某个场所,或许在大自然中感知其神奇的变化等。它体现的是对幼儿空间的解放。幼儿园强调为幼儿创设适宜的、开放的、自主的、创造的空间环境,让幼儿学会自我选择、自我判断、自我创造、自我发展,主张把大自然、大社会作为幼儿的活教材,让幼儿在与大自然、大社会的亲密感知中获得有益经验。如小班的幼儿开展的“有趣的大海”这个主题，就是从教师或爸爸妈妈带领幼儿去海边赶海捉小鱼、捉小虾、捡小海螺切入的，之后再拓展到“我喜欢的海鲜”“海里的小动物”“我爱大海”等活动的感知和探索。中班幼儿开展的“好朋友”主题，幼儿在观察好朋友的外貌特征和喜好的基础上，周末轮流到好朋友家中做客，在学会如何邀请、招待好朋友的方法策略的同时，培养他们分享、合作、沟通等良好的社会性人格品质。大班幼儿开展的“海洋之舟”主题，幼儿在爸爸、妈妈的陪同下，利用周末去乘快艇游览，或乘客船到西海岸出游，或去海军博物馆参观等，发起对该主题的探究。

这里的“时间”指向的是，每一名幼儿都有其独特的个性品质，他们对事物的探究思维方式和行为方式各不相同。因此，我们首先要对幼儿的健康、和谐、全面发展担当责任，提出了“一日活动即课程”的思想，即要优化幼儿的一日活动时间，保障幼儿的活动符合动静交替，室内室外有机结合的原则；保障幼儿有充足的自主活动或游戏的时间和条件，有利于他们在活动中彰显个性。如我们必须严格按照国家的规定，幼儿在户外运动的时间一定要达到2小时以上，不可以设置违背幼儿身心发展特点的所谓的“特长班”课程；在同一时段的学习过程中，允许幼儿按照自己的想法选择、参与活动，允许幼儿活动中的持续探究。如个别幼儿在制作区选择了自制喜欢的军舰，在上午的区域活动中没有完成，他(她)可以在下午的区域活动时段继续制作，甚至于第二天的区域活动时段依然可以继续活动，只要孩子需要就可以。这体现的是教师对幼儿人格和权力的尊重。

关于“资源、经验和心灵的扩展”，我理解的“资源”不仅是社会资源，还有幼儿成长过程中的家长资源、教师资源、同伴资源等，这些资源都是不可或缺的资源，对每一个生命个体的成长起着至关重要的作用。社会环境资源是幼儿探究生活世界的重要源泉，给幼儿带来探究的欲望和惊奇。而人际资源又是幼儿现实生活中的重要他人，开放的、良好的人际关系将有助于幼儿的成长。当今的家长资源与过去发生了很大的变化，他们的成长背景不同，学历水平高，从事的行业领域多元，幼儿园理应与家长建立起良好的互动关系，充分挖掘那些在课程实施中有价值的家长资源，为幼儿所用。教师资源更是幼儿身心成长的助推器，营造民主、自由、和谐的师幼关系可以让幼儿的心灵得到释放。同伴资源的利用是“开放教育”理念所追求的重要资源。幼儿从独立的家庭，来到幼儿园的集体生活中，因为受多种因素的影响，他们还不能游刃有余地与同伴一起生活和学习，需要在“试误”中尝试获得与同伴建立合作、互助、交往、友善的关系，这需要教师们高度关注他们的互动交流。另外，每一名幼儿有其独特的个性，在生活和学习的过程中，教师们要将那些充满灵性的幼儿创造成果及时分享给全体幼儿，使同伴的个体经验共享为团体经验。当幼儿感知到来自物质和人际两方面的资源后，他们所获得的经验是丰富、多元的，他们的心灵处处得到升华和释放。相信，幼儿的创造力、想象力将得到激发，他们的求知欲将得到满足。试想，在这样的环境中成长起来的幼儿，一定会成为中国伟大复兴的接班人。

成人：儿童成长的重要他人

儿童的教育真的需要成人去呵护、去浇灌、去滋润、去修剪。这里的呵护是因为幼儿幼小的心灵较脆弱，易受伤害，像一棵棵幼苗，经不起风吹雨打，需要成人的关爱和理解，就像园艺师那样，对这些幼苗要不断地浇水、施肥、修剪，给予适宜的阳光和雨露，才能使其长成参天大树。如果我们不了解儿童心智发展的模式和特点，不了解儿童的兴趣和爱好，就谈不上教育。因此，作为成人的我们真的应该尊重儿童，走进儿童，理解儿童，解读儿童，启迪儿童。

记得伟大的作家和教育家列夫·托尔斯泰说过：“孩子自出生到 5 岁的这段年龄期内，在他的智慧、情感、意志和性格诸方面从周围世界中所摄取的，要比他从 5 岁到一生终了所摄取的多许多倍。”苏联教育家马卡连柯阐述过同样的意思，人到 5 岁时成为什么样的人，将来也就是那样的一个人。可见，我们对儿童的教育的责任和使命任重而道远。作为“开放教育”研究中的成人，既包括幼儿成长中的家庭重要养育者，又包括幼儿园的教养者，以及社会中的幼儿重要接触者。如何关注家庭教育，如何使领导群体的领导力获得好的发展，如何使每一教职工有激情地工作，如何发掘影响幼儿成长中的社会成员等是我重要的研究内容。

在持续发展的过程中，我园教职工队伍不断壮大，园领导人数不断增加，无论是教师平均年龄，还是园领导群体的平均年龄均在 30 岁左右。年轻领导在管理方面无论阅历还是经验都亟待提高，不断涌入的新教师的专业水平达不到“开放教育”的理想要求，我开始尝试着去探寻一条有效的管理途径。

1. 实行园领导岗位内部聘任制

由于我园的行政规格低，属于科级单位，上级主管部门仅给配备、任命 3 位行政园长。所拥有的 5 所幼儿园坐落于不同的区域，行政干部严重缺乏。因此，我征得上级主管部门领导的同意，创造性地建立起内部聘任制，从教师群体中，将整体素养表现优异，具有专业智慧和引领作用的骨干教师聘为行政管理者。我先后聘任了一名后勤园长，作为行政副园长的助手，负责五所幼儿园的卫生保健和伙食管理；聘任了 4 名分园园长，负责每一所幼儿园的日常管理，即分园执行园长；聘任了一名教科室主任，负责五所幼儿园的教科研管理。

对于园内聘任的园领导则实行学年度聘任制。每学年度结束时，每名成员能否继续聘任，主要从三个方面进行考察：一是在每个月的岗位工作考核中，每名成员对自己的月工作完成情况进行自评，了解自评是否客观、公正；二是 3 名行政领导结合日常工作情况，对每名成员的岗位质量进行等级评价；三是学期末，请全体教职工对每名成员（包括行政园长）进行民主测评。在全方位对每一名园领导进行总体分析的基础上，对于考核成绩优异、民主评议优秀的成员，将予以继续聘任。

园内聘任制，激活和焕发了每名成员工作的激情和热情，增强了各自的责任感和使命感，使其始终能够保持创新和旺盛的工作状态，并在教职工和家长

中的地位得到不断提升。(详见附件 1 - 3)

2. 实行园领导巡回交流制

为确保每一所幼儿园能够高质量、正常地运转,3 名行政园长和后勤园长,每周在五所园区巡回办公,各分园园长则在常驻园区工作的基础上,不定期到其他园区流动办公,其主要目的,一是实现有价值信息的及时传递;二是实现多角度审视各园区的工作质量;三是实现各园区的同步发展。

实行巡回交流能够使不同园区的教职工充分感受到园领导对各园区工作的重视,传递不同风格管理者带来的指导与建议,更重要的是引导每一名园领导开阔视野地去锻造自己的管理实践经验。因此,园领导人手配备数码相机一架,当步入教育现场或工作现场时,可以随时随手拍摄寻常时刻或不寻常时刻的有价值的信息资料,以备自己反思分析或做即时性教研活动用,或做阶段性剖析培训用,或随时传递给其他园区的园领导、教师用。

3. 实行周计划、周小结制

采用园长领导下的领导班子成员每周依据全园月工作重点,结合自己分管的工作性质和特点,制定出每周的工作重点。要求成员所定计划具体到每一天,且于周末对本周的计划执行情况进行反思总结,每周一上岗前通过网络将本周计划和上周小结发至园长。对于每一位园领导的周计划和小结,我要仔细阅读确定其制定的是否合理、科学,并结合自己在教育现场中了解、发现的情况,对每一篇周小结进行阅读反馈,或通过电话,或以网络的方式与撰写人进行个别沟通交流。若发现小结中存在观念和策略问题,随时向其反馈,提出改进建议,以求达成共识;若发现质量高的周小结,随时发送给其他成员分享其典型经验,以保持团队相互间的高度合作、沟通。本书中所呈现出的其他园领导的管理故事,就是他们每个人在日常管理中撰写的周小结中的一小部分,代表我们有效管理的形式之一。在多年的实践体验中,我见证了每一名管理者的成长足迹。他们的记录从流水账式的周小结,逐步发展为独具特点的反思性分析,在实现自我成长的过程中,实现了团队共同成长。

计划—反思—再计划—再反思,形成了每一位领导群体成员的一种习惯,

让每一名成员步入了实践反思和行动研究的过程中，形成了领导成员间的研究共同体，助推了每个人的实践智慧。（详见附件 4）

4. 建立阶段性对话机制

结合我们的工作实际，为取得高效的管理成效，我创造性地提出了阶段性对话的管理机制。高密度、快节奏是园领导日常工作的常态，每名管理者穿梭于不同的园区和班级，日常见面的机会较少，更不能随心所欲地经常开会。因此，我们建立起阶段性的领导成员集中见面的对话机制，以确保每一次见面能够达到经验共享的目的。阶段性对话的时间不固定，有时依据需要会每周组织一次对话活动，有时会两周一次，有时会一个月一次。

阶段性对话活动所指向的内容有一部分是对阶段性园务工作作小结的分享，园长依据各园区在贯彻、落实园务重点工作的过程中，哪些工作值得肯定，哪些工作值得反思，以引发全体成员的互动、质疑和交流，形成团体反思的思维方式和工作习惯。其次，还有以主题民主生活会的方式开展的活动，领导成员依据自身管理中存在的问题进行深层次挖掘和剖析，成员间开展批评与自我批评，以提升团体的整体反思能力。再者，有围绕着全园性重大活动开展的讨论会，成员间各抒己见，集思广益，由园长在倾听、互动的过程中决策，使成员明确工作思路和重点，为达成目标而通力协作。（详见附件 5）

附件 1：

青岛市实验幼儿园月工作成绩统计表

部门	姓名	计划与执行	岗位质量			职务补贴	部门卫生	幼儿出勤率	其他情况扣发
			学习与研究	专业指导	管理实效				
园　长									
副园长									
分园园长									
教科室主任									
后勤园长									
备　注									

附件 2：

园领导月工作自评表

姓　名：孙琦　　　　　　　　　　　　　　　　2012 年 12 月　日

<table>
<tr><th colspan="2">项　目</th><th>等　次</th><th>依　　据</th></tr>
<tr><td colspan="2">计划与反思</td><td>1</td><td>计划制定详细，能针对问题持续关注园区工作，计划的目的性与连续性增强，提高了管理实效</td></tr>
<tr><td rowspan="3">岗位质量</td><td>学习与研究</td><td>1</td><td>能结合主题实施、开放活动中的问题，幼儿发展状况及时提出改进建议，提高班级活动有效性</td></tr>
<tr><td>专业指导</td><td>1</td><td>全面关注班级各项工作，就主题实施、集体活动、户外活动等实践问题与教师互动研究，提高活动质量</td></tr>
<tr><td>管理实效</td><td>1</td><td>能全面关注教育、后勤工作，发现问题及时协调相关人员查摆落实，寻找策略改进，努力保障园区工作顺畅、有效</td></tr>
<tr><td colspan="2">职务补贴</td><td>1</td><td>认真履行工作职责，针对自身问题及时改进，调整工作策略，工作实效性在原有基础上提高！</td></tr>
<tr><td colspan="2">部门卫生</td><td>1</td><td>能及时整理办公室卫生，保持整洁、有序</td></tr>
<tr><td colspan="2" rowspan="3">出　勤</td><td>病　假</td><td></td></tr>
<tr><td>事　假</td><td></td></tr>
<tr><td>加　班</td><td></td></tr>
</table>

附件 3：

园领导班子民主评议表

序号	考核项目	考　核　要　求	考核分值	被考核人实得分									
1	职业素养	拥有正确的世界观、人生观、价值观； 具有强烈的责任感和使命感； 专业素质过硬，能引领团队实现同步发展	20										
2	办园方向	办园思想端正，遵循党的教育方针和相关的教育法律法规； 科学制定办园发展规划，具有可行性和操作性	20										
3	计划与执行	每学期制定切实可行的全园计划和个人工作计划； 如期完成计划中重要任务； 及时总结提升取得的成果予以分享	30										
4	管理与创新	具有较强的学习力和组织指导能力； 具有较强的研究能力； 具有较强的实践反思能力； 教科研成果得以推广和应用	30										
总　　分(1—4 项)			100										
综合评价(只允许填写一项)		1. 优秀　2. 良好 3. 及格　4. 差	/										

附件 4:

2012 年——2013 学年第二学期第四周

(3 月 18 日——3 月 22 日)工作计划　　　　朱　泳

时间	工作内容	园区
周一	1. 跟踪郭静班半日活动,观察班级幼儿养成习惯、班级管理情况 2. 跟踪祝琛的集体教育活动,并查看其备课 3. 查看小中大班早操质量 4. 查看各班下午时间的安排和活动组织情况 5. 听杨柳介绍半日活动安排	曙光园
周二	1. 跟踪小班区域活动,听叶珊的讲评 2. 与小班教师互动"亲亲小动物"主题整理思路 3. 跟踪黄娜娜的集体教育活动,并查看其备课 4. 与中、小班教师互动"春天"主题实施思路 5. 查看各班下午时间的安排和活动组织情况	大尧园
周三	1. 跟踪舒斐班区域活动,听舒斐的讲评 2. 查看小中班早操质量 3. 与小班教师互动"春天"主题实施思路 4. 跟踪柳晓菲的集体教育活动,并查看其备课 5. 查看各班下午时间的安排和活动组织情况	龙羊峡园
周四	1. 跟踪崔群班区域活动,听崔群的讲评 2. 跟踪赵迎新的集体教育活动,并查看其备课 3. 与中班教师互动"春天"主题实施思路 4. 查看各班下午时间的安排和活动组织情况	红山峡园
周五	1. 参与幼师王老师"种植"培训 2. 与小、中班教师互动"春天"主题实施思路 3. 查看各班下午时间的安排和活动组织情况	阳光园
备注		

附件 5:2012 年青岛市实验幼儿园民主生活会发言提纲

发言人:罗杰

主题:如何办好人民满意的学前教育

请您围绕生活会主题,联系思想和工作实际,查摆问题及整改措施如下。

问题 1:学习的主动性不够。

不能依据自身专业发展需要阶段性、持续性的学习相关书籍;习惯性思维不能拓展阅读学习的领域,优化知识结构,提高审视问题的能力和水平。

整改措施:

一是制订计划,并严格落实,并设置一定的奖惩机制;

二是阶段性地与教师们开展读书沙龙活动,分享自己阅读体验,带领教师形成良好的阅读分享习惯。

问题 2:工作中的创新能力有待提高,尤其是课程实施方面。

课程实施中模式化问题依然存在,幼儿与课程的关系定位不准确。

整改措施:

一是切实做好主题实施前幼儿兴趣经验调查与分析,有针对性地设计主题实施思路,灵活调整、跟进主题实施进程。

二是严抓主题预操作活动的质量,确保教师有效指导、评价幼儿的活动,提高活动质量和发展水平。

问题 3:日常工作中的执行力不强,问题落实、回馈不及时。

不能依据问题轻重缓急来处理,需要有层次的安排落实,不及时汇报。

整改措施:

一是随时记录问题,并确定负责人员,按时督促问题解决,查看质量并反馈意见。

二是加强问题意识,在研究问题、解决问题的过程中提高执行力。

问题 4:工作中服务意识有待提高

对外服务于家长的合理需求,及时提供信息;对内结合不同教师的发展水平和需要,提供个性化的指导。

整改措施：

一是有计划地检查、询问各班家长工作情况，了解有特殊需要的家长及其意见；随时关注家长提出的建议，并及时、合理地予以答复，保证沟通友好、畅通。

二是制定培养计划，定时、定人地开展研讨活动，帮助教师有目的、有计划地开展班级工作和自身发展规划。

经过持续的磨砺和锻造，领导成员的专业素养得到进一步提升，分园园长朱泳已升为副园长，分别获得省、市级“教学能手”和“青岛市学科带头人”称号，发表市级以上文章10余篇，成为青岛幼儿师范客座教师；其他5名分园园长中有省教学能手2人，青岛市特级教师1人，均属青岛幼儿师范客座教师；1名办公室主任被聘任为行政副园长；1名卫生保健总负责人被聘为负责后勤的园长。所形成的10人（含1名返聘副园长）园领导群体是一支肯奉献、善思考、勇创新的管理队伍，为来访者留下深刻印象，在每年的教职工民主评议中其优秀满意率达98%左右。

挑战：创新的源泉

“开放教育”强调幼儿的学习应来源于生活、服务于生活，强调体验性的经验获得。因此，带领幼儿走向自然，走向社会是“开放教育”的常态活动。但是，组织外出活动所存在的风险和挑战问题，的确是当今很多园长（校长）所必须面对的。因为在我们的体制框架里和社会中人们的价值观取向，往往幼儿在校园里出现的所有大大小小事故，由于法律同情弱者，家长寻找问题解决的突破口，大都把责任推给学校或幼儿园。导致园长（校长）作为法人代表，首当其冲要被问责。

其次，在纠缠不完的司法事件中需要耗费大量的时间和精力。为此，因为怕出事，而少组织一些外出参访感知活动，尽量让幼儿待在教室里的状态就成为了普遍现象。可是我认为，不能因为怕出事就剥夺了幼儿的好奇心和求知欲，就将他们圈在幼儿园或教室里，泯灭他们的天性，这是犯罪。当然，作为园长要考虑幼儿的生命安全，且要把生命安全放在第一位。

在组织外出参访感知活动中，首先选择具有严格资质的用车公司，与其签订合作协议，确保车辆安全行驶。其次，教师对所要参访的地点做出细致分析，确保幼儿安全的同时，引导幼儿获得有益体验。再者，为参访班级配备足够的人员，或邀请家长志愿者参与，确保幼儿的安全。我经常告诫自己，做园长就是要为社会承担责任和使命。我也经常向来访的国内外专家、学者、同仁们说这样一句话："我所倡导实施的'开放教育'，就是要为中华民族的伟大复兴和崛起尽到自己应该尽的那份责任。"还有一句话："我们不能以牺牲幼儿健康快乐的童年为代价，换取所谓的特色（诸如在幼儿园举办英语班、绘画班、蒙台梭利班等等）。"这话似乎听起来挺口号化的，但是，它是我的内心写照。我是这么说的，也是这么做的。

在我们"开放教育"的课程里，从小班幼儿到中大班幼儿，只要活动需要，教师们都会有计划、有目的地组织幼儿到大自然、大社会中参访。如小班实施的"有趣的大海"，中班实施的"神奇的海洋动物"，大班实施的"海洋之舟"等主题，都需要教师在主题的发起或推进过程中，组织幼儿到海边、水族馆、海军博物馆等场所亲自感知发现，使幼儿的探究更具有灵性和创造性。在有计划、有目的的外出参访活动中，家长是"开放教育"的重要参与者、合作者和支持者。各班级教师结合不同家庭的基本特点，将家长们分成不同的假日活动小组，当有些活动需要家长利用双休日或节假日带领幼儿外出感知时，教师们会结合不同主题特点的需要，向家长下发活动通知，详细告知家长朋友到哪里感知，如何组织幼儿的参访活动，怎样与幼儿互动交流等，引导家长带着好奇和问题组织幼儿的感知活动。

如春节前夕，大班的幼儿通过举办年货大集，将自己亲手创作的年画、福字、春联、中国结、窗花等吉祥饰品和挂件卖给参与年货大集的爸爸、妈妈们，将所收获的钱进行统计，几经讨论，决定用这些钱为敬老院的老人买营养品，为山区幼儿园的小朋友买图画书和糖果，为孤儿院的小朋友买玩具和好吃的食物。之后，在教师的引导和家长们的参与下，幼儿分成三个活动小组，分别前往三个场所，给敬老院的老人、山区幼儿园的小朋友、孤儿院的小朋友送去了真切的慰问和祝福，使得活动收到了意想不到的成效。长此以往，"开放教育"中的教师、家长和幼儿，在亲密接触大自然和大社会的过程中享受到超乎想象的喜悦和收获。

据了解，在日本的幼儿园里，园长经常组织幼儿开展马拉松长跑活动，让幼儿在有阳光照耀的房间光着上身吃饭，组织一岁左右的婴幼儿开展爬行比赛，定期开展地震、火灾逃生演练。这些难道不值得我们好好反思吗?!

记得2011年的春节刚过，台湾某电视台的执行营运官等5人来我园参访，其目的就是想通过我的认可，推销台湾的教材和学具。谈话间，我得知他们的教材和学具与我们国家纲要和我园的"开放教育"价值取向有差异。我对他们的做法表示不接纳，且告诉他们，我们同属一种文化，同样在为中华民族培养子孙后代，我们不可以把眼睛盯在家长的口袋里，只想向家长索取钱。一席话后，客人们临走时，拉着我的手不断地道歉："我们今天受教育了！"

科研：持续发展之本

园长的责任不仅仅是上述我谈到的。在创办实验幼儿园后直到今天，在各级领导的关怀支持下，由于办园质量的优质，我们的优质资源得到不断拓展，先后举办了五所幼儿园，横跨东西南北和新老城区，缓解了百姓入好园难、入好园贵的状况。不断地拓展优质教育资源，无论是园长、园领导群体，还是教职工们都是要付出责任和代价的。拓展后如何确保高质量办园，如何让教职工充满激情地工作，如何让团队中的每一个人实现自我价值，如何提升每一名教职工的工作、生活幸福指数，又是我思考的新问题。

我在“九五”“十五”期间，利用十年的时间，对幼儿园“开放教育”进行了全方位的研究，取得阶段性成果。先后出版了《“开放教育”文集》（第一、二辑）、《开放的时代 开放的教育》、《让童稚的心灵拥有开放的空间》、《幼儿园开放课程》五部专著。“十一五”期间，我主持确立了“幼儿园创建高品质团队研究”“基于人本主义的发展型教师培养研究”两项研究课题。历经五年的研究也取得了令我较满意的成果。其中“创建幼儿园高品质团队的研究”课题成果获两项国家一等奖。记得在“幼儿园创建高品质团队研究”结题会上，中国学前教育研究会的前任理事长北师大的冯晓霞教授和副理事长南师大的虞永平教授，对此课题做出这样的评价：“此课题的研究在学会中可谓是高质量的课题研究成果，充分体现出青岛市实验幼儿园行有道、园生辉的办园思想和成果。”2010 年 11 月份，中国学前教育研究会在青岛举行换届暨成果表彰会，我园接待了来自全国各地专家、学者、同仁 600 余人的参访，会议期间，我向与会代表做了“构建园本文化，提升团队品质”的专题分享报告，受到了参会人员的高度评价。

我之所以要做这两方面的课题研究，是因为我们的办园规模在不断地扩大，教职工的人数迅速增加，人的问题是关系到幼儿受教育质量的重要问题。在考虑成就幼儿的同时，必须把促进教职工的专业成长放在重要的位置。幼儿园可持续发展不是靠园长单枪匹马，靠的是我们团队中的每一个人。研究中我们定位园长、园领导的角色是教练，引导和帮助每一名教职工获得专业成长，实现自我价值；是伯乐，发现教职工长处，扬长补短，使其做最合适的工作；是乐队指挥，带领团队成员团结协作，实现跨越。

引领:团队共同发展之本

我认为有智慧的园长应该是教育实践中的引领者。近20年的"开放教育"研究,我始终在扮演这个角色,且力争将这个角色扮演好。

1. 走进教育现场中的引领

只有走进真实的教育现场去探寻才会获得教育的真谛。尤其是经常深入教育的现场敏锐地发现问题,并能将问题予以及时解决时,不仅能使自己获得成功体验,而且会有效促进教师们的专业成长。

我有一个特殊的习惯,每当走进教育现场时,都会随手带上照相机,随时抓拍教育现场中幼儿具有价值的活动过程。这些有价值的活动过程或许是幼儿具有灵性的原生态创造,或许是他们遇到的困难,或许是他们存在的问题,或许是师幼互动中的亮点或问题等等。对于所捕捉到的这些信息,我会在第一时间对其做出判断,即不同的信息值得向谁反馈,要达到的目的是什么。如当我跟踪一个配班教师组织的表演游戏时,发现存在教师观念滞后,指导不到位,幼儿游戏活动水平低等问题;新手班主任组织的活动区活动时,发现她在回顾、分享、提升环节中抓不住重点,幼儿的主体性调动不够,幼儿获得不了有意义经验等问题。我以不干扰她的组织为原则,对其全程录像,并在即日将录像资料转发给当班教师和其所在的分园园长,并与教师和分园园长做简单沟通,将我在其中发现的主要问题向其反馈,待他们进行自我观看反思后,再与他们进行互动交流,以达成共识,解决存在问题。下面是我与班级两位教师的内网(AM)系统沟通。

田雪(2013—05—24 17:17:43):

尊敬的宁园长:

您好!感谢您周三早晨活动区对于我精心、细致的指导,作为一名新的班主任我很荣幸,同时我也感受到了园领导对我的关怀和期望。对于周三的活动区活动与评价，我和安然还有张园长及同级部的教师进行了深刻的剖析和反思，我觉得有以下两个方面：

1. 关于活动区的评价

(1) 教师讲评的时候没有抓住关键点(例如：裙子的展示观察又转到衣服上，衣服没有讲清楚，又回到了裙子上。)无任何头绪，条理不清晰。

(2) 师幼互动中，缺少教育智慧。讲评当中只注重了个别幼儿的发展，忽略了其他幼儿，他们发展的机会比较少，在整个评价过程当中，教师讲得太多，幼儿讲得非常少。

(3) 出示范例时，应多提一些开放性的问题。在这次讲评的过程当中，每次孩子回答了我的问题以后，却缺少一个提升，我没有把幼儿的语言进行总结，然后进一步的提升，例如：当幼儿说完彩色的横条花裙的时候，我应当把他们的语言串起来，比如这件裙子上有金黄色的领子，上面还有闪闪发光亮片，衣服的上半部分是彩色的横条纹，下面的小裙子是浅黄色的，而且是一层一层的蛋糕裙，非常的漂亮，这个时候再引到幼儿自己制作的衣服上面，就会比较自然了。

(4) 高控制的现象存在，所有的活动要建立在孩子的兴趣之上。米妮做的那条紫色的裙子其实并不是她自己的想法，是教师强加给米妮的，所以米妮用了一早晨的时间都没有把它做出来，因为她不明白到底该使用怎样的方法。对于裙子的制作，教师在讲评的时候也没有遵循小班幼儿的年龄特点，把一个简单的问题复杂化了，提出了高的要求，所以幼儿在想办法的时候，就会出现很多不合乎逻辑的办法，但是教师没有指出问题，而是一味的顺从，也导致了最后这个裙子的制作依然没有解决。我觉得幼儿如果自己有了制作的欲望，那么在制作的过程当中，他们一定会更加积极主动一些，而不是教师把自己的想法强加给孩子。

(5) 教师教的痕迹比较严重，只是注重了技能的发展，也没有进一步地引发幼儿下一步的活动。当幼儿讲述完自己制作的彩条连衣裙以后，教师其实可以以此作为教育契机，再找来其他装饰方法的实物或者图片，请幼儿进行观察，看看除了彩条的装饰方法，还有什么样的方法可以进行装饰；还可以进一步思考除了装饰小裙子可以用这些方法，还可以装饰些什么别的东西，如此引发幼儿下一步的活动就更好了。

2. 替代现象随处可见,在日常教学工作当中还是要把它当做重点工作来做。

宝来在活动区中,不会自己摘套袖和围裙,可是因为收玩具,我太着急所以就帮他把套袖和围裙都摘下来了。事后,我也反思自己平日的工作,确实让孩子自己做得太少,我帮他们太多,也是导致今天这样问题出现的直接原因。所以,从现在开始,我把幼儿力所能及的事情全都放手,让他们自己做,我要学会等待孩子,不着急,要帮他们养成良好的习惯。

以上就是我对这次您亲自指导活动区的一些反思,有不适宜的地方,请您批评指正。再次感谢您对于我的关怀与指导。谢谢!

祝您身体健康!

田雪

宁征(2013-05-24 18:45:52):

你能敢于将我给你们录制的活动内容与小班级部的教师们一起剖析研讨令我较感动;对问题的反思也比较到位。我真心希望你们能理性、科学、正确对待每一天的工作,设身处地的着眼于幼儿真正意义上的健康持续发展,将自主学习和反思建立在为自己健康的专业发展基础上,才能获得自己和班级幼儿的有价值、有意义的成长。其实,最有效的专业发展,不是建立在被动地接受他人的问题发现和指导,而是建立在自己主动地探索和实践研究。“向每一天要工作质量”是每一名学前教育工作者的永恒追求。

安然(2013-05-24 16:28:29):

尊敬的宁园长:

你好!感谢你能够在百忙之中抽空来到我们班,参与并指导我们班的表演游戏,对于我自身指导不到位的地方,我及时地进行了反思。张园长也带领我们级部间一起反思研究了小班表演游戏的设计及评价。

我对此进行了深度地剖析:① 表演区孩子出现不快乐、不自由、不放松的现象是教师的高控制的表现,孩子失去了原有的灵性。② 没有对图书本身进行深度、细致地分析,对情感的挖掘不够。孩子对文学作品的理解缺乏。③ 平时小组活动没有把集体活动和区域活动有机地结合在一起,应该让幼儿充分地表现。④ 在表演区的场地创设上太呆板,幼儿应该自主地在场地上进行自己的活动。彩虹色的花的道具应该穿在孩子的身上,或者是立在地上,这样用手拿着道具限制了幼儿的表现力。⑤ 再一次阅读了宁园长的《幼儿园开放课程》,更加确定了教师的指导应该是参与式的指导,教师应该表演主要角色,带领孩子进行自主表现。⑥ 平时在讲评的过程中应该多利用录像的形式,将表演好的地方,放给孩子看,对于表现不是很到位的地方引导幼儿观察,帮助其提高自身表演水平。⑦ 在表演区评价上,我处于表面的评价,并没有深入到问题的根本,应该对照作品本身,进行深入的挖掘。

最后,感谢宁园长的教育指导,我将会把这次的反思,和科学有效的教育观念,灵活的运用到后期的表演游戏中。谢谢宁园长的指导。

宁征(2013-05-24 18:48:15):

这是我回复给安然的内容:(略)真心希望你们能形成良好的互动研究共同体。

再则,我会将捕捉到的照片或录像信息资料,进行整理后,以最快的速度召开领导班子研讨会,或班级教师研讨会,向大家做详细解读和剖析,将自己对教育现场中所发生的教育故事的思考和主张予以传递,以引发大家的互动和研讨。若自己提出的主张被大家所接纳和认同,那么,在日后的课程实施过程中,就秉承着大家的认同去改进和完善,以有效促进教师专业成长和幼儿的有益发展。这已经成为我日常工作的一种习惯和行为方式。由此,我所带领的领导团队成员,在日常的管理中,除了自主创造性开展教育教学研讨外,也在尝试、借鉴我所倡导的这种教研方式,取得了令人欣慰的成果。

2. 以问题解决为突破的引领

针对教师、幼儿、家长缺乏读书兴趣的问题,2009 年庆祝“六一”国际儿童节之际，我率先在幼儿园倡导设立“阅读节”，并亲自策划、组织阅读节的启动仪式，使“阅读节”成为青岛市实验幼儿园一个标志性、持续性节日。节日里向幼儿和教职工赠书是我多年来的一种工作习惯，赢得了幼儿、家长和团队成员的爱戴，也唤起了他们的读书兴趣和热情。2010 年 10 月在中国家庭教育研究会召开的表彰会上，9 名教师所在的班级荣获“书香班级”称号，11 个家庭荣获“书香家庭”称号。自 2010 年以来，每年都会涌现出百余个园级“书香家庭”。

在解决问题的过程中，我尝试开展读书沙龙活动，提升教师阅读智慧。我所倡导的读书沙龙活动，其举办形式有班级间、级部间、园级三级开展的读书沙龙活动。在各级组织的读书沙龙活动中，以分享交流阅读体验为主，成员间结合自身实践需要，将自主阅读书目与同伴分享交流相结合。历经多年的实践，自主阅读与分享为教师们的专业成长插上了腾飞的翅膀。教师们从《55 条班规》的分享中，聆听了侯琛教师是如何以爱为基点，营造和谐的班级氛围，倾心呵护一名残障儿童的动人叙事研究；从《第 56 号教室的奇迹》的分享中，聆听了诸多教师们是如何高度关注特殊儿童的家园互动研究，有效促进了特殊儿童在原有基础上的不断成长；在《鸽子》《甘蔗有多高》的分享中，教师们学会了如何系统引导幼儿观察、记录、探究自然界农作物的生长规律和特点，使幼儿的学习更富有灵性。读书沙龙活动是教师们专业智慧发展的阶梯。

尝试举办导读分享，即将自己已阅读的经典、有教育价值、切合现实需要的书目，向团队成员做精要解读分享。此活动由我发起，率先向团队做示范引领。依据我园“开放教育”园本课程研究的需要，我多次为领导班子成员和教师们做美国《高瞻课程》的导读分享，唤起了大家阅读的积极性，使此书成为大家喜爱的枕边书。与此同时，对该书的学习改变了教师们的教育观念，摒弃了诸多潜藏于自身深处的陈旧、腐朽的理念和策略，使幼儿获益良多。

当我发现有的教师出现职业追求不高、职业倦怠和“高原反应”的现象时，我及时向全体教职工做《在与众不同的教室里》的专著导读，向大家介绍八位美国的优秀教师的不同教育特质和风格，使每个人找到了自身的差距。《效率至上》《育人三部曲》《幼儿园开放课程》等专著，分别是我在管理和研究的过程中向领导班子成员和全体教师所做的专题导读，受到大家的爱戴。长此以往，带出了一个爱学习、爱分享的团队，《一百种语言》《教学的勇气》《作品取样系统》《让儿童的学习看得见》等书目，是园领导班子成员分别向教师们所做的导读分享内容，不仅开阔了教师们的阅读视野，而且使教师们获得直接经验，在教育的实践中我们见到了教师们呈现出不断完善的工作状态。

3. 以解决薄弱环节的引领

集体教育活动是我园长期存在的一日活动中的薄弱环节，所以，听教师们说课、上课是我工作中的重要组成部分。每次听完教师们设计、组织的活动，我都会亲自点评教师们的说课、试讲，亲自动笔修改他们设计的教学方案，不厌其烦地向他们传递我的见解，并请其他园领导共同参与，以起到互动引领作用。

一是基于行动研究中的高密度的互动引领。我经常告诫自己："园长是课程实施的第一责任人。"创办高质量幼儿园的前提是将幼儿园办出特色，而办出特色的核心要素是必须拥有一支高素质的教师专业队伍和具有生命力的园本课程。因此，在成就幼儿健康、快乐、全面、幸福成长的同时，成就教师的专业智慧成长是园长的首要任务。

二是即时性互动引领。经常走进不同园区的活动室，与幼儿、教师互动交流，将幼儿寻常或不寻常时刻有价值、有意义的活动照片拍摄下来，用于对园领导和教师的分享或培训是我的工作习惯。当我步入班级敏锐捕捉到教师的指导有问题时，如对个别幼儿在活动区活动的引导不到位，出现高控制性干预或替代行为，我会第一时间与当事教师进行沟通、予以剖析，双方达成共识，使其获得有益经验。此外，还会当日选择合适的机会与其分园园长进行沟通交流，使分园园长获取信息，以对其进行跟踪研究，并传递给其他班级。与此同时，还会抽时间将发现的问题通报给分管教育教学管理的副园长，使其掌握信息，以便在各分园指导时，关注此类问题的解决。如果发现教育现场有突出的创新成果，也会采用此类方式与团队成员共同分享。

三是阶段性互动引领。"日清日高"、"静夜六思、清晨六问"是我学习借鉴海尔集团和企业界的工作理念。它是一种良好的思维方式和工作习惯，也是教育实践反思的有效方式。对于步入教育现场中获得的所有信息，这里的信息是指向幼儿学习环境的创设和利用、教师的组织和指导、幼儿的活动表现等。如材料的提供是否是丰富适宜的；教师与幼儿的互动关系是否是尊重、理解、启迪、支持和帮助；幼儿的活动是否是民主、自由、开放、自主等。一般情况下，我会从诸多的信息中，思考、分析、梳理出其中带有共性的问题结症的根源，并寻找有效的解决办法，通过组织不同层次的研讨会，将自己的见解分享给大家，在碰撞中实现共同发展。

长此以往，园领导在指导教师们的具体实践中有效性进一步提升，一线的教师们对于集体教育活动的设计和组织的质量有了明显的改进。近三年间，教师们在参加省、市教研部门组织的优质课评选，省、市教学能手评选活动中，向来访者展示高质量的集体教育活动 70 余节，我园先后有 20 余名教师获得了市级以上优质课和能手的称号。

辐射：共享发展成果

作为青岛市唯一的市级实验幼儿园，我们的任务就是示范、引领。草根式研究，创造性实践，螺旋式提升和发展，是我们的基本发展特征。

提供个性化的服务以实现带动和分享。每学期，本市姊妹园或个别地区的新建园、骨干园，慕名要求前来参观、跟踪学习的人数较多。为此，我们专门为其提供个性化的服务，依据每次来园学习的园长、教师的具体情况，制定相适宜的学习计划，将我们当下研究的重点、难点问题和多年积淀、汇集的诸多实践经验和成果，毫无保留地分享给他们。

活动的组织方式即让来园者随班跟踪观摩，且参与到观摩后的即兴团体的互动讨论分享中。对于每一次的接待，我们都会为其制定个性化的活动计划，让前来参加活动的园长和教师们进入我们的日常研究活动中。有园领导专门为其举行的专题报告，有对集体教育活动的探讨，有针对某一难点问题突破开展的专题研讨，有专门为学习者举办的答疑沙龙活动等。(详见附件 1)

经历了一周或两周的挂职学习后，我们设计了一份征求意见表，请他们结合自己的切身体验，对我们的活动安排以及活动过程做出客观的评价，我们会一一认真阅读，从中了解他们的真实需要。另外，我们还会安排一次沙龙活动，由我和分管教育教学的副园长以及分园园长组织，面对他们现场提出的问题或在评价中提出的问题，采用互动答疑的方式进行沟通交流。旨在把“开放教育”的真谛毫无保留地介绍给大家，再者，给每一名挂职者提供分享交流的机会。

在与园长、教师们的对话沟通中，我们欣慰地发现，原本不太愿意表达的他们，争先恐后地表达自己的内心感受，有的从刚来时的迟到、麻木、闲荡、无所事事，到每天提前来园，深入班级不停地拍照、记录、询问，再到与我们一起互动研究，发表自己的见解。沙龙活动中时，每一个人所表达出来的是从心灵深处感慨“开放教育”中的幼儿是幸福健康的，“开放教育”的研究者们是一群有理想和执著追求的人，他们为之动容，有的泣不成声地表达自己将把在这里获得的收获尽快应用到工作中。有一位园长，回去后，给我发来邮件，如实表达了自己的心情。(附件 2:征求意见表)

宁园长：

新年好！真对不起，我今天才想起忘记告诉您我是谁了，真不好意思！

我是胶南市某镇中心幼儿园的 A，2011 年参加了青岛市幼儿园园长后备人才培训班，11 月份在您园挂职，感谢您和各位园领导的帮助和支持，也感谢你们无私的把你们幼儿园的学前教育先进的理念和经验毫不保留地展现给我们，我感觉到自身有了很大的提升，把以前自己的困惑都变成了经验，回园后我真是豪情万丈，首先在活动区活动和户外活动上进行了改进，在我们胶南市学前办年底的量化检查中，我们的做法受到了上级领导的好评，再次真心感谢！

新的学期有新的希望，我也提前安排了新的计划，想在新的学期了里用自己学到的先进的理念和经验，使我镇的幼儿得到更好的发展！同时也希望能在困惑时得到您的帮助和指导！先感谢了！

再次祝福您在新的一年里工作顺利！身体健康！天天好心情！

A

2012.1.28

仅2009年以来，我们先后为国内姊妹园接待来园挂职的园长、骨干教师500余人。分别接待了北京市第一幼儿园、第二幼儿园两位园长进行为期20天的挂职学习；接待二批共计6人的西藏园长进行为期一周和一个月的挂职学习；应城阳区教体局的委托，专门为其安排了三批300余名园长、骨干教师进行为期一周的培训；应潍坊市、威海市教育局的委托，他们分别选派了百余名园长、骨干教师来园进行为期一周或两周的培训等等。每一次接待，每一次培训都会深深打动每一名参与者，用他们的话说："我们在这里看到了幼儿绽放的是幸福，园领导和教师们在我们心目中个个是专家；收获的不仅是心灵的洗礼，更重要的是懂得了应该怎样为自己定位人生价值。"

1. 为团体提供服务以实现带动和分享

在长达近20年的"开放教育"研究中，从确立"开放教育"，到不断地推动"开放教育"研究和发展，倾注了自己太多的教育追求，同时也收获了自己的专业成长。伴随着各级政府对学前教育的重视，国培、省培、市培项目相继铺开。我先后多次受山东师范大学、大连市职业教育学院、山东女子学院、山东省中小学培训中心、枣庄市教育局、烟台市教育局、潍坊市教育局、济南市历下区教育局、青岛市各区县教育局等之邀，为参加国培、省培、市培项目的园长和骨干教师做关于"构建园本文化，提升团队品质""'开放教育'园本课程的探索与实践""开放的活动区组织与指导"等专题报告，将"开放教育"汇集的阶段性成果及时传播给同仁们。自2010年起，为山东女子学院举办的省培学员举行半日活动开放2次，每次共计150余人；为青岛市市培项目接待来园挂职学员4批，每期一周或两周，共计120余人；在省"十佳幼儿园"对外开放活动中接待来访者近千人。

2. 提供专题服务以实现带动和分享

以开放的胸怀吸纳先进的教育理念和成果、以开放的胸怀接待每一位来访者，是我们“开放教育”研究者们的共同价值取向。2010 年 3 月，我园为山东省学前教育网举办的全省幼儿阅读研讨会，举办了专场观摩活动。我以“让阅读润泽幼儿心灵”为题，向 600 名入会者做专题分享；五所幼儿园向入会者举行半日活动开放观摩，提供 12 节关于阅读的集体教育活动公开课，将我园的阅读成果全方位奉献给大家。2010 年 11 月，根据中国学前教育研究会的要求，我园承办了“中国学前教育研究会第四次会员代表大会暨‘十一五’课题成果交流与表彰大会”。会上，我向来自全国的专家、学者、同仁们以“构建园本文化，提升团队品质”的专题做分享；所辖的五所幼儿园向 600 名入会者提供了半日活动观摩；承办的会议受到中国学前教育研究会新任理事长虞永平教授和入会者的高度评价。

2011 年 6 月，我园又承办了山东省教育研究会举办的“山东省‘十佳’幼儿园园长管理论坛暨第二届园长大会”。我以“构建园本文化，提升团队品质”、分管教学的副园长李爱玲以“基于教师专业智慧为基点的教育管理”、分管后勤管理的副园长马晶以“基于人文关怀的后勤管理”为题，向大会做专题经验介绍；所辖的五所幼儿园向入会的 600 余名领导、专家、学者、同仁开放半日活动观摩，使每一名入会者全方位深度了解了我园的办园特色。

2012 年 3 月，我园承办了青岛市教研室举行的“青岛市优秀教研活动——让幼儿在自主的活动中主动发展”的专场研讨会。入会者首先深入 6 个教学班，重点观摩了各班开放的活动区活动；二是观摩大中小三个级部教师举行的现场研讨活动；三是向入会者集中介绍经验，我以“园长是课程实施的引领者”、分管教学的副园长朱泳以“开放的活动区组织与指导研究的几点做法”、中班级部杨柳教师以“在有意义的情境中促进幼儿交往能力的发展”、大班级部姜雪峰教师以“以幼儿的兴趣和问题推动主题实施”为题向百余位入会者做专题介绍，入会者感慨万千。2012 年 10 月山东省课程研讨会上，我园再一次向全省入会的同仁们全面展示了“开放教育”研究的阶段性成果，令大家称赞不已。

“开放教育”是我生命中的重要“他人”，它是我永不放弃的生命支柱，我将无怨无悔地与它一起成长。

附件 1

青岛市实验幼儿园 2012——2013 学年度第一学期挂职园长活动安排

<table>
<tr><th colspan="2">时间</th><th>负责人</th><th>活动内容</th><th>地点</th></tr>
<tr><td rowspan="2">10 月 29 日
(周一)</td><td>上午</td><td>朱园长
刘园长</td><td>1. 观摩升旗仪式
2. 介绍我园挂职园长活动安排
3. 巡回观看各班活动区活动、户外活动,了解幼儿园一日活动安排</td><td rowspan="6">大尧园</td></tr>
<tr><td>下午</td><td>刘园长</td><td>4. 开展中小班主题预操作活动</td></tr>
<tr><td rowspan="2">10 月 30 日
(周二)</td><td>上午</td><td>刘园长</td><td>1. 观摩大班“海洋之舟”区域活动,听王娟、宋虹、韩明真的活动区分享与评价
2. 观摩各班早操活动
3. 观摩韩明真的音乐剧《龟兔赛跑》
4. 观摩各班户外活动</td></tr>
<tr><td>下午</td><td>刘园长</td><td>5. 观摩大班海军家长进课堂活动,研讨家长进课堂活动的组织与课程推进的关系</td></tr>
<tr><td rowspan="2">10 月 31 日
(周三)</td><td>上午</td><td>刘园长</td><td>1. 观摩中小班区域活动,听华卉、程佳佳活动区分享与评价
2. 观摩宋虹的打击乐《海底竞赛》</td></tr>
<tr><td>下午</td><td>刘园长</td><td>3. 重点围绕两节音乐活动开展评析,开展音乐教学游戏化研究</td></tr>
<tr><td rowspan="2">11 月 1 日
(周四)</td><td>上午</td><td>张园长</td><td>1. 观摩中大班区域活动,听李娜、王琳的活动区分享与评价
2. 观摩中大班早操活动
3. 观摩鹿春燕的科学活动“小小营养师”,开展互动评析与研讨</td><td rowspan="2">红山峡园</td></tr>
<tr><td>下午</td><td>张园长</td><td>4. 观摩各班小组活动,开展小组活动组织策略研究</td></tr>
<tr><td rowspan="2">11 月 2 日
(周五)</td><td>上午</td><td>张园长</td><td>1. 观摩中小班区域活动,听田雪、王霞的活动区分享与评价
2. 观摩中小班早操活动
3. 观摩田雪的音乐游戏“小老鼠取香肠”,开展互动评析与研讨</td><td rowspan="2">龙羊峡园</td></tr>
<tr><td>下午</td><td>张园长</td><td>4. 观摩“小班幼儿自我服务能力培养”家长沙龙活动</td></tr>
</table>

续　表

时间		负责人	活动内容	地点
11月5日（周一）	上午	罗园长	1. 观看升旗仪式 2. 观摩各班早操活动 3. 观摩郭静的科学活动"对对碰"，开展互动评析与研讨	曙光园
	下午	曲园长	4. 开展"全园特殊儿童干预"经验分享与研讨	
11月6号（周二）	上午	罗园长	1. 观摩大中小班活动区活动，听郭静、刘燕的分享与评价 2. 开展"主题信息收集与利用"研讨活动	
	下午	罗园长	3. 开展配班教师说"课程故事"活动	
11月7日（周三）	上午	朱园长	1. 观摩大中小班区域活动，听杨媛、秦续姣的活动区分享与评价 2. 观摩大中小班早操活动 3. 观摩徐双的阅读活动"船夫大叔"，开展阅读活动指导策略研究	阳光园
	下午	朱园长	4. 开展读书沙龙活动	
11月8日（周四）	上午	朱园长	1. 观摩中小班区域活动，就教师观察、指导的适宜性和分享评价的有效性开展研讨 2. 观摩曲佳的音乐游戏"司马光砸缸"，开展互动评析与研讨	
	下午	李园长 朱园长	3. 开展挂职园长答疑沙龙活动	
11月9日（周五）	上午	宁园长	1. 宁园长做《构建园本文化，提升团队品质》讲座 2. 开展挂职园长学习沙龙活动	

附件 2

青岛市实验幼儿园 2012 年青岛市幼儿园园长后备人才培训班征求意见表

亲爱的园长、教师：

大家好！欢迎您来我园参观指导，恳请您在挂职结束后填写此表并留下您的宝贵意见，我们将虚心接收您的建议，不断改进工作，谢谢！

<table>
<tr><td>姓名</td><td>B</td><td>单位</td><td>某幼儿园</td></tr>
<tr><td rowspan="2">您对此次挂职培训印象最深刻的内容</td><td colspan="3">内容：主题预操作活动；特殊儿童干预；家长进课堂活动；教师读书沙龙；年轻教师说“课程故事”活动；家长沙龙活动</td></tr>
<tr><td colspan="3">原因：这些活动对我来说，每一项都是感到很震撼，很受感动，很受启发，都能引发我的共鸣和深深的反思。特别是感觉到主题预操作活动对于有效开展主题下的角区活动，对于有效提高幼儿活动水平，起到至关重要的作用，很关键，很有必要。其次是被贵园的领导、员工、每一个人都深深地震撼、感动，人人都专业知识渊博，业务能力超强，个个像专家、教授。无论哪个园区都洋溢着浓浓的研究、开拓创新的气氛，值得学习！</td></tr>
<tr><td>您认为那些内容没有了解到或想更深入了解的</td><td colspan="3">不好意思，在学习之余，有下面几个问题想深入了解，希望贵园能不吝赐教：
1. 贵园在培养教师、员工人人成为“专家”方面成功的经验是什么？
2. 角区活动中角区计划的制订和落实，教师是如何体现的？</td></tr>
<tr><td>您对此次挂职培训的意见及建议</td><td colspan="3">这次挂职学习的机会，对我来说是很珍贵和倍感珍惜的，感谢贵园领导为我们安排了这么丰富的学习内容，每天都感到很充实，有大量的信息和新鲜的感知去让你如饥似渴地学习。每天晚上我都认真地整理、回顾、思考、内化，真的是收获颇丰，同时感受的也是贵园上下一种开放的胸怀，一种作为名园的大气，一种积极向上、健康、阳光的团队精神和良好的园风！这次挂职将是我难以磨灭的美好记忆！
2012 年 11 月 7 日</td></tr>
</table>

第二篇

副园长朱泳的故事

朱泳小传

朱泳，中共党员，本科学历。1993 年青岛幼儿师范学校毕业，与实验幼儿园共同经历了从创建到发展的艰辛历程。

在 20 年的工作生涯中，她从一名名不见经传的年轻教师，成长为实验幼儿园管理教育教学的副园长，这得益于各级领导、同事们的关怀和帮助，也得益于她的勤奋努力与执著追求。正是一种对幼儿教育事业的热爱、对孩子天然的喜欢，使她潜心于教育教学的研究。多年来朱泳相继荣获山东省“教学能手”、青岛市“优秀教师”、青岛市“中小学学科带头人”、青岛市“十佳师德标兵”、青岛市“十佳幼儿教师”、青岛市“幼儿教育能手”、两次“青年教师优秀专业人才”、青岛市“学前教育先进个人”等称号；是我园“十五”、“十一五”、“十二五”《开放的时代　开放的教育》《创建幼儿园高品质团队研究》《基于人本主义的发展型幼儿教师培养研究》《幼儿园蓝色海洋教育》和《“开放教育”中的家园共同体构建研究》等课题研究的参与者和子课题负责人；在国家级、省市级刊物上发表文章 20 余篇，并多次在全国、省市级开放中执教教育活动、组织半日活动观摩或做大会发言和分享，积极参与送教下乡活动，数次面向省市区园长教师开展幼儿园管理、教法等培训，被聘为青岛职业技术学院学前教育专业兼职讲师。

多年来，她参与指导多名教师先后在省市中获公开课奖项、发表论文数篇，指导教师对外接待、观摩等，促进了年轻教师的不断成长。

责任胜于能力

聆听了杨宗华教授的“责任胜于能力”的讲座，我感受颇深。在撰写体会时，也想为我的一番思考概括出一个题目，但思虑半天还是觉得“责任胜于能力”再合适不过了。责任是进行工作的先决条件，反思自己的实际工作，试问自己担当起现在的责任了吗?

杨宗华教授在提到担当责任时，提出了“选择”的概念，他认为担当责任没有该不该，只有要不要。想到幼儿园十几年的时间，由一个园所发展到如今的五所分园，是我们的领路人始终在引领着我们不断发展。作为幼儿园的当家人，创建了自己的一片天地之后，完全有理由坐享已有的成果，但是一种社会的责任感和使命感使宁园长选择了拓展优质资源。既然选择了做，责任也随之而来，这种勇气和魄力，这种敢于承担责任的意识和能力，确实不是一般人所能具备的。

幼儿园发展的同时也为我们教师本身提供了更大的发展空间，我由一名教师逐渐成长为一名管理者。但是作为园长的左膀右臂，我现在还不能更好地为领导分忧解难，比如说遇到问题处理起来还很稚嫩，有时还会出现失误，使事件更加复杂化;在科研方面还不能提出更好的建议，在许多方面我还不能帮助领导分担责任。所以，我只有不断锤炼，不断积累，认真、有计划、有效率地将责任落实到每一天的工作中，才能早日更好地承担责任。

杨宗华教授说“重视硬业绩，更要重视软实力”。在这里我将“硬业绩”理解为幼儿园已树立的良好信誉和口碑，这块品牌不但给我们带来了良好的效益，更带来了精神上的优越和富足感，而要使这块品牌含金量更足，长期屹立不倒，需要每一个人加强软实力。“责任越大，提升能力的空间和舞台就越大，你的能力才能真正最大化。”作为一个管理者，我将加强对教师的指导，全面承担起引领教师提高软实力的责任。

一是树立典型，改变“煮青蛙”现象。“煮青蛙”的故事人尽皆知，如果一种局面或一种状态不去激活，每个人只会保持原有的状态。所以我将根据每一个人的特点和优势，通过教研、观摩等活动，树立不同方面的典型，使大家呈现相互学习、相互竞争的局面，加强每个人的紧迫感，促进每位教师的自我追求。

二是紧抓弱点，改变“最短的木板”的现状。“木桶原理”明确说明了弱势员工给团队发展带来的弊端，只有促进他们的成长和提高，才能提高整个团队的实力。因此我将抓好个别教师的师幼互动质量，提高与幼儿互动的和谐性、有效性；抓好年轻教师的专业发展，定期结合她们的需要开展教研、跟踪、观摩等活动，提高其专业水平，增强其自信心；还要分析部分班主任与家长沟通的问题所在，通过跟踪其家长接待活动、积累日常问题解决案例等，提升班主任与家长沟通的艺术，赢得家长的信任，力争将问题解决于萌芽阶段。

三是以身作则，率先垂范。作为一名管理者，我知道自己的一言一行对教师、对家长、对孩子都是一种影响。我将从一点一滴做起，履行自己的职责和规范，建立起一个学习型团队，提高教研的质量和水平，使教师在和我的每一次互动中有较大的收获；我将每天有目的地走入课堂，与教师共同进行实践研究，提高自己的专业水平，为教师提供借鉴和讨论的空间；同时我将突破自身的弱项，加强实践研究的整理和提升，努力使自身和团队共同成长。

与幼儿共享表演游戏的乐趣

本周我们开展了“幼儿表演游戏”教研活动，围绕着前期的图画书研究，我首先请杨柳老师充分做好图画书《小猪变形记》表演游戏活动组织的准备，又查阅了有关表演游戏的专业资料，以丰富教师们表演游戏的指导经验。

教研活动第一部分，教师们现场跟踪了杨老师的活动组织。杨老师采用与幼儿阅读图书回忆故事内容，边阅读边讨论的方式，引导幼儿学说故事对话、挖掘人物心理情感，在集体扮演的基础上开展分组表演。在之后的研讨中，教师们对图画书表演和传统的故事表演的指导产生了争论，大家一致认为，图画书表演与以往的故事表演有许多不同之处，它是以画来讲故事，丰富的图画信息是幼儿转化为表演的桥梁，它给幼儿表演提供了更加直接的经验。但在今天的活动组织中，教师对图画书的利用和挖掘有所欠缺，如《小猪变形记》中画面人物的动态、神情细致刻画了角色的心理特点，像仰着头、叉着腰、俯视、担心、嘲笑等形象地表现了不同动物对待小猪的态度，教师可以引导幼儿细致观察画面，帮助幼儿分析理解人物的内心世界，模仿图画书中人物的动态、神情，为表演游戏中的动作扮演奠定基础。同时图画书中人物所处的环境、使用的物品都可以成为幼儿表演时创设情境、准备道具的依据，图画书真正成为幼儿表演游戏的载体。

在教研活动第二部分，我请大家提出日常指导幼儿表演游戏中的问题和困惑。教师们说："在主题中为了让孩子尽快把故事表演出来，我就教给他们演，幼儿不快乐，我也很苦恼"；有的说："对呀，要让孩子自己探索那要多长时间？而且幼儿自己表演的质量不高"。大家的困惑都集中在如何让幼儿体验表演游戏的乐趣，提高表演游戏的活动质量。

结合准备的学习材料，我和教师们共同阅读分析了幼儿表演游戏发展的特点和教师指导的策略。学习后教师们感慨万千，大家明确了表演游戏的意义。表演游戏以故事为依托的特点决定了表演游戏的"表演性"，以往我们过于强调表演游戏的"表演性"，教师的评价只强调表演的技能技巧，过高的强调表演的像与不像，所以会出现幼儿不断看教师表演的状态。表演游戏应是幼儿"自娱自乐"的活动，幼儿是因为有趣而在"玩"，幼儿表演的目的在于自身并专注于自身，这是游戏活动的本质特点，其促使幼儿持续活动的原因正是"好玩的"游戏活动本身，而不是来自于外部的要求或奖赏。当教师对幼儿的表演进行编排时，教师直接变成了导演，孩子成为了演员，模仿教师的语言、动作，关注舞台是否背台等，幼儿缺乏探究、磨合、循序渐进的表演过程，表演游戏变成了"戏剧表演”。

表演游戏应兼具“游戏性”和“表演性”，而我们恰恰忽视了表演游戏最重要的“游戏性”，幼儿的表演常常带着教师审视标准的压力，并没有在表演游戏中获得快乐，因此幼儿对表演游戏的主动性、积极性和创造性就不会得到充分的表现和发挥。通过学习我们也认识到，幼儿的表演不能总停留在“嬉戏性”的水平上，幼儿要有从一般性表现到生动性表现的提升，这必须需要教师的指导和帮助。教师可以通过观察、提供材料、组织讨论、进行记录等方式促进、提高幼儿的表演能力，使幼儿的表演水平向生动性表演水平发展。

“幼儿表演游戏”教研的开展，使教师明确了幼儿表演游戏的发展特点，对幼儿表演游戏的指导逐渐清晰，我们将在实践的过程中内化理论学习，不断提高幼儿表演游戏的水平，与幼儿共享表演游戏的乐趣。

做一个懂幼儿的教师

本周五幼儿园组织了近阶段教师工作总结分享会，我感触颇深。会上，教师们围绕着实践中的问题和收获畅所欲言，充分表现出对事业的热爱和追求自身专业成长的强烈愿望。活动尾声，宁园长、李园长的总结和发言，在人生和教育的思考上给予我很深的启迪。其深邃的思想、果敢的工作作风、敏锐的发现问题、审视问题的能力，以及幽默风趣又饱含哲理和情感的话语，无不深深打动着我，引发了我许多关于教师与儿童关系的思考。

在对教育的理解上，有这样一段话“教育近乎农业生产，绝非工业生产。工业生产是把原料经过设计好的工艺流程，做成近乎标准的成品。农业生产可不然，种下去的种子是有生命力的，它们得自己长，人们所能做的是给它们适当的条件，包括温度、阳光、水分、肥料等，帮助它们好好成长。”也就是说，教师是幼儿发展的助推者，要给每个孩子提供适宜的教育土壤，对于幼儿的指导不是千篇一律的，必须尊重差异、尊重兴趣和需要，才能促进幼儿个性化的发展。但是正如教师分享的案例中所言，课堂中提问一刀切，活动区指导给予式、教授式、干预式问题仍不断出现，过于注重学习的结果，却忽视幼儿学习的过程，将成为阻碍儿童成长的最大障碍，这值得我们深刻思考。

作为教师，要真正读懂儿童，除了要学习相关的儿童发展知识和理论，更为重要的是我们是否拥有一颗童心，把自己变成一个儿童。童心是师爱之源，蒙台梭利说："作为教师的儿童。"陶行知说："让我们再做一次儿童，不要小看儿童。我们应该拥有一颗童心——理解儿童的心。"女作家陈祖芬说："人总是要长大的，但眼睛不要长大；人总是要变老的，但心不要变老。"这些教育家的思想也正符合我们"开放教育"所说：信任孩子、走近孩子、解读孩子、启迪孩子。所以作为教师要始终使自己与幼儿的思想感情保持和谐一致：用儿童的眼睛去观察，用儿童的耳朵去倾听，用儿童的兴趣去探寻，用儿童的情感去热爱！这样才能读懂儿童，赢得孩子的心。

要成为孩子的良师益友，我认为教师应成为一个发展着的专业者。一个人是否能取得一定的成绩，与个人的成长环境、知识结构、个人品质都有着重要的联系，除此之外，一个人的发展还需要动力。这种动力既有外部动力，又有内部动力。外部动力是一种制度的设计、平台的搭建、条件的提供、环境的创设。我园为每一位教职工都提供了良好的平台，利用一切机会帮助教师提升，许多教师在外力的作用下得到了很大的成长。教师的发展更与内部动力有着至关重要的关系。毛泽东说：外因是变化的条件，内因是变化的依据，而外因通过内因才起作用，这就是发展的内驱力，所以我们在珍惜和感恩于幼儿园提供的发展空间的同时，要真正成为幼儿喜欢的教师，必须要不断提高自我约束、自我发展的能力，不断提升自身专业水平，以更好地适应教育发展的步伐，最终促进幼儿的全面和谐的发展。

有关“动物园”主题活动的探究与思考

本周在连续跟踪中班“动物园”主题活动时，我发现环境中呈现的“我喜欢的动物”“动物本领大”“濒临灭绝的动物”等信息几乎是相同的，班级课程实施个性化不明显，这不由得让人思考：每个班级幼儿感兴趣的动物都是一样的吗？

“动物园”这个主题是一个非常鲜明的科学探究主题，旨在从幼儿感兴趣的动物入手，观察动物的外形特征、习性、生活环境，并由此引发幼儿在分类比较中发现动物的相同点和不同点，了解动物生存的本领，以及动物的特点与其生活环境的关系，最终实现关爱动物、保护动物的目的。但是现在幼儿关注的动物多是教师预设的动物，缺少教师对幼儿话语的倾听和分析。因此我请教师们回忆与幼儿的谈话、讨论过程，发现各班幼儿感兴趣的动物有相同之处，但亦有不同。如有的班级幼儿最喜欢凶猛的老虎、狮子等大型动物，而有的班级幼儿最喜欢长颈鹿、孔雀等动物。我请教师们引导幼儿用绘画表征自己喜欢的动物，通过统计、分析幼儿的作品等方式讨论建立班级的“动物排行榜”，引导幼儿围绕自己喜欢的动物开展小组式的探究学习。

为给幼儿创设有准备的主题环境，丰富幼儿主题学习的内容和材料，教师提供了相关的动物图片。但很多图片中的动物姿势单一，缺乏动态，如都是站立的，孔雀都是开屏的一种形象等，且缺少动物捕食、生活环境等信息，表现了教师对主题价值与目标的把握还有所欠缺。我与教师们分析，一是选择并丰富适宜的图片信息支持幼儿的探究，再是应引导幼儿围绕自己喜欢的动物收集信息。在教师的引导下，幼儿带来了丰富多彩的信息报、图书、毛绒玩具等个性化的信息。如幼儿制作的“孔雀”信息报，表现了不同种类的孔雀、雌雄孔雀的不同、孔雀的本领及其生活环境、求偶、生殖等信息，拓展了幼儿的知识经验，幼儿的认识和表现呈现出多元化和个性化。

集体教育活动的开展是丰富幼儿主题经验、推进主题实施的重要途径，在我跟踪李老师的美术活动“绘画：我喜欢的动物”时发现，教师通过引导幼儿观察动物的整体特征，试图帮助幼儿总结动物外在形态的某些规律，但是由于分析的还不深刻、不到位，幼儿多是表现了教师示范中的老虎、孔雀等动物，并没有掌握绘画的规律，但教师的示范仍然影响了大批孩子的表现。在共同研讨中，我利用收集的动物卡片进行了分类和归纳，如动物外在形态基本可分为三类：一类是圆头、椭圆身体的组合及其变形，如老虎、狮子、狗熊、豹子等；第二类是形似三角的头、长椭圆身体的组合及其变形，如长颈鹿、梅花鹿、斑马、羚羊等；第三类是特殊的身体组合，如猴子、企鹅、孔雀等。教师应引导幼儿观察、归纳动物表现的特点，幼儿只需在其组合上表现这些动物的脸部特征、鬃毛、斑纹、生活习性和生活环境等特征即可。

在教育现场中，通过不断与教师互动研讨幼儿活动中的真实问题，帮助教师明确进入主题的基本方式及途径，最终促进了课程实施质量的提升。

助推教师主题实施

本周中班“神奇的海洋动物”主题已进入第三周。通过查看各园活动发现，幼儿整体活动质量较高，教师普遍在主题实施中获得成功体验，达到了预期的活动效果。回顾这个主题的指导过程，我同样具有成功体验。

1. 细致分析主题，明确实施突破点

主题实施伊始，我首先引导教师充分学习了原课程方案蓝本和课程案例分享的视频，借鉴原来主题实施的优秀经验，分析发现原主题中幼儿主动探究兴趣不明显，探究角度不丰富等问题，建议教师更加凸显幼儿的兴趣和探究，幼儿在前、教师在后，成为幼儿学习的支持者。

2. 提出合理化建议，为主题实施奠定基调主题实施的第三天我跟踪了陈老师班的区域活动，发现教室外的拼插、泥工作品非常丰富，表现了刺豚、小海豚、大鲸鱼、鮟鱇、珊瑚及海草等丰富的海底世界内容，且手工做得比较精细、质量较高。我不由思考这么短的时间幼儿是否有充分的学习过程。通过与教师的交流答案自然而解。教师与幼儿交流过自己喜欢的海洋动物，幼儿喜欢鲸鱼、鲨鱼、小丑鱼、发光鱼等，但是教师没有去分析幼儿的兴趣点，而是直接按照预设的海洋动物进行示范性的绘画。这样一来，幼儿对海洋动物的外形特征虽表现的水平较高，但是作品却没有了灵性，变成了一味地模仿。问题的分析得到了教师的认可，教师们重新调整引导幼儿进行表征，去分析、发现和寻找幼儿的关注点。

这些信息马上在各园得到了分享，教师摆脱了依据预设的海洋动物研究角度实施主题的做法，更加关注幼儿的兴趣和需要。如阳光园幼儿围绕喜欢的深海鱼、珊瑚、海蟹等开展探究；大尧园幼儿研究虎头鲨等鲨鱼和海洋动物的嘴巴等。主题内容来自于孩子的学习，各班凸显出不同的探究焦点，各具特色，主题实施充满了活力。

3. 加大跟踪和指导，提供支持性策略

主题实施朝尊重孩子学习特点的思路上不断发展，每次走进班级，我注意帮助教师捕捉幼儿活动的亮点，提出建议深化主题实施的质量。如角色区游戏初始，教师预设了极地海洋世界表演和娃娃家。但是通过观察幼儿活动发现，幼儿经常离开娃娃家参与海洋表演，娃娃家如同虚设。我们分析，在这个主题中设置娃娃家没有太大的价值，分析幼儿参观海底世界的经验，可以与幼儿讨论设立标本馆和表演馆。标本馆中投放幼儿探究的各种海洋动物的图片、模型及幼儿制作的海洋动物，幼儿扮演讲解员向游客讲解海洋动物的知识；旁边开设表演馆，初期结合海底世界的参观进行美人鱼和人鲨共舞的表演，后期结合参观极地海洋世界的经验进行海豚、海狮、海豹表演等。教师很好地落实了建议，幼儿的活动兴趣非常浓厚，有了充分展示的空间。

主题中我建议教师及时将家长纳入进来，根据幼儿活动需要开展家长进课堂，讲海洋动物图书、海洋动物知识、海洋动物表演等，最后通过主题展示的方式引导幼儿分成小组向家长展示主题的研究成果，使主题实施达到高潮。

4. 注重过程性积累，及时总结研究成果

主题实施中我特别注重引导教师及时捕捉幼儿的问题和需要，及时记录师幼互动的真实过程，积累、分析幼儿的活动和作品，及时拍照、分类、建档，及时撰写观察记录。教师们反映这种方式既能更好地反思之前的做法，又能细致深刻地思考之后的工作，主题实施的主体性更加明显。目前，谢老师、陈老师已着手整理案例，希望能在主题实施结束后整理出质量较高的课程案例。

"神奇的海洋动物"主题的实施使我体验到作为一个管理者只要目标明确、思路明确、指导到位、建议得当，就能够激发教师课程实施中的成功体验。许多教师都有专业发展的需要，愿意去做，我们也一定会帮助教师更好地发展！

为"家长图书鉴赏"活动喝彩

结合园务工作计划重点，本周将开展"家长图书鉴赏"活动。因为是初次尝试组织此类活动，我们决定先以杨柳老师的大一班为试点班尝试组织，我和各班班主任共同参加这次活动，根据此次经验再来研究下一步全园家长图书鉴赏活动的组织工作。

周二下午在大一班开展了"家长图书鉴赏"活动。活动首先邀请了小朋友郑好、孙雅璐的妈妈进行了"小组图书讲述"。两位妈妈分别以图书《我永远爱你》、《我长大以后》与幼儿共读。妈妈们善于运用讲述的策略，首先抛出问题引发幼儿的阅读期待；讲述中语气委婉动听，能模仿出故事中人物的不同特点，融入到故事的角色中；讲述后能结合故事进行适宜的提问分析，起到了良好的示范作用。

图书阅读后，家长们又围绕着亲子阅读的图书选择、阅读方法等交流了自己的心得。她们从日常对孩子的成长关注和密切互动中发现，图书的选择首先来源于幼儿的兴趣和成长过程中每一阶段的需要，图书的提供和讲述对幼儿的个性发展、学习能力培养起到至关重要的作用。她们推荐的《花婆婆》《爱的教育》《神奇校车》《法布尔昆虫记》《大脚丫跳芭蕾》《不要睡觉，赛丽》《三个问题》《爷爷我为什么不能做我想做的事情》《汪汪》等，无不充满了一个母亲对孩子成长的关爱，也给我们教师很多的启发和借鉴。

在交流中，杨柳老师准备得非常充分，她围绕着"阅读中提问的适宜性把握"、"绘本类图书、文字类图书的阶段性提供""图画书的选择""看书与识字的关系""家长在亲子阅读中的作用"等内容与家长们进行了充分的沟通与讨论，进一步提升了家长亲子阅读的认识和水平，并向家长推荐松居直的《幸福的种子》作为亲子阅读的指导丛书，还呼吁爸爸们能积极参与到亲子阅读中。"家长图书鉴赏"活动取得了圆满的效果。

活动后我们展开了热烈的讨论。我们共同的感受就是激动和惊讶，我们没有想到家长们对图书的认识这么深刻，提供图书这么有目的，没想到家长如此喜欢这样的活动，彼此之间学习和交流，还提出许多好的建议。

我们共同认为，"家长图书鉴赏"活动非常有价值，家园双方在此活动中都有很多的收获和启示。于是我们进一步思考：如何将这些优秀的经验传递到更多的家庭中，带动更多的家长参与到亲子阅读中，促进幼儿的全面发展。我们决定邀请喜欢并愿意参与到图书阅读中的，对儿童图书阅读有渴求的家长共同参与"家长图书鉴赏"活动，为他们搭建沟通、交流的平台。

经过充分准备，周四下午由我组织了第二次的"家长图书鉴赏"活动，共有30多位家长参与了此次交流，其中不乏一些男家长。活动开始我首先介绍了前期幼儿园阅读节、阅读月开展的相关活动，如"班级图书推荐""故事大王""每周名人故事""图书漂流"等；接着由中班陈逸如、王梓州小朋友的妈妈进行了小组阅读活动《小魔怪要上学》《我要大蜥蜴》，两位妈妈亲切的互动赢得了家长的掌声！之后家长们围绕着"亲子阅读的方法和策略""图书的选择"等内容开展了热烈的讨论。许多家长介绍了自己的优秀经验，部分家长还提出了自己的困惑，家长们相互解答，充分自主的互动，我们也适时地参与到其中，帮助家长梳理观念。大家一致认为：幼儿的阅读应是一件快乐的事情，重在孩子的听和理解，图画书中的插画应有利于幼儿观察和促成想象，“形”重于“色”，色彩和图像要真实。家长们还推荐了许多优秀的图书，如“查理·劳拉”系列，《不一样的卡梅拉》《能干的小海狸》等图书，还有热心的家长下载了众多优秀图书的书目，日后将共享在幼儿园的网站中，供家长们参阅。

活动圆满结束了，我们再一次激动和惊讶了，家长们积极分享的意识没有班界，她们的表达、对图书的认识和了解的广泛性不亚于我们专业的教育者，这真是一次家园交流的盛会，我仿佛看到了《把学习带进生活》中描述的瑞吉欧的家园交流的场景。我们的心久久不能平静，一直处在一种兴奋的状态中，为我们所做的工作感到高兴。我从心底感受到：这就是我们的事业，我们在用心经营，终会收获灿烂的果实！

科学活动中的观念碰撞

本周结合视导活动，李园长和我与教师一起开展了科学活动的“一课两研”活动。

宋老师和王老师分别组织了科学活动“神奇的龙”。开始时教师的定位从名称上是“认识龙”，反映了教师这次活动的指向和目标，认知性太强，强调的是科学性的概念，因此我们将其进行了调整，以幼儿的学习探究兴趣作为活动的名称。宋老师首先组织了活动。她采用了幼儿分组分享信息报—个别幼儿介绍—教师总结提升的活动层次。在评析中，我们均认为活动中幼儿的参与性较低，只有个别幼儿进行了表达；教师讲述过多，教师成了活动的主体，成了知识的灌输者，幼儿被动倾听的时间长，分享交流信息报成了活动的形式。在研讨中，王老师表达了自己的一些想法，我们又根据宋老师的活动进行了丰富和完善，组织了第二次的活动。在王老师组织的活动中，比较突出地展现了以幼儿为主体，教师结合自己预设的活动方案，及时抓住幼儿交流中的关键点进行拓展和丰富，既有效完成了活动目标，又提升了幼儿的活动经验。整个课堂组织比较灵活，且教师的活动角度更为明确和清晰。如从龙的外形特征、动态、哪里有龙、龙的民俗活动、龙字、故事成语等文化角度，采用一个幼儿提出观点，其他幼儿给予丰富的方式，使更多的孩子有了参与活动的机会，活动整体效果较好。

在这次活动中，幼儿制作的信息报是活动开展的基础。我们发现幼儿收集的信息非常丰富。有的幼儿查找出龙的身体是由多种动物组合的神物：驼头、鹿角、虎眼、马牙、鱼须、鱼鳞、鹰爪；有的幼儿发现建筑、器皿、服装、物品、饰品上都有龙；有的发现了划龙舟、剪纸、舞龙等民俗活动；有的孩子还收集了很多不同形体的龙字、成语、故事等。这些信息拓展、丰富了教师组织活动的角度，有效将个体信息共享为群体经验。李园长进一步指出，信息收集应展示幼儿多元化、个性化的学习，还应多角度收集龙的信息，如实物类、饰品类、服饰、物品类等，给幼儿提供更真实、更具体的信息。

这次科学活动的组织目的是总结提升幼儿的经验，教师还要明确科学活动在主题不同时段的价值和意义，有些科学活动可以作为幼儿学习的引发点。我给大家举了“参观蛇馆”的科学活动案例，引导大家讨论如何以科学活动为引子，调查了解幼儿的已有经验，不断引发、激励幼儿去发现新的问题、探究新的经验，在以后的科学活动中我们可再进行尝试。

本次活动组织有很多可借鉴之处，但我们仍然发现，幼儿在小组交流中的参与性并不高，这与幼儿的目标意识、任务意识有一定的关系。李园长提出了共同交流、尝试用符号记录的方式，我非常赞同，也提出了“小组式学习”的方法，即小组成员共同讨论交流，推选小组发言人在集体面前阐述小组意见。当然，小组发言人的角色应轮流担当，这样才能更好地激发幼儿的参与性。

科学活动“一课两研”的组织，使我再一次感受到李园长敏锐的观察力和深厚的教研能力，通过教师自主研究以及教师与我们之间的互动研究，丰富了科学活动的组织策略，初步掌握了分享交流活动的组织规律，衍生出许多今后可深化研究的着眼点，为提升薄弱领域的研究、丰富教育教学的内涵、提升教师专业水平起到了良好的作用。

在成功中反思管理行为

“全市优秀教研开放活动”是本学期的一项重要工作。此次开放既要全面展示大中小班三个级部的幼儿区域活动，又要现场跟踪活动区后的教研评析，还有三位教师介绍三个主题实施案例及我和宁园长各介绍1个管理案例，所以开放任务很重。经过一段时间的筹备，周三在曙光园开展了“全市优秀教研开放活动”，整体呈现出较高的活动质量。

根据安排我带领领导、教研员、园长教师们观摩了小班幼儿的区域活动和教研评析活动。在评析中大家认为，小班“好妈妈”主题环境温馨，活动中幼儿自主、有序，对自己所从事的活动都很感兴趣，具有坚持性，特别是幼儿在角色区扮演家中的爸爸妈妈、爷爷奶奶，与搭建区结合开展逛公园、过生日的游戏，特别有趣、可爱，表现出小班幼儿较高的游戏交往水平。教师们纷纷被幼儿活动中的专注、认真所感动。

在师幼互动中，教师认为她们能关注并发现幼儿活动中的需要和问题，能运用师幼共同讨论、教师扮演等策略支持幼儿的学习，评价中能抓住幼儿活动中的亮点及问题进行共享。主题还充分体现出家园合作的成果，因为虽然看到的是幼儿现场的活动，但是参观教师发现主题信息收集比较到位，幼儿在活动中能充分表达和家人之间的爱意，能较好地描述自己的体验，体现出家长在主题实施中的积极参与。

王文成教研员的发言非常具有代表性，她认为：通过观摩对“开放教育”有了直观的感受，主题鲜明，区域环境突显主题，材料与主题息息相关；材料精细、有效、目的性强；孩子发展好、习惯好，游戏投入，不受外界影响，玩具整理整齐有序，幼儿表达能力、交往能力强，具有良好的表现技能。其他教研员也充分表达了自己的切身体验。

开放活动获得了圆满成功，但是我们仍然要借此活动更好地反思自己的工作，以促进今后的工作更加顺利地开展。

作为开放活动的指导者，在与教师的研究过程中，我们几个管理者既有合作又有分工，不但要全面了解每个班级的情况，还要加强自己所关注级部的研究，因此我们不断交换意见，共同思考各级部主题发展、课程案例整理的思路。但是由于工作要求的标准高低不同，工作的计划性、有效性等问题，个别级部的主题整理存在较大的问题，这与管理者工作的质量密切相关。而同样在繁忙的过程中，宁园长、李园长对我和各个级部的汇报内容进行了观看，并提出了具体建议。尤其是宁园长，在制作自己课件的同时，连续3遍修改了我的汇报材料，还分别对3个课程案例提出了修改意见。我想每个人都会在这个过程中有切身的体验，所以每个人都要加强自身的团队意识，不断提升自己教研和管理水平。

教师们在开放过程中都表现出积极向上的工作状态，对于管理者提出的建议和意见都不厌其烦，但是却苦于没有合适的指导策略，不能转化为幼儿的实际活动。这给我们的启示是：作为管理者，我们面对的教师不可能都是优秀者，他们的水平千差万别，对于教师的指导不能一刀切，我们既要会说，也要会做。如李园长带领教师说主题价值、说区域目标、进行图书鉴赏；根据幼儿活动问题我提出了“好朋友调查”“玩玩具规则”“夸夸好朋友”等策略，均得到教师采纳，有效支持了课程发展；还帮助教师调整区域材料和空间布局，使之更加有利于幼儿的交往游戏；帮助教师抓住幼儿的需要确定小组活动，并亲自指导使教师习得分组和指导的方法，从而提升了幼儿活动的质量，教师也获得了成功体验。所以作为管理者有效的策略、方法和建议将为教师的发展搭建平台。

全省开放活动的思考与启示

历经近一个多月的筹备，阳光园圆满完成了全省幼儿园开放任务，前来参观的领导、教师都非常满意。周五下午我们与教师一起开了一场生动、深刻的反思会，教师们的体验深刻，收获颇丰，我同样也是。

在课程研究中，我更加深刻地感受到课程是发展的、持续推进的，需要我们紧跟幼儿学习的步伐不断地给予支持和指导。但是有时我们落后于儿童，不能发现孩子的兴趣和需要，没有给予适宜的支持，因此在课程不同的时段会出现幼儿活动不专注、对活动内容不感兴趣等问题；有时我们又忽略了儿童，更多的只从教育的形式去思考课程的内容，不是随着主题发展的历程恰到好处地助推课程实施，所以我们还要不断加强对课程的理解力以及课程实施意识敏锐性。

在课程研究中，我们还要增强关注细节的意识。因为幼儿的良好习惯是在点点滴滴的日常活动中不断积累、坚持练习而形成的，良好的习惯也影响着幼儿的思维习惯。我们在迎接开放的过程中多次强调环境材料的有序性，如各种材料整齐规范的摆放，桌椅的位置，幼儿鞋子的摆放，搬椅子、上下楼梯、幼儿分类整理玩具、随拿随用及时送回等习惯，说明我们课程的整体意识还不够，我们应关注孩子在学习、生活过程中的行为表现，这将影响着课程实施的质量。

作为教师和管理者，我认为需要提升观察与指导的能力。从教师层面来说是对儿童及时的观察和有效的指导是否到位。教师有时是看不见：如有的孩子活动时迟迟不动，有的学习习惯不好，我们一头扎进一个活动区，缺少观察和全面调控的能力；教师有时是读不懂：如孩子不喜欢这项活动的原因是什么，是材料提供不适宜还是指导不到位，在音乐区中幼儿看似跳得非常快乐，但是与其所听到的音乐是什么关系，是有价值的学习吗？这些我们都要深刻反思。从管理者层面来说，观察指导要因人而异，给予适宜的策略，助推教师发展。如李园长的指导就不拘一格，有时是活动后集体反思，有时是过程中提示，有时又是现场示范，同时课程思考细致，工作安排计划性强，策略有效，方法得当，能快速提供经验，指导效果明显，使教师能体验到成功的乐趣。

教师还应提升评价的能力，因为活动区评价关系到课程经验的共享、课程的推进与深化，它体现了教师有效观察、敏锐捕捉、及时组织、持续研究的能力。在研究过程中，教师们深深体验到区域评价与分享的重要性，认为不好的评价不但影响课程实施，甚至阻碍课程的发展。我们仍然看到评价过程中还存在很多问题，并不是每次都那么有价值，因此我们必须不断提升教师的认识，提高观察解读孩子学习、驾驭课程的能力，真正发挥评价的最大功能。

在这次开放过程中，我认为自身还要提升统筹安排的能力。此次开放活动筹备时间长，各项工作繁杂，教师们既要研究课程思路、研究孩子，又要研究预操作、评价、集体教育活动、家长进课堂、外出参访等活动，许多工作需要我们提前计划、有效安排，这样才能最大限度地发挥每个活动的作用，提高各项活动的质量。同样，我作为这项开放活动的主要参与者，在与李园长、孙园长的共同协作中，在人员的安排、个别成员工作的协调上考虑的还不周到、安排得还不细致，因此在今后类似的活动中，我要进一步多思考、细计划、巧安排、深分析、共研讨、再反馈，挖掘每个人的特点，充分发挥每个人的最大潜能。

在说课活动中促青年教师成长

为促进青年教师专业发展水平的提升，本周结合园务工作计划，我们开展了青年教师说课活动。

为使年轻教师明确说课的标准，第一步我先组织年轻教师进行了一次“说课”培训。前期在张爱祯老师参加“市教研组选拔”活动时我具体指导过他的说课活动，逐字逐句地修改过他的教案和说课稿。因此在此次培训中我借用他的说课教案《玩筐子》为范例，进行了现场说课的演示。通过亲身示范，教师们知道了说课时间一般在15分钟之内，说课要以“说”的方式表达，说得要有层次，让人能听入耳，而不是对着教案照本宣科；活动的教材分析、目标可按照教案的内容进行表达，活动的重难点要做一下具体说明；活动层次要说清楚，先说条目、关键性提问等内容，再进行教法、策略的说明，以表现出教师的理性思考、活动设计思路以及专业的水准。说课需要练习，要说得流畅、条理清楚，活动的各环节要连贯，使听者能听明白活动设计的思路。说课培训使年轻教师明确了说课要求，为自主说课做好了充分准备。

第二步我组织年轻教师组成互助小组开展说课练习。年轻教师首先确定了说课的活动内容，之后她们积极主动地寻找老教师组成互助说课小组进行初步的说课练习。如姚笑、宗倩、曲佳选择了歌曲和舞蹈教学，她们积极寻求陈菲菲老师的指导，从活动的设计、教材的分析、目标和重难点的确立、教学的层次和策略进行了一一互动；高洁、曹幸与王开教师进行互助，具体讨论了儿歌和音乐游戏的教学。互助小组的说课练习发挥了老教师的引领作用，使教育经验得到了共享，也使年轻教师得到了更为具体的指导和初步练习，为集体说课做好了充分准备。

为提高年轻教师的心理素质和应对能力，第三步我们组织了模拟现场说课活动。教师首先通过抽签决定说课的先后顺序，一人站在台前说课，其他人在下面做评委进行记录，说课后再集体进行评析。教师们讲得认真、听得也认真，在这个模拟环节中得到了锻炼。

活动第四步我们进行了年轻教师说课及评析活动。从年轻教师说课的情况来看，总体还是令人满意的，年轻教师进步很大。比如姚笑、曹幸、张爱祯说课层次清楚，教师策略和思考到位；曲佳、高洁、宗倩能说明活动的过程，还需再提升教师思考与活动的联系。让人更为欣喜的是年轻教师敢于质疑、相互评析时能大胆发表自己的见解，且有些见解比较有深度。如张爱祯在评价曲佳说课时提出：发声练习可选择与歌曲节奏相似的乐曲，使幼儿提前感受弱起小节；教师的说课应将教案内容和教师的思考相融合进行介绍。宗倩、高洁在评价姚笑说课时提出：教师说课中对幼儿舞蹈动作的要求很明确，只是后半部分不如前半部分说得明确。曲佳在听教师舞蹈说课时提出自己的疑惑：舞蹈教学中音乐欣赏很重要，这个要求需不需要体现在活动目标当中？幼儿倾听音乐后是否应提出自由运用动作表现的要求？我们对教师提出的问题进行了讨论和解答，我肯定了年轻教师评析的水平和敢于提问的精神，把自己不明白的、感到疑惑的提出来，无论对与错，在大家的互动中就明确了观念和做法，对自己今后的教学是非常有益的。

因为这次说课活动的组织有计划、有目的，所以在此次活动中年轻教师的成长还是比较明显的，下周我们将组织年轻教师上课活动，希望他们做好充分准备，更快更好地提高自己的专业水平。

走进图画书创作的世界

为丰富教师对图画书艺术创作的体验，提升教师分析图画书、利用图画书指导幼儿开展创作的研究深度，我们开展了"幼儿图画书创作"的教研活动。

为使教师研有所获，我首先做好两方面的准备：一是确定由陈菲菲老师准备示范课：创作"我喜欢的表"。因为这个活动正与目前的主题相吻合，并且此活动充分挖掘了图画书《金老爷买钟》的创作元素，会为教师带来较好的启示和借鉴；二是请各班美术教师结合实施过和正在实施的主题，选择幼儿图画书创作的实践案例相互分享，既可以提供成功的经验，也可以提出思考的问题，使教研能以一个活动为辐射，起到以点带面的作用。

周四我们共同观摩了陈菲菲老师的示范课，活动后我们首先请陈菲菲老师对教学思路和选材思考进行了自评。她认为活动具有以下特点：一是选材体现了幼儿已有经验水平上的循序渐进。主题进行的前期，幼儿围绕《母鸡萝丝去散步》开展过创作活动，幼儿经历了模仿学习的阶段；之后幼儿运用了学过的花纹进行过故事创作，又经历了变式学习的阶段；今天的活动是幼儿在学习新的花纹和创作手法上的创造阶段。二是活动体现了观察比较在前、模仿创作在后的特点。教师从图书中选取有代表性的钟表图案，引导幼儿发现花纹的种类、装饰方法，尊重幼儿学习的特点和差异，起到了经验共享的作用。三是评价能以点带面。如发现运用对称手法、有规律装饰手法的幼儿作品后，引导幼儿从作品中寻找还有哪些作品也运用了这些手法，提高了幼儿评价的参与性和欣赏、关注同伴作品的能力。

结合陈老师的自评，我抛出几个问题，即图画书创作的价值是什么？选择什么样的图画书适宜创作？如何分析、提取并归纳图画书中的创作元素？教师如何分析、评价幼儿的作品等，引领教师们结合对这个活动的认识和自己实践当中的体验进行了生动的讨论。

在讨论中大家主要对"教师范例的作用——即创作的价值挖掘问题；要作品还是要活动过程——即教师价值定位的问题；评价结果还是评价过程——即教师评价角度的问题"等几个观点进行了分析。教师们认为，创作中应引导幼儿观察图画书中都有哪些花纹、哪些是已经认识的花纹、图画中是怎样表现的，使学习更加开放，使幼儿学会迁移在学习花纹时所获得经验进行不同方式的创作表现，从而真正体现既能欣赏美、体验美，又能表现美、创作美的价值；同时，教师指导幼儿创作的过程，应是发现幼儿学习特点、发现幼儿经验，为幼儿提供适宜指导方法的过程。所以在幼儿创作开始时，教师应首先观察幼儿进入的状态，幼儿创作中，教师要观察在前，需要时指导，努力去看见幼儿的学习过程；最后，图画书创作的评价应从三个角度进行，即技能的分享、学习方法的分享、学习品质的分享，而不只是单单从表现技能上分享，这样会使更多的孩子获得不同的成功体验。

"幼儿图画书创作"研讨一直持续了两个多小时，教师们仍然意犹未尽，可探讨的内容仍有很多，我想这种来源于教育现场、扎根于教育实践的真问题的研究，会使教师们不断受益。

舞蹈教研的一点尝试

在日常舞蹈教学中发现，年轻教师对舞蹈的教学程序和指导策略非常模糊，于是针对发现的问题我们开展了“舞蹈教学研讨活动”。为使此活动有成效，我们分两个步骤进行研讨。

第一，理论学习。为使大家明确舞蹈教学的理论意义，我首先运用课件进行舞蹈理论培训，向大家介绍了有关舞蹈教学的一些具体策略与方法。如音乐欣赏法；动作学习法，包括动作观察、动作模仿、动作迁移、动作创编；韵律活动中的标记运用；韵律活动中的“先行组织者”；韵律活动中的教师语言，包括体态语言的应用、有声语言的应用等内容，从而丰富了教师舞蹈教学的指导策略。

第二，寻找并发现问题。结合日常教学的观察，我与教师们共同总结出舞蹈教学中存在的问题：① 教师欠缺教学方法，缺少舞蹈教学过程，以单纯动作练习为主，幼儿不喜欢舞蹈活动；② 幼儿缺少对舞蹈内容和情境的理解；③ 教师评价幼儿的舞蹈是以动作是否到位为主等。这些问题的阐述引发了教师的共鸣和思考。为使教师明确舞蹈教学的方法，我们利用陈菲菲老师在面向城阳参观时组织的舞蹈活动“快乐的舞会”，进行了观摩、评析。

观看前，我请教师们围绕着几个问题有目的观看：① 从活动设计层面上看活动的各环节是什么？它的目的是什么？② 从教师的教学机智上看活动中运用了哪些有效的策略和方法？③ 从幼儿年龄特点和发展的角度上看教师对幼儿的动作要求是什么？④ 从自身的专业成长看这个活动对自己的舞蹈教学有哪些启示？教师们认真观看录像并进行了深刻地剖析。

姚笑、曲佳、宗倩等年轻教师认为，活动中教师引导幼儿充分欣赏音乐，将幼儿带入一定的情境帮助幼儿理解音乐，教师的图谱设计非常巧妙：先运用单人图示进行个体动作的学习，再出示两人合作的图示进行合作动作的学习；教师在要求上先从在座位上练习到站位练习再到最后行进练习，层次非常清楚。解海岩、张丽、王开等老师认为，活动体现了教师循序渐进的教和学，图谱的运用体现了幼儿观察在前，动作的学习体现了由单一动作到整体动作和队形的学习过程，活动体现了同伴之间相互学习的意识。

通过剖析活动的教学策略，我们又回过头来反观中班前期组织的一个舞蹈教学“请你和我跳个舞”。教师们发现，图谱设计不清楚、没有层次，全部表现两个人的动作、队形等，非常复杂，可能只有设计的教师能明白，我们这些旁观者看得一头雾水。我们又依据新的经验重新进行了讨论、设计，确定了单人图示、单人学习的教学思路。教师们依据新的设计思路进行了现场的舞蹈演示，感觉非常清楚，获得了成功的体验。

结合本次舞蹈教研，一是中班教师将依据新的研讨思路重新组织“请你和我跳个舞”的教育活动，在实践中验证活动的指导策略，提高幼儿的舞蹈表现能力；二是教师们将结合新主题的舞蹈教学内容开展备课、说课和轮流组织观摩活动，进一步深化舞蹈教学的研究，不断提高教师的专业指导能力。

在体验中学习

本周是大班“海洋之舟”主题的最后一周，核心是“小帆船”。为更明确这一周的核心价值和活动内容，给予教师更好的提升和互动，周末我特意去参观了奥帆基地，实地参观给了我很多有关课程的思考和启示。

走进奥帆基地，除了我们通过以前的课程实施比较了解的浮码头、游艇停泊区、奥运旗帜长廊等地点外，奥帆博物馆中还蕴含着大量丰富的信息。走进大厅，迎面是我国第一个奥运帆板比赛冠军殷剑比赛用的帆板，还有曾经获奖的单帆船、双体船等；在这些实体船旁边有各种帆船的模型，古代帆船、多帆船、海盗船等，上面的桅杆、缆绳、方向盘等细致入微，甚至还有小小的救生艇，栩栩如生;与这些模型同时展示的还有各类帆船纪念品,有船型的、锚型的、救生圈型的等,将贝壳、缆绳等装饰在其中,非常精美富有创意。走上二楼呈现的是奥运的发展历程,2008 奥运会的吉祥物、服饰设计、火炬传递等场景,还有帆船运动员比赛、获奖等模拟人物展示,仿佛让人又回到了那激动人心的时刻。即将走出博物馆,看到的是奥帆基地的沙盘模型,奥帆基地的构造一览无余。

实地的参访使我激动不已,这里值得一看,丰富的信息可以帮助我们在课程实施中更加凸显奥帆的文化。当走进我们的课程实施,我发现虽然教师也在带领孩子制作帆船、进行帆船比赛的预赛准备,但总是感觉幼儿缺乏兴趣和积极参与的愿望,幼儿仍然在按部就班的摆摆、画画,并没有体现出对即将开展的激动人心的模拟奥帆比赛的兴奋感。我与教师开展了互动,将实地参观拍得的照片发送给教师,并与她们互动,讨论如何渗透帆船文化。比如在区域中除了投放各种不同的帆船外,奥运比赛的场景、运动员比赛、获奖、欢呼的场景等都应呈现,并通过看录像、与幼儿讨论赛事等方式丰富幼儿的经验;在音乐区中,引导幼儿开展舞蹈排练,为比赛中场休息时献舞;制作区应提供丰富的辅助材料,如线绳、木棍、小棒、扭扭棒、布等,引导幼儿制作工艺较为复杂的帆船,通过欣赏各类帆船纪念品创作自己的纪念品,还可以结合比赛的程序制作奖牌、花束等;搭建区可以搭建奥帆基地、千帆竞发的比赛场景等。通过这些活动的开展,整个区域都是围绕着即将开展的模拟帆船比赛进行,凸显出了丰厚的帆船文化。这些建议得到了教师的认同,在开放中,主题的实施和幼儿的活动得到了参观教师的称赞!

与挂职园长共同成长

本周接待挂职园长学习圆满结束，从与挂职园长的交流和其反馈意见表的字里行间感受到，园长们深深地被我园开放奉献的精神，严谨高效的管理，扎实高水平的教研等所震撼和感动！挂职园长搭建了一个交流研讨的学习平台，在园长们受益的同时，也促进了我们对焦点问题、薄弱方面的研究，实现了成果的借鉴和深化、难点问题的研究和突破的双重功效。

在几次挂职园长学习中，各园分别安排了音乐游戏、歌曲、打击乐、音乐剧等音乐活动。这些活动有些是前期成果的借鉴，有些是新研究的活动内容。如宋老师的打击乐《海底竞赛》，依据乐句特点确定打击的节奏，使其更加符合音乐情境，乐器匹配结合音乐使其更加适宜；曲老师的音乐游戏《司马光砸缸》，将教师主导和幼儿主体学习的关系处理得较好，活动中幼儿有充分的感知、表现音乐的时间和空间，改变了以往教师教授游戏、幼儿游戏时间不充分等问题。但是，宁园长在评析中也提出，音乐活动中教师的音乐素养、对音乐情感的挖掘等仍是今后音乐教学的研究重点。

科学活动研究是本学期园务计划中提出的薄弱领域研究内容，鹿老师、姜老师、郭老师组织的科学活动“小小营养师”“各种各样的船”“对对碰”体现出幼儿在科学活动中观察、分辨、探究、操作等特点，发展了幼儿科学的探究意识和能力。但是教师对科学教学规律的把握还需不断加强。如应该更加放手给予幼儿试误的机会和空间，加大操作实践的力度，引导幼儿在自我判断、自我整理的过程中得出科学的结论，这些有待于我们后期进一步加强对科学活动的研究。

曙光园开展了“信息收集与利用”的研究，教师结合“开放教育”课程中信息收集的意义与价值，信息的分类、利用，对目前班级信息收集与利用的现状及合理化建议等方面进行了全面深刻的分析和解读，丰富完善了“开放教育”课程信息方面的研究。之后教师围绕班级课程实施中信息的收集与利用开展了交流。虽然我们在这方面积累了一定的经验，但是实践中仍然存在利用信息单纯创作的问题。活动后我与教师们进一步研讨，认为利用信息创作只是信息利用的一个方面，还应考虑信息引发了幼儿哪些探究活动，丰富了幼儿哪些知识经验，希望能生成具有灵性的学习过程。

小组活动研究前期在宁园长的指导下逐渐焕发出它应有的价值和意义。李老师班组织的小组活动得到了挂职园长的高度评价，体现出教师对课程和幼儿学习的深刻理解和把握。教师讲解了拼摆船的案例，在上午区域活动中幼儿拼摆拖船利用了线段的软性材料，这种经验得到共享后，在下午小组活动中进行了延续。幼儿不仅使用线段，还创造性地利用线段表现消防船的水等事物，使经验得到了拓展和延续。由此，延续小组活动不再只是上午没有完成的活动的单一延续，而是在上次活动基础上经验的拓展和延续，丰富了小组活动研究的深度。

在语言活动中我们组织了故事、阅读等不同类型的语言活动。故事教学中教师采用幼儿观察图片自主讲述在前、教师小结提升完整讲述在后的方式组织教学，活动后，我们围绕着挂职园长提出的故事教学与看图讲述这两种活动类型的特点和区别开展了深刻剖析。活动组织教无定法，主要看教师对教材的分析和把握，看对教材的价值定位和对幼儿发展意义的最大化。虽是故事教学，但是教师注重对幼儿的观察和语言组织能力的培养，引导孩子讲自己的故事，这比单纯教师讲故事及幼儿只是理解复述故事更有价值。对活动的剖析使挂职园长更加深刻的理解了活动设计是为幼儿发展服务的价值追求。

完善自我,做有思想的教师

本周非常感谢园领导给予我参与“青年干部培训班”学习的机会,三天半的学习看似短暂,却是我思想升华、经验提升的一场盛宴。培训的内容涉及政治、经济、社会发展、人文等方面,涵盖了哲学、专业、人生、心理等角度,培训运用了理论学习与实践参访的方式,从宏观到微观等不同层面丰富、拓展了我对自己的认识。

在开班仪式上,徐剑波局长分析了当前教育的形势,明确了“实现教育现代化”、“提升自身素质”是我们义不容辞的责任,作为教师要正确认识自己职业的重要性,守得住清贫,耐得住寂寞。党校陈国有教授通过经济形势的分析和判断说明中国在世界经济中举足轻重的地位,中国经济、社会发展靠人才,人才的培养要靠教师。曲局长从实现教育现代化意义的角度,分析了教育国际化的特点、青岛教育现代化的走向。陈显青主任以自己高尚的人格魅力阐释了如何做一个有思想、会管理的干部,激发了每个人完善自我的信念和激情。市立医院王冠军院长运用幽默诙谐的语言、大量的实例,帮助我们习得释放压力的思维习惯和方法,以期提高生活的幸福感。韩东处长从认清形势、正确定位、掌握方法、志存高远四个方面意味深长地解读了作为中层干部的职责。孙先亮、李希贵、李镇西校长的讲话更多的让人感受到做一名优秀教师、优秀校长对学校、对学生发展的意义。在参访海尔和软件园的过程中,我们认识到企业文化对企业发展的价值,懂得了创新才是发展的必由之路。

作为幼儿园的一名中层管理者,这诸多的理念冲击着我,引领着我不断思考自己应该如何扮演好角色,如何完善自我,为幼儿园的发展做出自己最大的努力。

从中层干部的角色定位上来说,这是介于领导和群众之间的一个角色,起到承上启下、上传下达的作用;从中层干部的职责上来说,对上有汇报、执行的义务,对下有管理、服务的责任,同时要像桥梁一样起到上下联系、沟通的作用,因此中层干部的角色有其特殊性。我认为在对领导的意见、工作目标等内容的执行上要做到“有效”二字，在工作执行方面，我们不能说一是一，说二是二，而应思考如何将工作效益最大化，如何创造性地完成工作，使工作取得最大成绩和收获。在实践中我们要在经验型的基础上，不断向研究型、思考型发展，在每一天的教育现场中与教师共同发现问题、解决问题，开展有价值的研究，不断促进自身和教师的共同成长。在繁忙的工作后，我们还要多动笔、多做读书笔记、写一些札记等，为自己留出一点时间和空间，反思工作的得与失，只有认识到位了，反思深刻了，才能在实践中去改变，提高管理水平和指导质量。

我们个人的成长得益于领导的指导和同事们的支持与帮助，因此饮水思源，我们也应尽己所能指导年轻教师不断成长。我认为这种成长包含两个方面：一是精神层面的成长。年轻教师精力旺盛、有活力、有思想，但也不同程度存在着个人中心、缺乏团队精神、不能吃苦耐劳等问题，思想情绪会随着工作的变化而波动，所以我们应做好沟通工作，以自己成长的经历与他们亲切交流，遇到问题敢说话，不怕得罪人，提高自己的沟通协调能力。二是专业层面的成长。我们要将自己在实践中的点滴经验毫无保留地传递给年轻教师，指导他们备课、上课，观察、指导、记录、发现幼儿的学习过程，提高实施、驾驭课程的能力，帮助他们整理、修改经验总结、论文等，使教师在与我们的共同研讨中有所收获，获得成功体验！

让主题研究成为高质量课程实施的基石

“开放教育”课程实施是促进幼儿全面发展的载体，而高质量的课程实施源于高质量的主题研究。在每个主题实施之前，“开放教育”的研究者们都会采用平行与交叉的互动研究方式，即首先经历教师与教师之间、园领导自主研究两条途径，之后是教师和园领导之间的交叉互动研究，从而深刻理解主题价值与内涵，剖析主题发展历程，以儿童学习与发展的视野思考、完善主题蓝本，使教师为主题实施做好充分准备，既为落实优化主题实施奠定了基础，又为及时把握幼儿需要、灵活实施驾驭课程提供了可能。本周我与分园园长分别和教师互动了“我们的社区”“春天来了”“神奇的海洋动物”主题，体验深刻。

1. 明确主题价值与意义是主题研究的核心

主题的价值与意义是在这个主题中幼儿将获得哪些不同于其他主题的学习经验，每个主题应有每个主题的独特价值与意义。“开放教育”的主题经过多年的沉淀具有了丰富的课程文化内涵，在此基础上我们又以现在的理念更好地去诠释和完善这些主题的意义。如小班“春天来了”主题我们认为，持续观察大自然中的植物、动物和人们的变化将成为主题发展的线索。在观察中，幼儿将感知春天是一点一点到来的，万事万物神奇的变化将激发孩子的好奇心与探究欲，幼儿尽情地与春天的事物对话，用动作模仿小草钻出地面、花儿开放等情境，幼儿在草地上打滚、奔跑、玩耍，在与春天的亲密接触中感受春天的美好。本次与教师主题价值的互动，使教师明确“春天来了”主题不单纯为了丰富幼儿的认知经验，更重要的是培养幼儿的观察、探究、表达、分享等科学品质和热爱大自然的美好情感，这远比幼儿获得一些知识重要得多。

2. 遵循幼儿学习特点，确立主题发展历程

本次研讨受李园长带领教师研究主题的启发，我们将主题进行整体思考，建立了一个完整、流畅、自然发展的进程，之后再将这些想法分解落实到每一周、每一天中，使主题研究的脉络更加清晰。

如“神奇的海洋动物”主题，我们遵循幼儿的学习特点进行了如下设想：首先通过谈话，讨论海洋动物的话题，了解幼儿的已有经验，经过统计分析，确定本班幼儿最感兴趣的几种海洋动物，并进行分组调查与经验分享。教师将支持幼儿收集多样性的海洋动物信息，引导幼儿运用多种形式表现他们不断丰富的探究经验；之后，幼儿将带着对海洋动物的疑问参访海底世界或极地海洋世界，在实地参访中解决自己的疑问，并拓展对海洋动物多样性的感知，从而对神奇的海底世界和多样的海洋动物产生深入探究的兴趣。结合参访中对海洋动物、

海洋场馆以及海洋动物表演的发现，教师将支持并鼓励幼儿建立自己班级的海洋馆，通过分组协商合作，创建标本馆、科普馆以及表演馆，在持续的问题解决中感知人与动物和谐相处的关系；最后当孩子的知识经验和情感积累到一定程度时，将适时地开展海洋节，通过筹备海洋节的开幕、展示等过程，邀请弟弟妹妹、爸爸妈妈，全面展示幼儿在主题中的收获。正是基于幼儿年龄特点和学习经验的理解，我们与教师在研讨中反复推敲，设想主题的发展如何更合理、更符合孩子的需要，这种研讨思路使我们能够更加关注孩子，同时思考得也更加全面，能更好地应对幼儿实际学习中的需要。

3. 确立周核心目标，落实实施途径

主题的发展进程思考完善后，就要把它落实到每一周、每一天的具体活动中，也就是要精心制定每一周、每一天的计划。

首先细化周核心目标的确立，我们根据主题的发展进程将主题思想分解到每一周当中，细化主题目标，使教师更加明确如何落实。再是建立发展性的区域活动，区域的经验、材料提供是动态的、发展的、不断深入递进的。最后是集体教育活动的编排，这是目前我们感觉较难把握的一个环节。因为它既要考虑主题发展的进程，观察活动的经验是否连续，又要思考五个领域的平衡，有时因找不到一个合适的活动而苦恼。但是这种周计划的制订更加灵活，它要求教师不能孤立地、不加思考地机械执行周计划，而应在每一周、每一天的幼儿学习经验中建立联系，给教师课程实施以更大更灵活的空间，当然也是更大的挑战，对于有一定专业水平的教师来说，这种课程更有灵性，能更加凸显师幼共同学习的价值。

本次主题研讨强调教师的思维参与，提前通知教师带着自己的思考开展互动研讨，而不只是被动地接受。很多教师都很有思想，尤其是有一定课程实施经验的华卉、程佳佳等老教师，能发表自己的观点，提出自己的质疑，我想调动起教师的积极参与才是主题研究的最终目的。

第三篇

行政园长王正伟的故事

王正伟小传

王正伟，男，幼儿园高级教师。曲阜师范大学计算机科学与技术专业毕业，本科学历，工学学士。2005 年 7 月通过市教育局统一招聘，来园从事网络管理及教学辅助工作；2007 年 9 月至今任幼儿园办公室主任及网络管理部门负责人；2012 年 7 月开始从事 5 个园区后勤管理，目前主要分管办公室、电教、装备、基建维修、安全等工作。

工作中充分发挥计算机专业在行政管理和教育教学方面的优势，将信息化应用于幼儿园办公室行政及教育教学管理等各个领域。注重营造和谐共生的人际环境，尊重、理解、支持每位部门成员，充分发挥部门团队协作精神，创造性地开展办公室、网络管理和教育教学辅助工作。创办幼儿园网站，带领网管员为幼儿园多个园区进行综合布线，建立完善幼儿园课件资源库课件达 200 多个。维护管理的幼儿园网站曾 2 次在青岛市优秀教育网站评选活动中获奖，所在的办公室多次被幼儿园评为“优秀部门”。扎实务实的工作作风、细致周到的服务，赢得教职工的肯定和尊重。

工作之余不断加强专业学习，2007 年取得全国计算机技术与软件专业技术资格考试中级网络工程师资格，2012 年获得青岛市“教育管理先进个人”荣誉称号。

幼儿园网络管理的实践与体验

随着信息时代互联网技术的不断发展，高新的网络技术已被广泛应用于校园网建设与应用中，成为教育信息化、现代化、网络化发展的助推器。作为全省乃至全国学前教育的一面旗帜，我园宁征园长意识超前，高度重视幼儿园网络建设，不断挖掘网络潜在的教育性及可利用性，竭力推进信息化进程。在市教育局及电教馆领导的关怀下，我园五所分园目前均建有独立的校园局域网，每个局域网通过联通光纤线路实现互联，网内计算机互联互通率达到100%。整体网络运行稳定可靠，为实现各园区教育教学信息化提供了可靠保证。作为幼儿园网络部门负责人，我带领网络部门成员从以下三个方面加大对幼儿园网络建设与应用。

一、优化网络建设结构，确保网络运行畅通

作为青岛市教育局直属的唯一一所幼儿园，我园不仅具备一流的师资力量，而且在网络设备的选购及办公用软硬件设备的配置方面也属前沿。市教育局给我园调拨配置了性能较高的网络设备和安全设备，切实增强了我园网络的可靠性与安全性。我园不断优化网络拓扑结构，对五个园区统一进行了网络规划与设计。我园采用的组网设备为：cisco 2800 系列路由器、神州数码 1800E 防火墙、思科和华为 24 口交换机、使用超 5 类双绞线作为传输介质，办公电脑基本已经升级成处理快速、高性价比的联想品牌电脑。每个园区网络采用星型拓扑结构，采用接入层——汇聚层交换机连接具有路由功能的路由器，然后各分园间通过租用联通公司光纤线路接入市教育城域网统一连接 Internet。每个园区具有独立的 C 类内部私有 IP 地址，通过电教馆统一将 NAT 地址映射转换

成公网 IP,这种访问方式有效隔离了园区计算机与外网的直接访问,减少了内部网络感染病毒、木马及遭受网络外部的攻击的机会,隐藏并保护了网络内部的计算机,切实增强了我园内部网络的安全性。合理的网络结构,确保了我园网络 7×24 小时安全畅通,充分发挥了网络在幼儿园教育教学管理工作中的优越性。

二、充分发挥网站在幼儿园的宣传阵地作用

我认为建设可靠、稳定的网络,最主要的是突出其功用。随着信息化飞速发展,我园依托网络环境,充分发挥网络的应用价值,依据幼儿园发展历程、文化积淀,设计并建成了幼儿园网站。目前网站访问量近 30 万次,足以说明我园网站得到了社会、幼教同行及其家长的肯定与认可。

我园网站设计独具匠心,巧妙新颖,具有独创性。摒弃了幼儿园大一统的模版式拼凑设计,整个网站设计动静结合、色调均匀,具有艺术的美感。作为学前教育网站,我园网站具有儿童色彩。运用图片和动画构造网页框架,网站设计将 Flash 动画和 ASP 动态网页设计技术相结合,Flash 展示出碧海、蓝天、白云、绿地掩映下的幼儿园整体效果。幼儿园外墙画面以人、海、天为背景,体现了我园独特的地理环境及天人合一的设计理念。整个网站的导航栏采用不同色彩的海鸥,当鼠标指向海鸥时,海鸥做飞翔状,并有一架可爱的小飞机从一侧飞出,显示每一栏目中所包含的内容。这些独特的设计体现出我园的设计追求,给登陆我园网站的用户留下了深刻印象。

为进一步加强我园网站建设,提高网站建设和管理的水平,充分发挥网站在幼儿园教育教学和家园互动中的积极作用,我们安排网络管理员对网络设备和网站建设进行动态管理维护。幼儿园制定了网络信息管理实施意见,建立了严格的信息审核和发布制度,确保了信息上传发布的时效性和准确性,网站建设和管理达到了制度化和规范化。网站设计的栏目涉及对外宣传、教育教学、卫生保健、家园互动等栏目,对发挥我园在学前教育领域的引领和旗帜作用起

到了宣传作用。我园网站在 2006 和 2008 年度青岛市优秀教育网站评选活动中分别荣获二、三等奖，网站深受幼儿家长和社会的好评。此外，我园利用网站平台，每年发布早教招生报名通知，招生信息嵌入在网站首页，通过浮动图标的方式予以发布，并通过网站发布分班安排，方便家长查询。针对幼儿入园难的现状，我园积极做到招生信息公开，努力实现教育阳光操作。我园网站作为信息资源发布平台，发挥了极大作用。

三、加强网络监控，确保网络设备及网站安全

网络的生命在于其安全性。为了确保我园网站 7×24 小时正常发布，我园根据市教育局制创建“E 网平安——网络文明学校”的要求，逐项将网站中未达到标准的地方进行了修改，增加了“网上警察”“网上报警”等链接图标，同时使用电教馆统一安装的北塔网络数据分析和网络流量软件进行数据实时分析监控，并根据要求做好日志备份工作。我要求网管员重视服务器及网站安全并从以下几个方面做好网络安全工作：一是及时登录各有关网络安全网站，密切关注软件程序的最新版本和安全信息，发现与程序相关的安全问题，进行必要的软件更新和程序升级；二是及时发现系统漏洞，并进行补丁修复；三是关闭不必要的一些共享服务或端口；四是安装防病毒软件和木马查杀软件对服务器和办公电脑进行病毒检测和查杀；五是对网站的文件和日志定期备份，必要时做数据恢复。

我园的信息化建设虽然取得了初步成就，得到了专家同行家长们的肯定，但是仍存在诸多问题。为进一步加强网络建设与应用，作为一名网络部门负责人，我需不断深层次挖掘网络新技术、新应用，带领网管员更好地为教育教学服务。

搭建学习分享平台　促进网管员专业发展

根据本学期园务工作计划，网络部门召开了 11 月部门月例会并开展了专业技能交流分享活动。

月例会上我首先对近一个月网管的工作取得的成绩给予了肯定，并结合每个人重点工作开展情况进行了总结，让网管们彼此了解各园区的工作，并就每个人在工作态度、工作质量、工作方式的转变和改进等方面列举事实进行点评，让网管们感觉到被重视、被关注，对目前尚存在差距的园区工作提出改进建议。同时我从以下几个方面抛出问题，让网管们关注并引以为戒：一是网站信息发布要确保及时性、准确性和客观性，注重照片或视频等影像资料主体性选择和把握，不断挖掘信息深层次内涵，提升信息撰写质量；二是提高工作计划性，对于园领导或部门负责人检查工作中提出的问题要及时行动，迅速整改，杜绝工作堆积；三是要求网管主动思考，工作反思中减少流水式、平铺直叙式的简单记录，切实提高反思的力度和实效。

专业技能交流分享活动是部门内部培训的一项重要内容。交流分享活动前，我要求每位网管提前上报分享的内容，听取每个人拟交流的大体思路。结合幼儿园网络部门实际，我对每个人提报的内容进行了筛选和补充，反馈了个人意见并和网管达成共识，确定了分享专题。张克坤重点讲解了幼儿园网站信息快递栏目“搜索条”的制作思路，分析了设计代码并结合今年省园长大会上播放的宣传片，重点以“卷轴效果”和“翻书效果”两个实例讲解了宣传片制作的技术难点。目前各园区均在使用单反相机，但我发现更多时间网管使用的是相机的基本功能，其强大功能难以发挥，拍摄的照片与傻瓜式的卡片机效果区别不大。基于此，我要求韩丰荣结合网站照片进行问题分析，并重点讲解单反相机的模式及适用场合。韩丰荣以如何充分挖掘 Canon 单反相机的强大功能，提升网管摄影的技巧和质量为专题进行了分享。他将相机上的模式进行了详细讲解，并结合美国纽约摄影学院教材提出摄影角度选择和拍摄技巧等多方面内容进行了引领学习。结合网站中各网管拍摄的照片与日常他自己拍摄的幼儿活动照片，他与网管们共同分析，切磋经验，对网管今后拍摄水平起到了提纲挈领的作用。王明连分享了“屏幕录像专家”软件的使用方法，在前期对教师进行计算机应用能力培训时，他使用该软件将教师操作过程中普遍存在的难点问题录制成视频，详尽的操作步骤扫除了教师学习的障碍，是现代化教学方式中常用的手段。这款软件可以被广泛采用，特别是对于录制一些操作性较强的教学视频或网管日常对教师进行技术指导。李正旭以大尧园区伙房平面图设计为例介绍了 AutoCAD 软件的使用，利用软件他结合伙房内部构造详细分解了每一个位置如何规划和设计，给各位网管提供了一种全新的平面图设计思路，拓宽了网管们日常工作中遇到问题的解决思路。

部门内的专业技能分享让每个人从不同领域获得了专业发展的动力，一定程度上起到了引领学习和提升专业技能的作用，但我始终感觉到网管员们仅靠幼儿园内部专业技能分享，其个人的发展和提升还存在瓶颈，还需要接受一定量的高层次的外部指导和培训促成每个网管成长。

幼儿园人事信息化管理的一次有益尝试

最近依据我园办公室工作实际，我自主开发了一套教职工信息管理系统，在经过测试后终于投入使用了。开发这套系统的背景是我园现有 5 个分园，不同编制的教职工在各个分园从事不同岗位的工作，这给办公室日常统计教职工信息带来了很大不便。特别是上级教育主管部门经常按照不同分类频繁索要数字，每次统计均需要浪费一定时间。例如：我园统计既是差额拨款又是幼儿园高级教师职称的人数时，经历了一个传统的从差额拨款人名中逐一清点幼儿园高级教师的人数，形成汇总到用 Excel 筛选统计的过程，我始终觉得不如使用一套系统来管理，更直观、方便。基于这种背景，我决心贴合办公室目前工作实际，开发一套简易版的系统，给自己工作带来便利。于是我利用休息时间，努力将目标付诸实践。目前这套系统我已经测试配置完毕，我园用户可以在 IE 地址栏输入：172.30.80.111，用户名：qdssyyey；密码：666666（初始）。教职工信息管理系统的界面与功能实现如下。

1. 用户登录界面

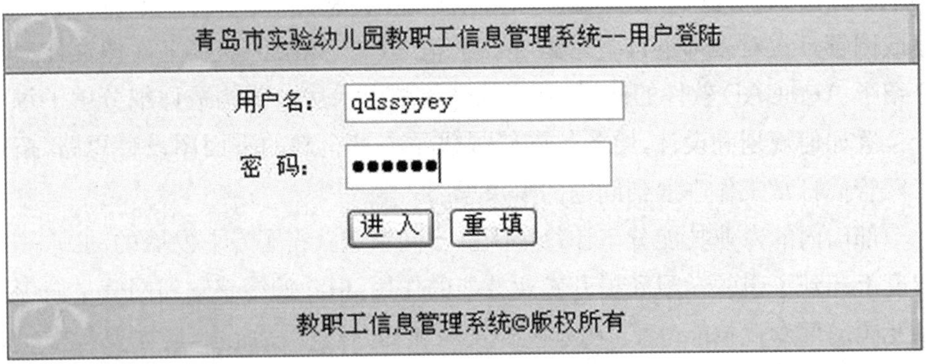

实现功能：提供登录界面，正确输入用户名和密码后可以进入教职工信息管理系统。输入用户名或密码错误，则显示如下界面：

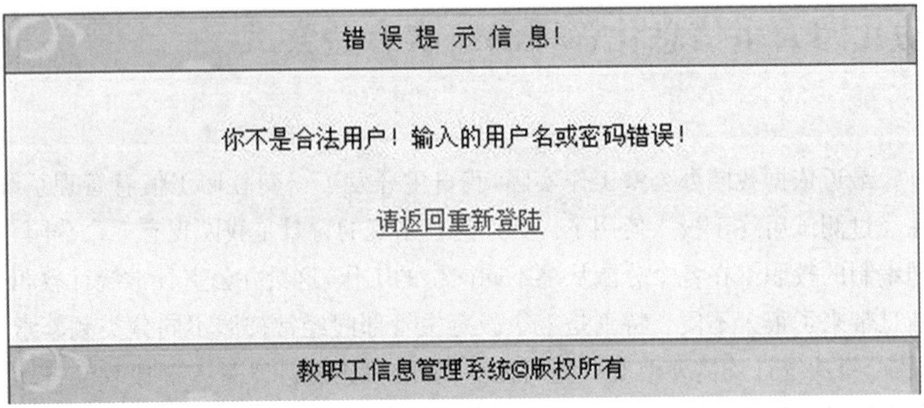

2. 教职工信息浏览模块

（仅输入园领导、分园园长、网络管理员信息测试演示）

教 职 工 信 息 管 理 系 统

添加教职工信息 | 查找教职工信息 | 退出管理系统

记录 1 到 10（总共 13个用户）

姓名	性别	年龄	政治面貌	职称	编制	园区	岗位	学历	编辑	删除
陈程	女	23	团员		编外	八大峡	办公室文书	本科	编辑	删除
王明连	男	28	群众		企业化	曙光	网络管理员	本科	编辑	删除
张克坤	男	29	群众	幼儿园一级教师	企业化	阳光	网络管理员	本科	编辑	删除
李正旭	男	27	团员		编外	大尧	网络管理员	本科	编辑	删除
韩丰荣	男	30	中共党员	幼儿园一级教师	编外	八大峡	网络管理员	本科	编辑	删除
张岩	女	37	中共党员	幼儿园高级教师	差额拨款	大尧	分园园长	本科	编辑	删除
王正伟	男	29	中共党员	幼儿园一级教师	自收自支	八大峡	办公室主任	本科	编辑	删除
孙琦	女	37	中共党员	幼儿园高级教师	差额拨款	八大峡	分园园长	本科	编辑	删除
朱永	女	37	中共党员	幼儿园高级教师	差额拨款	曙光	分园园长	本科	编辑	删除
罗杰	女	37	中共党员	幼儿园高级教师	差额拨款	阳光	分园园长	本科	编辑	删除

第一页 | 前一页 | 下一页 | 最后一页

教职工信息管理系统©版权所有

第一页教职工信息

系统编程每页显示10名教职工信息，因系统目前有13条记录，点击"下一页"按钮显示第2页，界面如下：

教 职 工 信 息 管 理 系 统

添加教职工信息 | 查找教职工信息 | 退出管理系统

记录 11 到 13（总共 13个用户）

姓名	性别	年龄	政治面貌	职称	编制	园区	岗位	学历	编辑	删除
李爱玲	女	56	中共党员	中学高级教师	差额拨款（退休）	八大峡	副园长	大专	编辑	删除
马晶	女	37	中共党员	幼儿园高级教师	差额拨款	八大峡	副园长	本科	编辑	删除
宁征	女	49	中共党员	中学高级教师	差额拨款	八大峡	园长	本科	编辑	删除

第一页 | 前一页 | 下一页 | 最后一页

教职工信息管理系统©版权所有

3. 添加教职工信息模块

（在此模块中可随时添加幼儿园每位教职工信息）

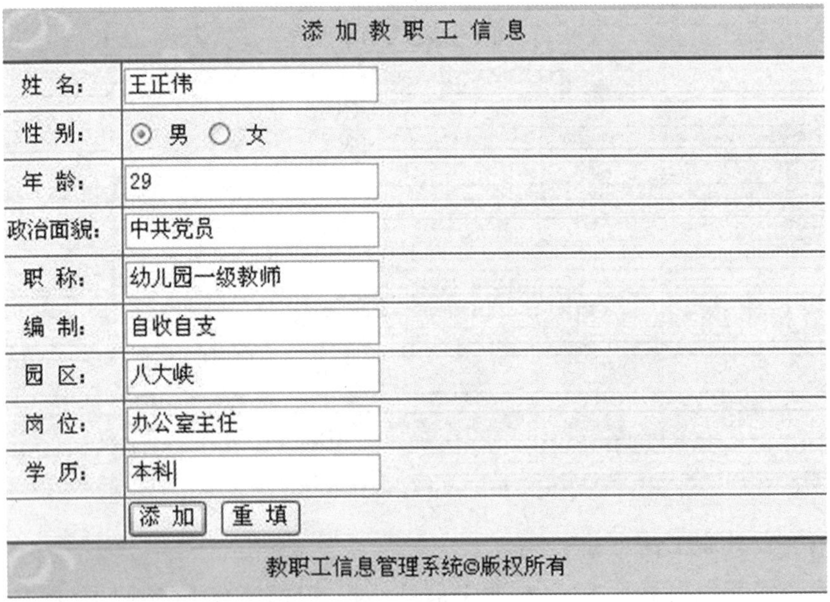

点击“添加”按钮可以将信息增加到教职工信息浏览模块中。

4. 查找教职工信息模块

（此模块为教职工信息管理的核心，可以通过姓名及关键字查找，方便实现查找信息功能，仅需点击鼠标便可统计出所需信息。）

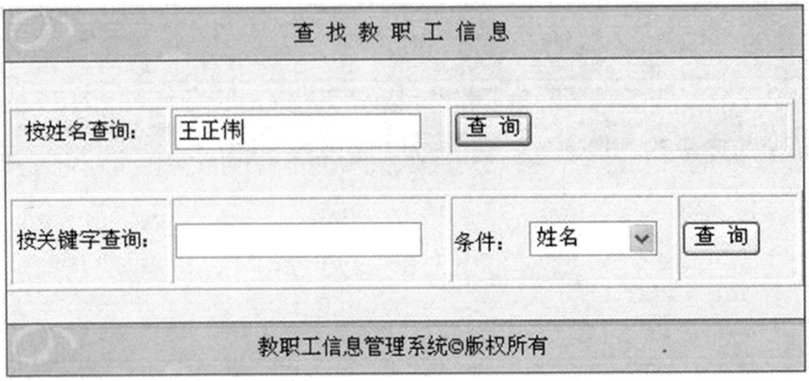

此模块提供按照姓名查询和按照关键字查询 2 种查询方式。

(1) 按照姓名查询,输入姓名,点击查询,结果如下:

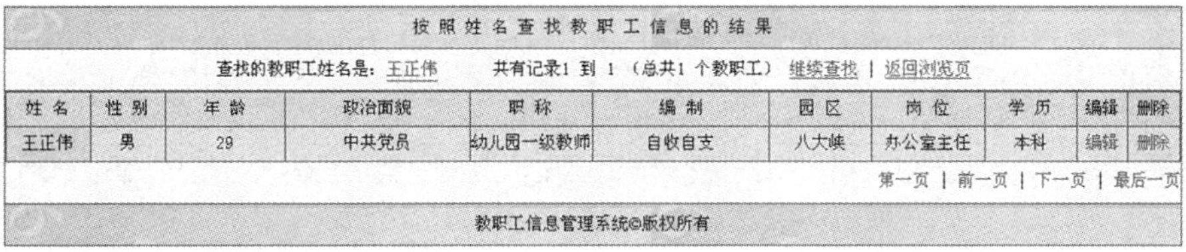

按照姓名查找教职工信息的结果

查找的教职工姓名是: 王正伟　　共有记录1 到 1 (总共1 个教职工)　继续查找 | 返回浏览页

姓名	性别	年龄	政治面貌	职称	编制	园区	岗位	学历	编辑	删除
王正伟	男	29	中共党员	幼儿园一级教师	自收自支	八大峡	办公室主任	本科	编辑	删除

第一页 | 前一页 | 下一页 | 最后一页

教职工信息管理系统©版权所有

(2) 按照关键字查询

例如:在园领导、分园园长、网络管理员信息中查找是党员的界面如下:

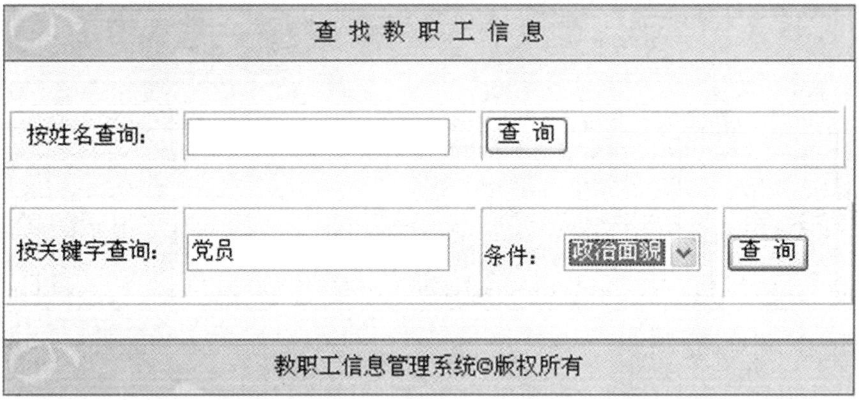

点击"查询"按钮,将 5 个园区间统计人员范围内的党员统计出来。查询到的结果如下:

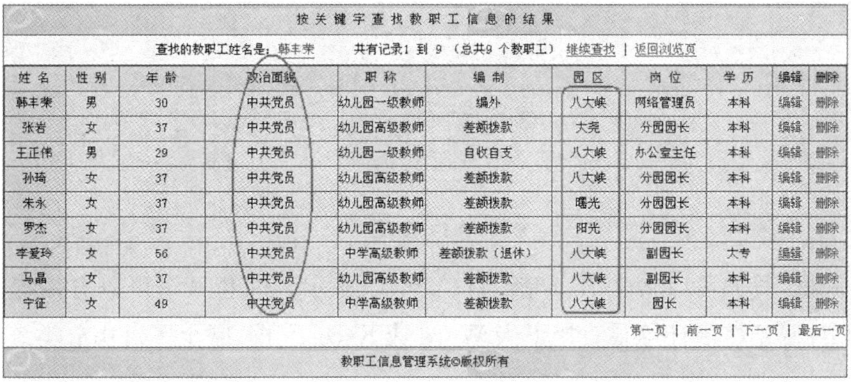

按关键字查找教职工信息的结果

查找的教职工姓名是: 韩丰荣　　共有记录1 到 9 (总共9 个教职工)　继续查找 | 返回浏览页

姓名	性别	年龄	政治面貌	职称	编制	园区	岗位	学历	编辑	删除
韩丰荣	男	30	中共党员	幼儿园一级教师	编外	八大峡	网络管理员	本科	编辑	删除
张岩	女	37	中共党员	幼儿园高级教师	差额拨款	大尧	分园园长	本科	编辑	删除
王正伟	男	29	中共党员	幼儿园一级教师	自收自支	八大峡	办公室主任	本科	编辑	删除
孙琦	女	37	中共党员	幼儿园高级教师	差额拨款	八大峡	分园园长	本科	编辑	删除
朱永	女	37	中共党员	幼儿园高级教师	差额拨款	曙光	分园园长	本科	编辑	删除
罗杰	女	37	中共党员	幼儿园高级教师	差额拨款	阳光	分园园长	本科	编辑	删除
李爱玲	女	56	中共党员	中学高级教师	差额拨款(退休)	八大峡	副园长	大专	编辑	删除
马晶	女	37	中共党员	幼儿园高级教师	差额拨款	八大峡	副园长	本科	编辑	删除
宁征	女	49	中共党员	中学高级教师	差额拨款	八大峡	园长	本科	编辑	删除

第一页 | 前一页 | 下一页 | 最后一页

教职工信息管理系统©版权所有

查询5个分园职称为“中学高级教师”结果如下：

按关键字查找教职工信息的结果

查找的教职工姓名是：李爱玲　　共有记录1 到 2（总共2 个教职工） 继续查找 | 返回浏览页

姓名	性别	年龄	政治面貌	职称	编制	园区	岗位	学历	编辑	删除
李爱玲	女	56	中共党员	中学高级教师	差额拨款（退休）	八大峡	副园长	大专	编辑	删除
宁征	女	49	中共党员	中学高级教师	差额拨款	八大峡	园长	本科	编辑	删除

第一页 | 前一页 | 下一页 | 最后一页

教职工信息管理系统©版权所有

查询5个园区“差额拨款”性质人员，界面如下：

按关键字查找教职工信息的结果

查找的教职工姓名是：张岩　　共有记录1 到 7（总共7 个教职工） 继续查找 | 返回浏览页

姓名	性别	年龄	政治面貌	职称	编制	园区	岗位	学历	编辑	删除
张岩	女	37	中共党员	幼儿园高级教师	差额拨款	大尧	分园园长	本科	编辑	删除
孙琦	女	37	中共党员	幼儿园高级教师	差额拨款	八大峡	分园园长	本科	编辑	删除
朱永	女	37	中共党员	幼儿园高级教师	差额拨款	曙光	分园园长	本科	编辑	删除
罗杰	女	37	中共党员	幼儿园高级教师	差额拨款	阳光	分园园长	本科	编辑	删除
李爱玲	女	56	中共党员	中学高级教师	差额拨款（退休）	八大峡	副园长	大专	编辑	删除
马晶	女	37	中共党员	幼儿园高级教师	差额拨款	八大峡	副园长	本科	编辑	删除
宁征	女	49	中共党员	中学高级教师	差额拨款	八大峡	园长	本科	编辑	删除

第一页 | 前一页 | 下一页 | 最后一页

教职工信息管理系统©版权所有

输入关键字“网络”，可以将各园区网管信息查询出来。界面如下：

按关键字查找教职工信息的结果

查找的教职工姓名是：王明连　　共有记录1 到 4（总共4 个教职工） 继续查找 | 返回浏览页

姓名	性别	年龄	政治面貌	职称	编制	园区	岗位	学历	编辑	删除
王明连	男	28	群众		企业化	曙光	网络管理员	本科	编辑	删除
张克坤	男	29	群众	幼儿园一级教师	企业化	阳光	网络管理员	本科	编辑	删除
李正旭	男	27	团员		编外	大尧	网络管理员	本科	编辑	删除
韩丰荣	男	30	中共党员	幼儿园一级教师	编外	八大峡	网络管理员	本科	编辑	删除

第一页 | 前一页 | 下一页 | 最后一页

教职工信息管理系统©版权所有

同样，我们可以将学历、年龄等信息予以显示。这套系统可以方便提供查询，而且便于将统计结果直接汇入Word或Excel文档，减少了每次分类统计后都要重新打印名单的问题，简化了我们的工作流程，降低了工作强度。以上是教职工信息管理系统的简要功能。今后我将整合办公室其他资源继续并开发有用的资源，让部门成员也参与到程序开发的层面上来，切实用现代化手段和技术来辅助我们的日常工作。

当好办公室主任角色定位的反思

新学期已经开始，这已经是我来到实验幼儿园工作的第七个年头了，回顾过去，在园领导的悉心关怀和谆谆教导下，我各方面都得到了长足进步，取得了一定成绩。但从一名从事网络工作的专业技术人员成长到一名办公室管理人员，我觉得这个角色转变需要不断磨炼与努力。这其中我也不断反思如何才能做好一名称职的办公室主任，带领部门成员团结协作，发挥好办公室的整体效能，做好上情下达，下情上报。

一名合格的办公室主任应该是领导的得力助手，协调处理好各方面事情，善于化解多方面矛盾，通过协调认真执行好领导的决策，做到左右逢源，促进领导和办公室工作正常开展，提高工作效率。这一点十分重要，执行起来不仅需要科学性、艺术性、更需要敏锐加智慧。在工作中，我体会到只有激情是不行的，反思我对工作的管理和决策执行总体上没有做到坚定、果断，在应对突发事件或棘手问题时往往犹豫不决，这是一名从事管理工作人员的大忌。其实以往的工作中，领导也从多方面给我指导并提供解决问题的思路和方法，但我缺乏社会及生活经验、不善于触类旁通，导致一些事情频繁出错。在办理 A 师傅的解聘业务中，始终被其牵制，给领导和自己工作造成被动，浪费了一些宝贵的工作时间。让我既对今后办公室工作的精细化有了重新认识，又对办公室工作的原则性和策略进行了重新审视，同时找准了我业务知识及政策把握方面的不足。我深刻反思到办公室工作要谨慎得力，时刻保持政治敏锐性和原则性，要保持清醒的头脑和敏锐的思维，善于提前预谋和规划，做到工作万无一失。同时要做到眼勤、嘴勤、腿勤、手勤、脑勤，善于观察借鉴园领导高超的处事能力和解决分析问题的能力，努力提高自己的决策能力和管理水平，不断提高自己接人待物的能力，注重沟通的艺术性，做到以理服人，按照规章制度办事。

近期有幸赴国内知名师范院校参加选聘高校毕业生工作，与教育局领导、宁园长及其他几所学校的校长、主任们朝夕相处、共同工作了难忘的一周。在此，我衷心地感谢园长能给予我这样一次难得的学习机会，让我近距离与处长、校长、主任们沟通、对话、交流。一路走来，收获颇丰。在领导的关心、支持、指引下，个人综合能力得到全方位的锻炼与提升，真是不虚此行！此次学习也让我清醒的认识到自身亟待改进的方面：一是生活中许多事情更多地依赖家人或被家人替代，融入集体生活中表现出不灵活、适应能力弱等。二是服务和礼仪有待进一步提升。外出时大家是一个团队，除迅速妥善地安排好自己的事务外，更多地要勇立潮头积极为他人服务，协助解决团队中的困难和需要，此外说话办事要展现出礼仪，让别人感觉亲切、舒服。反思自己，需提高对周围环境观察的敏锐性，在果断决策和迅速行动上需当机立断。三是个人仍需要多层次的打造提升自我，外出活动尽展办公室主任的综合能力，代表的是一个单位的整体形象和素质。此次让我近距离领略到一名优秀校长、主任所需具备的综合素养，在这些方面我还有很长的路要走。反思自己，还需要多层次学习，弥补不足之处，力争各方面能力都能得到均衡发展，向一名优秀的办公室管理人员迈进。以上是我此次重要的收获，对我而言弥足珍贵，它带给我的更多的是思考，让我深刻地剖析自己，明确了自己今后工作、生活中、为人处世中应该努力的方向。

让反思促进管理者成长

——一次园长信息反馈会后的反思

本周听取了宁园长对青岛市 21 所幼儿园检查验收工作的反馈，通过园长拍摄的大量照片演示讲解，让我们认清在国家及各地对学前教育重视之后，身边的幼儿园都借机发展，重塑形象的形势，提高了我们乘势发展的紧迫感和居安思危的意识。如今，各行各业竞争越来越激烈，发展进入了“千帆竞发，百舸争流”的快车道，各区市教育部门也纷纷提供幼儿园园长、教师外出学习交流的机会，让她们以不同视角重新审视教育，分享汇集了各幼儿园保教及后勤管理的有益经验，并对自身的劣势进行了改进，有的甚至进行了大刀阔斧的改革完善，少数幼儿园的发展令我们刮目相看。人们常说“一个好园长成就一所好幼儿园”，宁园长所介绍的优质幼儿园基本都有一个有魄力、懂教育、会管理的园长及领导团队。如今，许多企业的管理元素也被借鉴、融入到教育管理中，特别是宁园长介绍的市南区金钥匙幼儿园借鉴实施日本的“6s”管理法（整理、整顿、清扫、清洁、素养、安全），使幼儿园呈现出良好的发展态势，从一点一滴都能体现出该园实施的精细化管理。另外该园丰富、多样的户外活动器械和组织方式，让我们看到幼儿园的办园特色。通过宁园长的介绍，让我们了解到姊妹幼儿园的好的经验和做法，例如：卫生局幼儿园伙房管理标准、规范；市北区广和幼儿园接待提供的优质服务；开发区长江路中心幼儿园、天泰阳光幼儿园高质量的活动区环境创设水平等，需要我们不断学习和改进。另外，宁园长反馈了一幼儿园汇报使用的课件设计制作水平较高，这点引起我们网络部门的重视，今后网络部门要在课件背景、文字、排版方面不断改进，多进行有益尝试和创新，提高制作 ppt 课件的能力和水平。

为了能亲身感受体验优质幼儿园的独特文化和有益经验，我跟随幼儿园参观团队去了金钥匙幼儿园和卫生局幼儿园参观。在金钥匙幼儿园，让我看到了实施“6s”管理后的成效：伙房制度规范，物品摆放井井有条；班级电教设备整齐、有序，各类排线都备有明确标注；网络管理机房内设备分类排放、书橱内影像资料摆放清晰；机柜内网线、设备、地面整洁有序。真正体现了“6s”要求达到的目标。反观我自己从事的办公室和网络部门以及班级电教设备的排放，我找到了差距和今后整改的方向，今后在管理上也要好好学习“6s”的管理方式并应用于工作中，下一步我将带领部门成员围绕“6s”要求的目标从各方面不断进行改进，提高工作质量和实效。卫生局幼儿园留给我印象最为深刻的是伙房管理，卫生、各操作间设计、操作设备、物品分类等方面都很值得我们借鉴学习。

改变管理方式，充分发挥人力资源的最大化效益

本周我召开了办公室及网络部门例会，全体网管及办公室陈程、刘毅参会。此次会议的主要内容有三项：一是结合本学期办公室及网络部门工作计划，进一步加强部门文化建设，提高部门服务意识和水平，进行了办公室礼仪培训。二是传达了园领导班子会上通过的《幼儿园20周年园庆工作计划》(初稿)及园报改版意见，让网管知晓、明确部门及个人的工作计划及思路，便于后期部门统筹分工，协调合作。三是为进一步改变工作思路，提高管理时效性，努力实现精细化管理，注重加大对网管的分类关注与指导，提升网管从技能型向管理型人才转变，实现自我管理、自我服务、自我负责、自我约束的工作常态，我将自己思考规划制定出的部门每位网管“牵头联动、一人多责”的工作思路提交大家进行讨论分析，最终大家一致赞成并认为可行。

在进行礼仪培训时，我利用“办公室礼仪”课件，结合部门内部案例进行对比分析，让大家在愉悦的学习氛围中，找准日常办公中礼仪细节的缺失或不足。进行办公室礼仪培训的初衷是在日常办公室工作中，园领导对我一点点的栽培、指导，让我真切体验到礼仪的重要性，为共享经验、提升服务，本学期我将礼

仪培训提上日程。培训前，我深知自身不足，但权当抛砖引玉，相信大家多少会有收获。在培训会上，我讲解了礼仪的法则、基本要求，仪表、仪态、见面、电话、接待等日常办公礼仪，并就办公室中如何建立良好的人际关系与部门成员进行沟通交流。我结合自身在日常办公室工作中存在的一些不合乎礼仪要求的范例，进行自我剖析，并将部门内部成员存在的问题抛出，就事论事，引领部门成员找差距，让部门成员进一步明确何谓正确的礼仪，如何改正不适宜的礼仪，提高自身形象和公认度。最后用简单的 50 个字向部门成员阐明了日常在办公室工作礼仪行为的 10 点要求：笑容多一点、嘴巴甜一点、想得细一点、说得清一点、站得直一点、坐得正一点、走得快一点、穿得雅一点、态度诚一点、应变活一点。一个半小时的礼仪培训，大家都在认真倾听、记录，并不时地参与交流互动，收获还是很大的。在培训过程中，我进一步深层次学习礼仪常识，不断纠正着自己思想中根深蒂固的错误观念或行为，培训达到了育己育人、共同提高的目的。

提出“牵头联动、一人多责”的工作思路的想法是基于目前网管已日渐成熟，每位网管在各自岗位从事网络管理与维护工作平均长达 3.5 年，积累了一定的适合各自园区的技术维护经验，此时需要提供平台和内驱力，促使网管由技能型向管理型转变，促使他们站在一名管理者的角度审视自己工作中存在的问题。一直以来都是我“一言堂”，发现问题、剖析问题、解决问题，但囿于我从事办公室及网络部门双重管理任务，时间有限，顾此失彼，管理上还存在一些漏洞和弊端。上学期在领导的建议和指导下，我采取了园区巡回管理、指导的工作方式，取得了一定成效。本学期，我将提升自身管理能力与实现部门精细化管理作为工作目标去努力突破。“用人靠技巧、管人靠智慧”，不能将所有事情揽于一身，让有能力者有权利，实现部门成员自身管理、交叉管理。我对部门“牵头联动、一人多责”的下一步工作思路和方法进行了布置：每位网管均是牵头人，对部门划分的工作进行牵头操作、过程监管、结果量化；打破一人一园管理的模式，在此基础上加之对其他园区牵头工作的宏观调控，负责牵头工作的实施与指导。我作为部门负责人与相关工作的牵头人一同参与管理，抓住“身先士卒”是成功管理的一大要素，建立形成“部门负责人——牵头人——部门成员”的管理梯次。我与牵头人定期就管理质量及结果进行切磋交流，达成共识，这样每位牵头人也习得其他人员的优秀经验和做法，相互学习、相互制约，共同提高。具体做法是王明连负责牵头部门管理等文档材料的收集汇总。如：每周收集总结、计划、每月收集光盘移交表、采购表、课件统计表等相关填报表格等；李正旭牵头负责动态检测网站信息上传质量及时效性，同时负责部门“6s”规划指导，牵头为橱窗美化工作提出建设性意见；张克坤牵头负责资源网站建设、检查巡视各园区机房情况，并进行指导；韩丰荣牵头负责协助办公室工作，负责实物照片档案、教师成长档案的收集、各种安全表格等材料收集，负责园报改版编辑工作。

改变上述工作思路在实践中可能会出现这样那样的问题，我将与部门成员在实践中探索，在探索中不断改进工作管理方式，提升管理层次。

加强细节管理　提升管理实效

网络部门确定“牵头联动、一人多责”工作思路后，我加强了对部门重点工作的规划和牵头负责人的宏观调控与指导，关注牵头人工作的思路、方式、方法，过程中加强与牵头人的双向交流与指导，悉心听取每个牵头人在工作职责范围中发现的问题及解决问题的策略，通过积极交流互动探寻大家公认最优的解决方案，并将优秀经验和工作要求及时传达、分享，做到部门共谋划、同发展。现在部门工作流程一般为：部门负责人传达部门重点工作，将工作思路告知相关人牵头解决，牵头人主动协调部门其他成员开展工作，关注过程与质量，并将结果及时向部门负责人反馈，在此过程中部门负责人协调控制进程，并对牵头事项进行总评。工作思路转变后，我发现部门成员都能站在一名管理者角度去发现问题，思考问题，由一名被管理者主动向参与管理者的角色转变，工作积极性有所提高。

例如：本学期开始，我安排王明连将部门内网管的周计划、月反思、部门内部管理的表格、课件统计等进行收集、整理，并加以统计，让他先对收集汇总的材料做出初步检查意见，听取他发现的问题，与他交流部门成员的反思，交流反思的工作亮点与问题。他感到看了大家的材料后，明确发现他在写作上仍存在差距。在对部门成员反思阅读后，我针对网络部门一些内部成员反思不到位或反思需要改善的问题，我将自己撰写的反思材料发给大家，仅供参考，并就如何撰写高质量的反思着重与王明连进行交流，指出他的问题是字数太少，反思仅停留在表面，平铺直叙，我向他明确提出要求，让其重视反思撰写的质量。对于张克坤的反思，我感觉他自身反思较为深刻，但内容口语化、心理活动描述太多，我和他交流反思撰写的思路一般应为：针对问题现状分析问题的根源、采取有效措施去解决问题、收获与体验，明确今后工作思路和方法。我和他交流后，他意识到自己反思中存在的问题。交流过程中，我借用李正旭撰写的反思进行对比评析，说明李正旭的反思善于抓点，言简意赅但能突出其反思内容，能让人看到他的反思实效，张克坤对此也表示赞同。针对陈程反思中提出的，在向人才市场提交曙光幼儿园二级教师转为幼儿园一级教师当年年度考核表时，发现存在几个教师在参加职务确认时提交的结果与实际考核结果不一致情况的，我及时与她沟通，肯定了她提的问题是需要我们注意的。对于这个问题，经过讨论，我也将调整下一步工作方式，将幼儿园年度考核指标提前安排会计进行计算，将体现教职工工作业绩、工作质量的考核内容确定好，由会计每月动态统计，每年 7 月底提交办公室，办公室统一排列考核名次，确定初步考核结果提交园委会讨论。

反观以往的管理，我确实也存在很大问题，没有将出现的问题追溯根源、彻底解决，造成了部门工作的问题。本学期我将进一步关注细节，不断改变工作思路，加大对办公室、网络部门的管理力度。采取各分园巡回督查指导的方式，及时发现各园区网络工作不足，及时提出并要求改进。真正能走进现场，近距离了解网管的切实需要及遇到的问题，帮助他们合理规划工作，充分调动办公室部门人员工作积极性。同时深入班级,近距离了解教师对网管工作的反馈,着力解决问题,提高管理能力,带领部门成员共同提升。

尽职履责,做好幼儿园后勤管理工作

幼儿园后勤管理工作是幼儿园教育教学工作正常开展的先行保障和重要环节,工作虽然看似平凡但很关键,特别是当前政府和社会民众已将学校食品安全和学校日常安全提上议事日程,宏观统筹管理,让管理者感到了安全危机和肩负的使命和责任。由于马晶副园长因病辞去公职,让我们非常遗憾和不舍,身边少了一名负责后勤管理的优秀副园长。鉴于领导和组织的信任和安排,我临时接管马晶副园长的工作。作为一名年轻的管理者,我涉足的专业面较窄,管理经验缺乏,高瞻远瞩的决策能力和宏观的调控能力有待加强,让我体会到任重而道远。

我尝试从人文化、制度化、规范化、科学化四个方面进行管理:一是加强人文关怀,从教职工心声开始。深入幼儿园保健部门、伙房部门、会计部门、维修小组中了解后勤职工的意见和建议,在新学期开始之际,通过座谈、月例会等形式和职工们交流、沟通、营造部门负责人示范引领、部门成员团结协作的班组氛围,给大家强精神、鼓干劲,对于暂时落后的班组则开诚布公的进行交谈,明确定位和目标。二是以加强后勤制度化管理为切入点,建立健全后勤管理制度。幼儿园要做到高质量可持续发展,制度是保障。目前后勤相关的制度不在少数,需要适时带领大家温习制度,将制度作为大家行动的先导,用制度约束规范日常工作行为,使后勤职工们有章可循、有据可依。另外由于我对后勤制度尚处于熟悉和学习的阶段,遇到需要建立或完善的制度我会先向宁园长、曲园长咨询请教,期待能形成合力共同管理好后勤工作。三是实行后勤规范化管理。后勤管理涉及的工作点多面广,采购、流通、加工等环节都需要严格把关,营养膳食需要合理搭配，卫生保健、流行病预防、安全教育等方面均需要规范流程，相关人员需切实履行岗位职责，各负其责，多部门做好协调配合监督，确保日常工作高效推进开展。实行信息网络化、归口化统一管理方式，发布信息从上而下分层逐级传达，信息上报自底向上逐层汇总，确保信息贯彻到位，建立良好的信息分享机制，让职工及时了解最新工作动态和工作要求，缩短工作的响应时间，提高工作效率。四是提高科学化管理和决策水平。在巡回各园区后勤管理工作时，我会第一时间与曲园长和各分园园长分享发现的问题，与大家交流管理经验或发现的问题，集中大家智慧使问题的分析和把握更有针对性，从而不断丰富着自身的管理经验。

后勤管理人员从事的工作虽说平淡但是同样艰辛，从事后勤管理工作的一段时间，我充分感受到身上的责任和使命，每天都感觉时间紧迫。蜂拥而至的各方电话等待汇报处理，转发的文件和材料需要落实或安排，每周巡回各个园区时协同保健医生深入伙房查看工作规范，到班级或户外看看安全维修或隐患，发现问题及时反馈交流，对于办公室工作，及时提醒需要办理的业务以及办理方式，并落实办理情况，利用业余时间阅读后勤人员计划并逐人进行记录，确保后勤例会的质量和实效性等等。

如何让后勤职工在常规性工作中体会到职业认同感和个人价值，大家不再认为自己的工作是“有位无为”，我想今后我会协同管理人员一起搭建好后勤各部门专业化发展沟通学习交流平台，带领后勤人员向书本学习、向专家学习，汲取优质园所后勤管理的有益经验，形成共同的价值取向和职业信念：为幼儿园可持续发展、高质量实施教学研究、幼儿健康和谐发展做好后勤服务和保障工作。

提升幼儿园现代化装备水平的思考

本周前两天，我参加了教育局装备办组织的教育装备管理人员新技术新设备培训班。结合培训所学、所思和目前幼儿园装备现状及今后发展趋势，谈一点体会：根据国家、省、市十二五规划，我市计划在 2015 年实现教育装备现代化。目前从配备的装备来看，标准化目标基本实现，但距离装备现代化标准仍需不断加大装备投入。但如何将装备投入在教育教学应用中产生最大化效应，需要教育部门和学校共同探索、制订方案，力争调拨或采购的装备能物尽其用，真正发挥教育装备在教育教学管理方式、手段中的辅助与革新作用，让新信息技术与新装备相互融合并充分应用于教学领域，既产生师生互动、生生互动的效果又能减轻教师在教具准备、课件制作等方面的压力，达到合理、适度利用新装备及技术提高课堂教学效果的目的。

作为幼儿园装备管理人员，我也非常关注目前幼教领域的一些新装备，但相比较非学前学段的其他教育装备来说，可供选择的优秀装备还不是很多，像学前教育课程，因为我园实施的是园本开发课程，国家没有完善的教材体系标准，造成市面上厂商提供的装备设备及支撑软件资源，在我园应用比较局限。但随着信息化技术的提升，我们不得不承认新装备设备的有效运用的确给教学方式及手段带来了飞跃，产生了高效互动的课堂效果。比如听取了此次培训邀请的中学教师介绍的生物、数学展示课，让我体会到若幼儿教师有效运用电子白板，可以让教学过程减少枯燥元素，让课堂达到互动、灵动效果，让每一名孩子高效参与到寓教于乐的教学过程中，提高孩子学习兴趣和动手能力，激发孩子的想象力、创造力。在培训过程中，我详细了解比较了知名厂家提供的电子白板及其用户使用反馈，发现北京鸿合公司针对幼教市场开发了一套电子白板，下一步我将先行了解其软、硬件功能，初步确定其可行性，并请园领导参与意见，同时随时关注国内其他厂商开发动态，为幼儿园购买各类装备提供参考意见，为领导决策提供支持，力争让幼儿园装备也提升至一个新层次。此次培训还邀请了南京市装备办后主任介绍了中小学教育技术装备实践、思考，我感觉他从一个全新角度对教育装备重新规划、作出理解，对大家比较关注的抓好政府采购环节，提高采购装备质量提出了一些意见，比较具有可操作性和前瞻性。中心聋校韩刚主任也介绍了该校在装备管理上的一些经验，值得有选择性的参考借鉴。培训会上，特邀了装备供货商介绍了下一步装备办拟给各学校采购的设备及操作使用办法，将培训前置于供货之前，我觉得效果良好，可以先期了解到其他学校调拨设备，有针对性地与装备办协调，做到心中有数。在管理人员培训会之后，李正旭、张克坤参加了电子白板的体验式教学过程，经了解也都有不同程度的收获。下周的网络例会将共享学习体会，让每位网管均能对接下来几年教育装备的发展趋势做到熟悉、了解，提升网管申报各园区装备采购需求的针对性和准确性。

开展风险分析，确保十八大校园网络安全

根据市教育局关于做好十八大期间网络安全工作的通知，我召集办公室人员召开会议，传达会议精神，结合我园网络管理工作实际，进行风险分析，让办公室全体人员从思想上重视十八大期间网络安全及网络舆情分析的重要性，建立了相关的动态监测机制以及逐级汇报制度，确定人员分工安排，设置情境进行脚本演练。会上，我带领办公室人员逐一梳理出目前我园网络安全中的威胁，主要有：应用软件、通信系统及办公系统等操作人员缺乏信息安全意识，密码设置简单或长期不更换密码造成个人信息泄露；服务器或 IIS(Internet Information Services 互联网信息服务)由于管理更新不及时，存在漏洞，造成系统安全性不高；网管对于网络系统或设备的日志分析缺乏经验，提前的预测分

析查找问题的能力受限;局域网中共享资源缺乏权限设置机制,造成资料可以随意共享下载。此外,我梳理出我园现阶段可能造成负面影响的信息言论,如,家长可能通过论坛、微博、博客、qq 空间等平台,自由随意的发表观点、言论。幼儿园招生、媒体报道"虐童"事件引发的讨论、教师教学能力及品德、幼儿园收费等均有可能置顶,安排各园区网管分工,对来自校园网内外的不良信息及评论做到第一时间向领导汇报,将处理及补救措施前置,确保校园网内信息安全。我觉得我园网络防范工作和应急处置的重点,是全体人员要从思想上提高对于信息系统及网络应用的意识,网络管理员要利用管理软件或加强技术手段进行校园网络风险预估分析,维护管理好各自园区的网络,营造安全稳定的网络环境。难点是如何利用教育局调拨的上网行为分析管理系统如游龙 Siteview,进行全网内活动分析、流量控制、异常数据分析。另外,我特别强调了班级 qq 群作为宣传的一个阵地,各园区要求班主任及时关注、净化网络环境,避免因无人值守造成信息传播与外漏,做到出现问题积极疏导、上报。

此外,根据教育局办公室要求,我对信息保密工作也进行了反馈。会上我谈到目前我园在内网运行的办公系统平台主要有 3 个:金宏办公系统、固定资产管理系统、人社局工资系统。因办公室人员缺乏信息保密意识,我强调了以下几点:一是内网系统运行的计算机必须与外网隔绝,并专机专用,安装外联监控软件,确保内网机器不受外网病毒感染;二是通过金宏网接收、报送的文件,严格按照公文处理规定办理,确保知悉范围在规定要求之内;三是所有涉密文件必须由办公室专人领取、报送,针对我园 5 个园区实际,虽然文件传递不是很方便,但绝对不能通过传真、扫描、电子邮件等方式传输,需从通报的山东省 2 起泄密事件汲取经验教训;四是重要纸质文件分类存放,定期装订,专门保存,坚决杜绝无关人员接触、查询。过期档案严格按照档案管理规定销毁,确保教职工个人信息和幼儿园文件不外泄;五是检查园内计算机,确保与互联网相连的计算机不存储、共享内部信息,同时安装防火墙和杀毒软件,保障计算机安全。上述 5 项内容,目前办公室人员均能规范操作、执行。虽然我园涉及保密的内容及材料不是很多,但我从办公室人员的职责角度向每个人提出要求,要保守秘密，该公开的主动公开，牵涉到个人隐私征得个人同意的需要申请公开，涉及机密的坚决不公开。

十八大是举世瞩目的一次重要大会，我们将积极行动起来，采取人工值守与技术监测相结合的手段，提高我园网络管理及信息安全，确保十八大期间网络安全稳定运行。

管理中的决策失误及反思

负责全园后勤管理工作以来，我既肩负着后勤管理工作又从事着办公室各项业务的管理工作，但始终没有从繁杂的事务性转换到精细化管理角色上来，直接影响到自己的执行力和管理能力。本周大尧园区卫生间改造出现的问题和教职工饭缸在未调研、未征得领导班子同意情况下，私自改变传承多年的办法这两件事，让我从中汲取深刻的经验和教训，也让我重新审视自己在目前岗位上应如何履职，做好领导的参谋和助手。

纵观这两件事，均系工作随意决策，不计后果，最终影响到幼儿园的整体工作，也给园领导工作添乱。由于我性格比较内向，自工作以来是园长和领导班子及教职工的信任和鼓励，让我从一名网管员逐步成长为办公室主任，再至如今成为从事后勤管理工作的管理者，是园长一步步地打消我对管理岗位的抵触心理，时常给我机会培养锻造我，让我逐步成长起来，但在这过程中也出现过多次大的疏漏让领导不满意并为之操心。这都归咎于我不善于从错误失败中总结经验教训，不善于举一反三、触类旁通，缺乏敏锐感和组织协调能力，相关专业技术能力及管理经验匮乏，不能高屋建瓴，统筹规划做出合理、有力的决策。针对自己的劣势和管理能力薄弱的特点，我更应该借力而行，向身边的领导班子成员和专业人员请教，倾听并汇总大家的观点和意见及时向园领导汇报，让她们有知情权和建议权，大家共商幼儿园发展大计，这样的决策才会降低风险，更贴近群众的心声。我也在不断反思，自己在后勤管理信息畅通方面出现的问题，听不到下边群众的要求和呼声，也没有向相关人员主动汇报，这些问题凸显了沟通机制不畅通，今后我会增加和曲园长的每日交流，及时从部门负责人处了解意见和建议。另外我也会摆正自己的位置，做到不越位，遇到拿不准的问题不随意做出决定，及时向领导汇报。目前我接受来自各方面的汇报相当多，我会认真做好记录，及时做到上传下达、下情上报，不再随意做出武断决定，给工作造成被动。目前自己年轻且缺乏专业经验，决策和判断仍停留在一个浅显的层面上，不经意的一个错误决策就有可能影响到幼儿园的发展方向和干群之间的矛盾。所以有必要让有经验的园领导先行把关，使我克服自卑心理，及时沟通借力，这样才会提升自己的决策水平，提升自身的管理能力。

此外，我现在作为一名管理者，更应该把握好角色定位，为领导出谋划策，不能把矛盾推向领导，要做领导的贴心人，时刻关注教职工个体需求，以人为本，做任何事都不能搞特殊化。我会不断加强专业技能学习，增强政治敏感性，提高对问题的审视能力和审美能力，做好领导和教职工的桥梁纽带作用，以踏踏实实、认认真真的工作作风和对领导、职工忠诚的工作态度扎实落实好每一项工作，做好教职工信赖的干部，真正率领后勤部门发挥辅助作用，为幼儿园教育教学工作顺利开展提供坚实的保障。

人事工作牵我心

人社局7月份在全市非全额拨款事业单位实施以来，进一步理顺了人员工资和保险“上游”“下游”节点业务流程，规范了保险缴费基数与工资数据库的准确性和一致性，让单位工资的发放更加透明化、数据统计更具完备性，充分利用工资和保险“上游”“下游”节点，用人单位可一定程度上减轻因每次工资变动需到保险办重新申报调整保险基数的复杂度，但也同样带来了新的问题。第一，由于每月“工资备案”业务需要在当月 8 日前在“青岛市人力资源 e 网平台”上逐人进行备案并认真核对后提交、审批，我园对职工的工作月考核需要在月初及时操作，并将教职工的考核结果汇总后上报各园区会计，会计需要将“工资备案”数据分类后汇总。目前备案业务中数据有如下几项：①工资库中的月基本工资减掉个人缴纳的保险，即单位发放的月工资；②单位工资备案发放金额，这部分比较烦琐，包含了除基本工资外，需要由我园发放的津贴、补贴、月奖金及其他考核项目等，从这个月实施情况来看，会计普遍感觉由于时限紧，每月奖金人员考核情况不一，操作起来都很仓促，因为办公室人员 8 号要上报数据，为了能及时备案，也不断督促催办，到头来弄得大家都很紧张。第二，备案后，当月 13 号还要登陆平台下载备案数据，提交会计核对，八大峡和大尧会计需要根据编制性质分出人员，大尧会计根据备案工资情况在 17 号左右将工资款利用网上银行转账到八大峡工资账户中，最终八大峡会计统一在 18 号左右利用建行网上银行提交到建南三支行工资专用账户中，统一由银行于 20 日将月基本工资和单位工资备案发放金额一笔打到职工银行账户中。由于人社局部署此项工作涉及面广，工作任务重，对其中带来的问题预估不足，在备案环节中出现了诸多问题，作为基层单位，我们只有及时咨询、沟通，特别是教育局目前需要工资备案的单位包括我园仅 3 家，我们有消息及时分享，遇不明确的问题再及时与人社局统发处陆昕浩处长请教，寻求帮助。过程中，陆处长的工作作风给我留下深刻印象，他分管的这项任务可谓繁重，来自各方咨询不断，但每次他都耐心地给予解答，给我们提出合理化的解决办法，让我们跑腿办事的工作人员备受感动，也让我看到了公务员队伍中一名年轻领导干部认真的工作态度和务实的工作作风。在这项业务过渡的 7、8 月份备案过程中，在 20 号之前均有建行的一名业务经理与我联系，送来工资单让会计核对，但 9 月份没有人员联系，难道人社局和银行的工资发放平台已经对接调试好了吗？我们不得而知，会计问我 9 月份发放方式，为了能让职工工资如期到账，我与银行和人社局联系，但是对方答复不一，这也让我一头雾水。最终安排王洪帅 20 号关注工资是否及时发放，结果 20 号下午没有到账，我立刻又联系各方，最终 9 月份仍然让会计采取原方式操作。本周王洪帅向我反馈有 24 名人员工资没有发放成功，不知何原因？我和其分析了原因，并向建行分管经理联系，一开始银行答复这部分人员需要更换新的银行存折，由于此次系统升级，旧折无法使用，需要这些人员分别持身份证到建行办理新折，但考虑到部分职工没空办理，我最终找到上一级领导，领导说人社局拟在最近通过办理新的社保卡发放工资，他安排人员利用旧账号换算出新账号，免去这部分人员重新办理新折的麻烦。我安排王洪帅专程去银行找经理办理了变更。宁园长对此事和教职工待遇非常关注，多次强调工资一定要及时发放到位，不能影响职工的生活。根据领导要求，我向这部分人员作出解释，希望获得谅解。在会计的努力下，这部分职工的工资终于如数发放到位，我们悬着的心也终于落地了。

后勤是一个支持、服务幼儿园、教师、幼儿成长和发展的部门，提高部门对内对外支持互助、合作服务的意识和能力非常关键，这将有助于在教职工中树立威信，提升整个后勤团队的形象。

努力做好教职工思想工作

本周就教职工 S“十一”8 天长假结束后未能按时正常上班，又私自晚回园上班问题，我和李园长与其进行了深刻交谈。谈话采取我主谈，李园长适时补充的方式。我的这次谈话从教职工 S 电话告知“外出最后一天没买上返程票，导致无法按时返青上班”而私自请假切入主题，指出这是她思想重视不够，缺乏对行程统筹安排，没有将工作放在重要位置的表现。我提出：这种临时性私自请假，仅称得上告知，既不属于急症又不符合病事假等特殊情况，根据幼儿园请假制度，这根本不属于请假范围，属于旷工。针对今年长假出游人多的情况，出行前更应该合理规划行程，做到心里有底，提前买票，根本不存在“买不上票影响返程”的情况。我和教职工 S 明确说明，我们每个人都有自己的工作岗位和职责，国有国法，家有家规，没有规矩不成方圆，幼儿园有规章制度，我们都应该遵守制度，如果每个教职工都像她一样，幼儿园还怎样正常运转？还算不算得上是一个单位？我想哪个单位也都不允许这样。我们幼儿园组织的旅游也只不过6天左右时间，而今年国庆8天休息时间，对于旅游来说时间已经够充分了，这么长的假期更应该统筹规划行程，适当提早返回做休整，养精蓄锐，以饱满的精神投入到工作中。况且节前9月30日已通知她共同协助参与相关工作，她的缺席打乱了幼儿园整体安排，耽误了整体工作。S听了也点头认错。

另外我指出：类似长假后临时请假的问题已不是第一次了，在我印象中直接向我请假的就有2次，据我了解以前也存在这种情况，作为幼儿园一名教职工，同一问题不能一犯再犯，应该从中吸取经验教训并改进。李园长也就我的谈话内容语重心长地教育S：我们的谈话对事不对人，每个人都会犯错，但关键是应该引以为戒，不断改正。希望她就自己的问题认真反思后提交一篇反思。S当场充分意识到自己的问题，对我和李园长谈话的反馈也认同，并承认自己的错误，表达了自己的决心。她表示这次会彻底汲取教训，以后不再发生类似问题。

对我而言，类似这样做教职工思想政治工作的谈话是一件棘手、困难的事情，感谢宁园长及时果断的安排，也感谢李园长手把手无私的指教，确保了这次谈话达到了教育的目的，让被谈话人清醒地认识到问题并表明改正的决心。从这次谈话，我也感受到自己的不足，充分体会到"姜还是老的辣"这句俗语的深刻含义，谈话前李园长从谈话构思和策略逐一帮助我，让我做到谈话时心中有底气，能条理清楚地表明态度、观点、立场，同时我也体验到谈话不仅需要智慧、技巧，更需要经验，李园长多年的历练成就了她与教职工谈话时游刃有余的掌控，既要严厉指出问题让教职工心服口服，又要根据谈话语境适时调整语气，这样才能起到很好的谈话效果。

世事皆学问，作为一名管理者我更需要坚持不懈地学习，扑下身子勤于实践，向身边的老前辈们认真请教、学习，丰富自己各方面的管理经验，只有这样自己的人生阅历和各方面技能才能更趋完善。

第四篇

分园园长张岩的故事

张岩小传

张岩，中共党员，本科学历。1993年毕业于青岛幼儿师范学校，光荣成为青岛市实验幼儿园建园的第一批教师，现任幼儿园高级教师，至今已工作近20年。她是我园“十五”、“十一五”、“十二五”《开放的时代开放的教育》、《创建幼儿园高品质团队研究》、《基于人本主义的发展型幼儿教师培养研究》、《幼儿园蓝色海洋教育》和《“开放教育”中的家园共同体构建研究》课题研究的参与者和子课题负责人；她一直参与我园“开放教育”课程制定、修改和实践工作，并潜心研究出若干有价值的主题，编入幼儿园的“开放教育”课程的蓝本中，所带班级多次为园长、教师们提供观摩和评析教育现场，充分发挥了优秀骨干教师的引领作用。她善于解读幼儿，为幼儿、家长提供全面、优质的服务，能以自己的教育行为带动年轻教师共同进步，其所带班级多次被评为优秀班集体，其个人也多次荣获“优秀班主任”、“家长心目中最受欢迎的教师”、“市南区爱幼标兵”“青岛市优秀教师”等称号。

她多次在我园晋升省示范幼儿园、评选“教育改革十面红旗”单位、省十佳幼儿园活动、市课程改革开放活动及省“十佳”幼儿园开放等活动中开展公开课，受到领导和观摩教师的赞誉。由于各方面综合素质比较高，被公派到新加坡进行教育教研交流，为聊城举办的园长培训班提供示范课，被聘为青岛市职业技术学院讲师，并获得青岛市特级教师、省教学能手等荣誉。她工作中善于反思，多篇文章在国家及省级刊物上发表、获奖，不断地由研究型教师向专家型教师发展。

新学期，新起点

新学期开始，园区中三个班级的人员配备做了调整，班级管理的磨合、幼儿的适应和家长的沟通工作以及课程实施的质量等面临着新的挑战。根据园长的部署，我协调教师开学前通过短信向家长公示班级人员信息、查看期末家长评价表、讨论制定家长意见解决策略和家长会内容等，为新学期工作开展打开一个良好的开端。

一是调动工作激情，全心投入新学期工作。一个人饱满的状态、快乐的心态是做好工作的前提。宁园长通过个别沟通、园务工作会议上的讲话点燃了中途接管班级的班主任的工作热情和激情，尤其是宁园长百忙中抽出时间亲自看望她们，更使她们感到振奋，感恩团队的重视和支持，我也及时地把园长看望教师、对王霞等老师充满激情工作状态的赞赏以及园长要求园领导关心教师身体健康、要为大家提供有力的专业支持和服务的心愿等转达给大家，大家都十分感动。新学期我会秉承宁园长所提的管理要求——管理中尊重教师的权力、人格和劳动，科学艺术地开展沟通，适时恰当地提出有价值的建议，帮助教师找到工作的成就感。

二是制定园区计划，理清思路、提高实效。本学期各分园要撰写“园区计划”，这是园长促使我们能条理细致思考本职工作，提高园区管理实效的又一举措。我就读书沙龙、课程实施、案例整理、种植和户外活动、年轻教师的培养等进行了较全面的思考。如对于种植活动的新挑战，预设了挖掘身边的种植资源，丰富教师经验；设立观察记录本、种植信息发布栏，让幼儿通过符号记录、测量和图像记录种植片段的呈现等，发现植物生长变化与季节、栽种护理的关系，培养幼儿关爱植物，乐于探索自然的意识和能力；开展“小农场”观摩日活动，在植物发芽、开花或结果的典型时段，幼儿通过发放邀请函、讲述种植故事和宣传关爱植物等活动，分享自己种植的经验和愉悦体验。阶段性地开展级部、分园的种植案例分享活动，就种植中幼儿的探究发现、问题解决和个性化的学习等进行经验分享，为总结提升课程成果奠定基础。这样，将种植作为课程的一部分，开展持续性的观察学习。

三是细化完善主题，让教师清晰实施课程。宁园长通过亲自修订“亲亲小动物”活动的主题价值、目标和讲解对主题价值定位、撰写的方法，理清我们修订的思路，提供了方案修订范本。我们对照进行了修改，“五颜六色”几经修改在方案上能基本体现让幼儿关注大自然、生活中的色彩，捕捉典型、富有色彩对称、规律美的事物，让幼儿欣赏创作，理解特殊色彩的意义，用色彩表达感知经验和情感体验等主旨。宁园长一再强调方案的制订要让教师拿到手里就明白该如何实施，在李园长和朱园长的带领下，我们采用园领导先行研究确定方案，再集思广益理清主题各个核心活动之间的内在联系，就主题重点活动的组织要点提出可行的建议，最后开展培训的方式，确保培训内容准确、详实。

四是跟踪新手班级，帮助其树立工作的信心。舒菲、赵文珺参加工作第二年便担当班主任，对她们来说既是一份挑战，又是一次成长的契机。在转达园长的期望后，她们信心十足。但在实践中班级管理、课程实施的质量、幼儿的发展和家长的认可才是真正获得自信的途径。我先后聆听跟踪了她们的家长会和半日活动环节的组织，对班级出现的人员配合空岗、环节衔接混乱、幼儿需求关注不足、美术活动组织无序等问题进行了拍照分析。宁园长参与大班级部家长会的指导，给接新班的赵文珺、王霞就如何与家长智慧沟通提出了具体的建议，使我们很受启发。后续我将加大对新班主任班级的跟踪力度，支持班级工作平稳过渡，确保课程质量，努力赢得家长的认可和满意。

小组活动的反思与实践

本周挂职园长在八大峡园跟踪了三天的活动，经历了小组活动、京剧进课堂、特殊儿童教育研究和青年教师的设计组织等观摩和研讨，我们围绕“课程改革的小组活动的发起、分组模式和指导策略；诗歌的欣赏与创编策略；歌曲教学游戏化；参访信息的收集与利用；特殊儿童问题分析和家园指导”等主题进行了交流，给她们带来了心理上的冲击，对我园浓厚、务实的教研氛围，将幼儿作为独立的个体，将家长视为课程重要他人，深度挖掘社会资源推动课程等，具有前瞻性研究理念和成果深深的钦佩，并发自内心的感慨：市实验幼儿园的教师了不起，市实验幼儿园的园长更了不起。

周一下午，我们开放了红山峡园的小组活动，根据园长的要求，我没有先将对前期阳光园的小组活动录像的剖析与大家进行交流，而是让园区教师们呈现原态的分组，正好可以捕捉教师们对小组的设计与组织的思路，再与录像结合进行剖析，更好地对小组活动目标做有效的价值判断，以完善和提升对小组活动的组织质量。从小组活动中发现，教师们能清楚地理解预设、延续和生成小组的定义及与活动区活动的关系，在互动交流中能清楚地阐述班级小组的目标、指导要点和与主题推进、幼儿经验之间的关系，但细细分析活动组织的场地、内容和人数、组织策略等与阳光园的小组活动还是存在一些共性的问题，这也是我在日常小组活动的管理研究中容易忽视或认识不到位的地方。我与班主任们结合阳光园的录像，以及我日常捕捉的活动现场的照片，进行了反思。

大家认为，现在的小组活动俨然成为了小组集体教育活动，预设过多，所有的幼儿均在教师有目的、有步骤的掌控下学习，多定位在给幼儿“补缺”，失去了幼儿自主自发、教师点拨提升，支持幼儿个性化学习的小组活动的初衷。我们知道，小组活动是教师结合不同主题或不同幼儿的发展需要，将有共同兴趣或共同问题的幼儿组成小组开展的活动，它凸显的是教师要细心观察、捕捉幼儿的需要，要通过引发、互动、提供信息等帮助幼儿掌握持续深入探究的思路和方法，让幼儿的区域与小组的经验呈现连续性和完整性，在不断获得新经验的过程中推进主题的发展。另外，就录像中场地、人数不利于幼儿有序活动、不能遵循幼儿学习特点、不能提供适宜的信息图片支持幼儿自主学习、不能针对幼儿的不同需求和学习水平提出分层次的目标，以及幼儿缺少操作感知的机会等问题进行了剖析，进一步明确了小组活动的内涵和组织要点。在互动中我们决定从以下几个问题入手，提高小组活动的质量。

一是班主任要带领配班教师坚持开展“说环境、课程故事”的活动，熟知主题中各个区域活动的目标、材料提供和幼儿活动的关系。用照片、录像及时记录幼儿的活动片段，及时分享活动的亮点，解决问题和困惑，有效开展小组活动。做到结合主题目标、幼儿学习经验的需要，合理预设小组内容。关注幼儿每日的区域活动的现状和经验，梳理、提炼、延续和生成小组的目标和思路，让幼儿不断挑战新目标，获得新经验。

二是重视主题新信息呈现与利用的及时性和有效性。做到提前阅读、筛选，提炼出具有典型性的信息推动幼儿的活动。如“中国娃”主题中的“欢腾国庆”周，要提炼凸显各族人民喜迎国庆的节日环境等信息，在幼儿多种形式表达的过程中，让幼儿的创作与既有信息产生碰撞，引发其自主更新经验，生发下午小组活动的动机和内容。

三是把握幼儿学习的特点和规律，有效推动课程发展。在课程实施中，我们应该做到心中有目标、眼里有孩子，注重过程，共同发展。主题研究中，教师应对活动的发起、区域的发展心中有数，同时对幼儿活动的结果有着自己的期待，有计划、有目的是课程实施的前提。我们一定要学会等待幼儿的活动经验的积累，不能急功近利，直奔结果。要每天细心观察幼儿的学习兴趣和需要，做好分析，多多致力于延续、生成小组的研究。我会继续跟踪，在互动评析中不断提高小组活动的质量。

园长走进教育现场引领我反思

宁园长走进教育现场，就龙羊峡园的小组活动、教师的工作状态、美术活动的合理安排和特殊儿童处理问题等，与我和教师们进行了交流。小组活动是近阶段我们关注研究的热点，虽然上次通过对宁园长提供的阳光园小组录像和班级小组活动现场进行了剖析，大家在认识上达成了共识，但面对这次小一班小组录像，我与教师们进行了再次深刻的反思，也引发了我对课程指导的一些新的思考。

我们常说，理念是行动的先导，树立正确的课程观念是有效实施课程的先决条件。如果不能正确地把握课程实施的规律、不遵循幼儿学习的特点和教学规律来实施课程，仅凭教师的主观臆断、指挥幼儿“学习”，必定会出现班级课程低效、幼儿闲荡、呆坐、等待教师“安排任务”或对活动毫无兴趣的状态。录像中，幼儿眼神涣散、对环境材料无动于衷，教师穿梭在幼儿中间逐个儿安排活动，幼儿完全处于被动、毫无兴趣的状态。在反思中，我们认识到这是教师对课程的理解不到位，而呈现出的不研究、不沟通的麻木式课程实施的状态。T老师反思了自己作为班主任不能及时、详细地把与园领导、级部班主任研究的收获传递给配班教师的行为，认识到自己的工作缺少了结合班级实际进行深入研究的环节。其主观上认为，A老师有实施小班课程的经验，讨论周计划的时候，也只是大体说一说。指望在实践过程中对出现的问题随时应对。另外，作为新班主任，她说自己还存在着“不好意思”的心理，对配班教师出现的问题不能及时、直面地指出。

其实，录像中幼儿分成大组做统一的内容、教师安排替代幼儿的活动、材料摆放等问题，在前期的评析交流中都强调过，正如T老师反思到的，是班主任课程管理出现了问题——不详尽反馈研究信息、不及时指出问题、不主动开展班级课程研究等，我想它肯定也存在于其他的班主任身上。作为管理者，不能只停留在对级部组长、班主任层面上的互动研究，要深入地与配班教师互动，追问配班教师“班主任与其研究了什么，反馈了哪些园领导和级部研究的内容，有哪些困惑的问题”等，以此了解教师对课程推进思路及主题计划中的内容是否清晰，检验其研究质量，督促班主任认真做好班级课程研究，又可以及时、清楚地把握教师认识不清楚的方面，并进行解读，帮助每位教师清晰地实施课程。

再者，要让教师杜绝急功近利、指挥、替代幼儿学习的现象。“开放教育”倡导教师要以多种策略支持幼儿在有意义的情境中学习、真切的表达和表现，在生活中体验。教师要在有效的师幼互动中分享幼儿的主题探究心智历程，不断提升新经验。但现实中，有的教师们没有遵循这些，出现机械化、简单化、直奔结果的指导。如小一班让幼儿均围绕一本图书《好饿的小蛇》创作，忽视幼儿生活中采摘活动、亲子做水果餐、分享水果这些真实的体验；中三班在核心活动“小小营养师”里，安排4名幼儿照着范例做蔬菜，重复做第一周的内容，以达到给泥工薄弱的幼儿“补短”的目的，完全不顾主题核心，推进幼儿的新经验；大班“海洋之舟”主题中，创设了“船舶馆”，我请教师担当“船舶馆”人员介绍船只，发现教师对事物的描述缺乏层次、不清晰，这也反映出教师对区域的目标定位以及区角活动与集体活动经验的内在联系缺少细致思考；再如，班级教师还存在主题实施虎头蛇尾的现象。在主题的最后一周草草了事，忙着准备下一主题，其实此时正是幼儿经验最丰富，最需要获得整合、提升的阶段。为此，朱园长与我共同与中班级部的班主任分析了“农贸市场”核心活动“小小营养师”的开展，对照周计划、主题前的商讨，以及以往总结的案例，查找出切入的蔬菜营养调查、排行榜、不爱吃食物大调查和品尝会、设计营养食谱等活动，以期有系统和完整的探究历程。

在课程研究和指导中，要学会捕捉、记录有价值的现场片段，与教师们切入问题要害，开展持续深入的跟踪研究，对于替代等低级错误要严令制止并通过考核帮助教师重视和改正问题；加强班级课程研究的管理督导工作，使得大家养成自主学习研究的习惯，尤其是对配班教师、新教师加大关注，将课程理念贯彻到教师的行为当中，帮助教师把握规律，有质量地实施课程。

读本鉴赏帮助家长孕育“幸福的种子”

松居直提出:图画书的文字都经过精心挑选与整理,字字饱含艺术家们的情感与理性认识。这些温柔的、人性化的言语经父母亲用自己的口,一句一句地说给孩子听,就像播下一粒一粒语言的种子。当一粒种子在孩子的心中扎根时,亲子之间就建立起无法切断的亲密关系。可见,亲子阅读对幼儿发展的意义重大。为帮助家长理解图画书的教育价值,学习如何选择图画书、掌握亲子阅读的有效策略等,我园计划开展“家长读本鉴赏”活动。活动前,我与朱泳交流了曙光园进行的“家长朗读会”“向家长推荐读本”等活动的收获,结合信息与各班班主任就如何开展“家长读本鉴赏”进行了讨论,决定以班为单位开展“集体鉴赏”。按照班主任利用课件先回顾幼儿园读书节、读书月的主要活动和成果,就家长亲子阅读的误区进行分析,再请个别家长鉴赏读本、分享亲子阅读体会,最后请家长自由推荐读本等程序进行。为使活动富有实效,我请刘松为大家提供“家长读本鉴赏”的观摩现场,作为学习、研究的对象。当天的活动取得了很好的效果,家长们对读本的理解深刻、阅读指导方法独特,给教师们很好的启发,这也源于刘松有目的地选择热衷读本阅读、发展有特点的幼儿(观察理解、表达和表演能力较强)家长。

1. 有方法的阅读使幼儿变得智慧

家长提出一定要坚持为幼儿讲故事,要根据读本巧用策略,提升幼儿阅读的能力。① 探讨法:阅读“无字书”时,妈妈对画面呈现的悬疑线索故作糊涂,鼓励幼儿主动观察、寻找,根据画面线索探讨情节发展,自然让幼儿与读本对话。② 延伸法:将幼儿的生活体验与读本的情节、角色进行联系,让幼儿走入情境,渗透思品教育。如《城里漂亮的巨人》《汤姆挨罚》等,引导幼儿思考,如果你是该角色,会如何做? ③ 换位法:在坚持一段时间的阅读后,可让幼儿在愉悦的情绪下复述,尝试为父母讲故事不失为一个好的策略。④ 情感引领法:家长提出大人应先读图画书,把握读本的情感脉络,如《鸭子骑车记》中单炜宁的妈妈运用八种语气表现动物对鸭子骑车的不同态度,让幼儿在倾听中理解担忧、傲慢、不屑一顾、关心等词汇的含义。这也体现出家长应像孩子一样有童心,必要的时刻应向孩子示弱,鼓舞幼儿阅读的兴趣。

2. 阅读满足幼儿的个性特点和发展的需要

家长在选择读本时目的性较强,能根据幼儿的个性需要选择《去问熊先生》《女巫扫把排排坐》等(关爱、分享、尊重与接纳);能关注幼儿科普知识探究的愿望,选择《昆虫日记》《阿波爷爷的日记》《消防车吉普达》等。家长还提出应为男孩选择彰显个性的读本,如探险、科幻等。

3. 挖掘读本让幼儿获得多方面的发展

中一班孙艺菲的妈妈播放了孩子两岁时母子利用读本《雪人》的表演录像,看到了父母如何利用读本拓展、丰富幼儿经验的另一种亲子互动途径。不仅如此,她的妈妈还就《一寸虫》《爷爷一定有办法》等读本分享了如何借助读本引导幼儿学习测量、培养美术创作的能力等,使大家耳目一新。

对幼儿在阅读中识字、双语读本的利用等方面,家长还存在着一些误区,这将在今后的鉴赏活动中加以探讨。我们将为家长推荐、分享优秀读本,并开辟专栏,在幼儿园搭建的图画书交流平台上共同成长,成为幸福种子的播撒者。

聆听园长导读有感

宁园长向领导班子做了郑一群、邱长富编著的励志性读本《效率至上》的培训。本次培训通过"树立高意效意识、设定合适的目标、计划使工作高效推进、掌握你的时间、找方法提高工作效率、别让借口打败你、提高自己的执行力、专注让工作更高效、通过学习提高工作效率、构建和谐的人际关系"等十个章节向我们系统地阐述了提高效率的重要意义，剖析了造成工作和学习效率低下的成因，以及提高工作效率的有效途径等。本次培训使我受益匪浅，我将根据此次培训理念对以前的工作进行反思与回顾，寻找差距、分析原因，不断追求凡事做得对、做得好、做得高效的目标。

1. 勤奋是高效之源

在培训中我进一步认识到，要想提高工作效率，就要有一颗“勤奋之心”。“勤奋”落实到工作中就是认认真真，努力干好每一件事情，不怕吃苦，踏实工作。书中提到“有备而战才会高效快捷”，我要备什么？我想就是自己要具备强的学习力和专业素养。只有这样才能执行好自己“分园主任”的工作职责、要求和标准，才能对教师们的专业成长起到引领作用。在日常工作中，园长经常性地以赠书、题字、导读和列举自己热爱读书的案例等方式，激发我们学习的热情和动力，可谓用心良苦。我每次都会暗暗地鼓励自己：回去一定要认真阅读这本书，将理念转化到自己的实践中。但往往都是最初以饱满的热情进入这本书，当参加完“读书分享会”或在阅读中遇到难以解读的章节等问题时，自主阅读的热情就会渐渐消退，使自己始终处在“虎头蛇尾”的学习状态中。这种无效率、被动的学习会束缚、阻碍自己的专业成长。培训给了我很好的警示：要杜绝“要么快、要么站、要么站站停停”的恶习，要学会管理自己的时间、管理自己的任务。学习上要树立恒心，为自己设定读书计划，列出阅读的内容和速度，再忙每天也要为自己找出 10 分钟读书的时间，持之以恒，一年创造 72 个小时的阅读时间，在过程中按星期进行自我考核，并通过参加各级部、班级的学习例会，及时将自己的学习信息和体会与同伴进行分享，将学习的困惑及时与他人探讨。教研中要实现高效的学习互动，即要提前做好教研计划，最少提前 3 天告知教师教研的具体时间、出席人员和教研主题(让大家做好话题、案例的准备)，做到有备而来。自己要做好教研前期的准备工作，确立目标和有效手段，在互动中对教师起到引领作用。但在教研中我仍然摆脱不了停留在经验化研究和指导的困境。如在课程指导中，教师的主题价值定位不准、活动区推进不能与幼儿真实的生活背景相联系、不能敏锐地发现课程实施的问题，不能将指导效果落实到根本上等，这些低效的问题解决都要通过“勤奋”，做到珍惜时间，勤学习，勤思考，勤探究，勤实践。

2. 良好的心态面对工作和学习，是提高效率的前提

我们每个人在生活、工作中都面临着压力、困难和挑战，对此你拥有怎样的心态就会收获怎样的结果。我们在工作中应该拥有阳光的心态，这会让我们的思维活跃、工作效率高效，同样还会感染周围的人。记得在参加撰写幼儿园《让“开放教育”绽放异彩》的专著时，我承担了其中一部分的撰写任务，在接到任务的那一刻我感觉像压上了一块巨大的山石，发愁、焦虑等不良情绪一股脑儿冲向我，刚开始对着电脑半天写不出一段话，这使我更加领会到园长说的那句话“肚子没有货，所以累”。我及时调整了自己的情绪，这次撰写正是促进自己专业成长的机会，努力吧。在接下来查阅学习资料、收集信息、共同协商确立撰写思路和动手撰写的过程中我更加放松和投入，在园长第一次审稿时得到了肯定，这更增强了我的信心，提高了撰写的效率，尤其是在与金霞的稿件交流中，通过对比修改前后的稿件，让我进一步明确了撰写的逻辑和方法。一个充满活力、热情的团队必定是一支团结、高效的团队。我发现愉悦的情绪会彼此感染，而不良的情绪也是会传染的。走进班级，有时会发现个别班主任与班级成员对话时紧锁眉头，或当面指责或有不耐烦的语气，我都及时地与其交流，帮助疏导情绪、指出问题所在和造成的不良班级影响，提出班级管理建议。若每个部门都能营造平等、和谐、团结的合作氛围，势必会推动团队的高效合作。

3. 做任何事要有计划性，追求结果

工作中我更加体会到周工作计划和小结的重要性和价值。计划不仅是让园长了解自己的工作内容安排，更是为了让自己能有效地利用时间，有目的地去完成好各项工作，是分解工作压力的工具。现在我督促自己养成“做工作计划——做——回顾”的工作习惯，每天工作结束都会将一天的工作计划完成情况作一回顾，作为自我工作成果的一种“回报”。再将第二天还要继续完成和预定完成的任务做一个排列，将重要的做好标记，并且用明显的方式提示自己完成的进度，使预定的工作计划呈现动态性。相信这种良好的工作习惯会给自己

的工作带来自信和成就感。

培训后，我及时将园长导读的书目中的经典理念，通过班主任会传递给大家，倡导大家做工作高效的教师和班级，明确每月、每周、每日的工作目标，努力实现自己的生涯规划。从细节入手，找出隐藏的时间，养成物归原处的好习惯，真正意义上实现目标管理、自我管理，提高执行力。

回顾评选省教学能手的感慨

省教学能手的评选活动终于结束了。回首这四个月的选拔、备战和比赛的过程，心里感触颇多。

1. 充实而快乐

在宁园长的指导督促下，我重点对语言、常识等教学进行了几轮的研究，共分析设计了十几节教育活动，通过说课、观摩活动、自评、主任点评、园长全面评价等方式促进我和朱泳设计组织活动能力的提高。尤其是宁园长的指导全面细致且有深度，不仅能清楚到位地指出问题所在，更能将解决方案有逻辑地托盘而出，甚至具体到一个个提问。在每次评课后我都反复阅读回味记录本上的内容，思考“自己感到这个提问设计得不合适，但为什么就没有解决的方案？这个问题前几次评课时已说过，为什么又在类似的环节上犯同样的错误？怎样能使教材分析突出核心价值、紧紧围绕幼儿的生活？……”就这样，在一次次反思、再学习、再实践的锻炼中，我的分析设计、组织能力逐渐提高，而园长用心捕捉点滴进步加以鼓励的行为使我能始终情绪稳定地面对此次活动，保持乐观的心态。

2. 感动与感谢

在“备战”过程中我们得到了园长的倾力支持和团队的一致协助。看到大家齐心协力地“打造”我俩，我的心里沉甸甸的，这已不是个人去取得荣誉，而是要为我们整个团队备战、比赛，不能辜负园长和同事们的辛苦付出和满心的期望。写到这儿，一幕幕又浮现在眼前：园领导班子成员为了我俩撇下园务工作，围坐在一起研究活动方案；宁园长逐字逐句地修改设计教案、赶着夜路匆匆回家、一边忍着感冒的不适，一边用电话轮流与身在外地的我们进行通话，指导方案；韩金霞、罗杰连夜带领王正伟等网管小伙子为我们赶制课件、设计活动；潘燕等多名教师几次为我们加班制作教具……在此过程中，我们只能不断地用"谢谢"这个词来向每个人表达我们内心的情感，但这不足以表达我们内心的感动与感谢，我将其化作今后工作和主动支持帮助他人发展的原动力，以回报团队。

由这次活动中出现的不足、遗憾和被动吃力的现象所想到的几点问题。

1. 有时感到脑子比较空，缺乏源源不断的活动设计灵感

一是平日欠缺学习积累，对学科教法和幼儿年龄发展特点把握不够，对优秀活动案例的储备不足，致使分析教材不透彻，设计思路陈旧，不能有效地结合幼儿的生活来设计活动；二是平日欠缺实际教学的锻炼，这是教师之本不能忘，自己应注重参与到一线的教育教学工作中，多与教师们开展集体备课、观摩活动、评析等教研活动，通过本学期"支架教学"的专题使自己有所进步和超越。

2. 缺乏公开课竞赛经验，对活动中的突发现象无所适从

此次比赛前后的试讲和现场活动效果差距大，现场听课教师秩序较乱，声音嘈杂，幼儿专注性欠佳……所有这些客观的原因归咎于我没有主动地去调整课堂秩序，缺乏公开课的经验和良好的心理素质。我要记住这次教训，并提醒以后参加竞赛的其他教师，来提高随机应变能力，建立良好的课堂秩序。

3. 在设计与组织中不能有效地回应幼儿

虞永平老师说，"设计活动时一定要浮现孩子，要提供复合支架。一个好的教育活动以幼儿为主，让幼儿自由、主动、充分的活动，才是好活动"。回想自己设计的活动"小小营养师"设计意图与设计脱节；设计健身、营养计划不能引发幼儿结合自己的问题和需要；讨论、讲评环节没有重点或要求不明确；不能有效地拓展幼儿对已有经验的回顾和迁移，来支持对新经验的学习；在故事教学环

节的设置上不能考虑幼儿的现有水平和需要，出现了设计环节上的形式化等。种种问题反映出我在教育教学方面的薄弱，这都将是我学习、努力改进的方向。

学习“管理—执行力”培训的体会

温暖的春风给大地披上了绿意，给人们带来了新的希望和憧憬。我园的“管理—执行力”培训也为我们的思维注入了新的营养，为我的新学期工作安装了一部动力引擎。余世维教授的讲课深入浅出、生动幽默，通过许多平凡风趣的事例，折射出许多道理。在听课时我自然而然地将他众多的理念与自己的实际工作、生活态度相联系，激起我内心许多的感触。有几个词总是在我的脑海里萦绕，那就是“严谨勤奋、勇担责任、创造感动”。

1. 严谨勤奋

身为园长助理，既是园领导日常管理工作的助手，又是教职员工日常工作的服务员。全园系统的执行力是否能提高，是否能很好地贯彻下去，我们对此肩负着重要的作用。只有以身作则，当好表率，树立严格执行我园方针政策、计划方案的良好风范，才能产生强大的向心力、号召力，从而赢得教职工的信任和支持。在工作中我要做到：严格执行各项规章制度，保持严谨的工作态度和作风，凡是要求教职工做到的自己首先做到，凡是领导班子达成共识的就要不打折扣的执行。俗话说“一级做给一级看，一级带着一级干”，只有这样，我园教学管理工作水平才会稳固扎实的提高。例如在初期视导时出现的环境脏乱现象，正是自己在日常管理中松懈、不严谨造成的，致使教师们在紧急迎检的关头还要花费时间去弥补日常工作的漏洞。所以，对于日常工作中的常规管理我要做到常抓不懈，切忌虎头蛇尾。再例如在抽查听课过程中，园长发现个别教师存在备教不一致的现象，这是偶然的现象吗？剖析这个问题的根源，在于我工作监督不利，平常只是一味地遵照周计划安排开展工作，没有察觉到细小的环节上的失误。这需要我在以后的工作中更加勤奋努力的工作,针对出现的问题加大巡查、抽查的力度和密度,帮助和监督一线教师养成按章施教、完善规范的教学习惯。

同时,在实现目标的过程中我要养成不断地关注、跟进、紧盯的工作习惯,设立反馈机制,也就是余世维教授所说的回报。这样,不仅让园长随时了解执行力的程度,而且便于自己及时发现问题,及时解决问题,使制度在执行过程中更加完善,使各项工作更加完美。

2. 勇担责任

我们在工作中会遇到许多问题,出现许多失误,在这种时刻我们该怎样选择? 是积极面对勇担责任,还是巧立借口,推卸责任? 我当然会选择前者,可是说起来简单做起来难。有两个笑话:一是中国人打乒乓球输了会说“好久没打了”,暗示会找借口;二是四个中国人在法式餐厅大声讲话,受到抗议后用日语道歉,暗示会推卸责任,这虽然是两个笑话,却较真实地反映了一种社会现象。这个问题在我园包括我自己都是存在的。如在上学期撰写总结时,由于自身撰稿提交时间不及时,影响了统稿,当时还找出了理由搪塞。类似这样的陋习我必须加以整改和克服,在工作中学会找到切入点,按轻重缓急进行分类,集中精力在更短的时间内使工作取得最佳效果。

“找借口、推卸责任”对贯彻执行力和团队建设有着巨大的破坏作用。在工作生活中,我们每个人在困难和失误面前应该勇于从自身出发找原因,积极承担责任。就像排球场上的主攻手扣球失误后,二传手主动大喊“我的我的”,这种精神不仅在于帮助队友们主动反思技术细节,还能帮助失误的同伴减压。它会像一股暖流温暖着这个团队的每个人,激起他们的斗志去夺取胜利。在今后的工作中不管是我还是同事在面临困难和出现失误时,我都应当首先自问:我能做什么? 我第一步该怎样做? 我的过失在哪里? 问题出在哪里? 该怎样弥补? 应在自己的岗位上承担应尽的责任,按标准保质保量地完成任务。

3. 创造感动

虽然是简单的四个字,但它确是推动执行的内在动力。在余世维教授不同角度和形式的阐述中均能反映出来。我认为，简单地说“创造感动”就是时刻怀有一颗爱心。如果你时刻怀有一颗爱心面对生活，那么你就会成为一个善良幸福的人；如果你怀有一颗爱心去面对工作，那么你就会创造一个服务品牌；如果你时刻怀有一颗爱心面对同事、面对集体，那么你将获得归属感，得到一个团队回赠给你的关爱和信任。创造感动应融入到我们工作和生活的每一个细节，在实际工作中这些事例比比皆是。如当个别教师在感情生活出现困扰时，园长千方百计地疏通他们的情绪，帮助他们打开心结，快乐地面对生活和工作；李园长带病坚持上班，她对工作的热情和认真细致的态度鼓舞着我们；我们的许多教师在个人和集体利益前，都会不遗余力地选择为集体做出自己的贡献；面对家长的需求和建议，我们会把它们作为我们工作的目标……工作中我们要放大自身的优势和优点，要在点点滴滴的细节中创造感动，让我们的园本文化流淌在每个人的行动中，使我们成为“赢在执行”的优秀团队。

课程管理中的问题反思

周二接到宁园长的电话，对我上周周小结中提出小班未实施“春天”的理由进行了分析点评，加深了我对“什么是真正的课程”的理解。即“要关注幼儿眼前生活中独具价值的资源，能引发幼儿好奇心、探究兴趣的事物和事件，让幼儿在亲自观察感知、亲自操作和体验中得到个性化学习的满足，获得直接、真切和丰富的经验”。我将宁园长对课程意义、主题内容选择和图画书利用等方面的观点、策略向小班教师做了传递。我们还一同就如何顺接儿童的经验自然地过渡到“春天”主题、实施思路策略等进行了互动讨论，采用“春天小动物的变化”和幼儿走进大自然亲自感知春天特征变化的两条线并进的方式引入主题。

周四早晨宁园长查看了小二、中三和中一班的活动区活动，并现场抓拍幼儿活动案例，同时与我和教师进行互动评析，还在教育现场指导幼儿的美工区活动，对我的班级课程管理与指导是一次培训，也是一次警醒。我认识到自己在日常的指导中存在缺乏问题敏锐性，忽视细节，指导水平较薄弱等问题。宁园长对我说了两遍“这次看得真不好”，并用了“触目惊心”评价了幼儿学习的状态、课程实施的现状，虽然园长没有直面的批评我，但是我更加自责。认识到，管理就要有思想、有策略，要注重细节，会抓核心问题运用持续、细致的跟踪指导，解决实质性的问题。我依据宁园长指出的问题和给予的策略，做了跟进式的互动研究。就如下问题与教师进行了互动评析。

1. 注重真切的观察，支持幼儿理解性地表达感知经验

从小班幼儿作品、讲述中我发现，幼儿只是笼统地表现“树发芽了、草发芽了、迎春花开了”等，但具体树、草的名称、迎春花的特征不清楚，这反映出教师的引领感知核心把握不到位，没有帮助幼儿了解和抓住事物名称和典型特点；下春雨了，教师带领幼儿感知、表现春雨，我从小王娟的小组美术绘画、幼儿作品中发现，教师价值定位不清晰，强调表现雨落到哪里了，没有引导幼儿理解发掘出春雨与相关事物的联系。我请她们思考：“为什么要感知春雨？谁会喜欢春雨？怎样带小班幼儿观察？如何让他们理解性的表达？”等。建议她们带幼儿外出感知春天时，要引发幼儿对春天的喜爱之情，要赋予春天以灵性，开展“我和春天说说话”的活动。如和小草说说：“下春雨了，你快喝水吧，快快变绿长高”；与柳树说：“柳树你的芽芽绿绿的真漂亮……”，激发幼儿找寻、观察春天的好奇心，学会表达发现，抒发对春天的喜爱。同时，适时地引入文学作品的欣赏与学习，诗歌《春雨》《春天》、歌曲《小雨沙沙》等，在情境中进行欣赏与诵读能梳理提升幼儿的感知经验，理解文学作品中所蕴含的情感，引发幼儿表达个性化的发现。

2. 主题信息要有效支持幼儿的探究

我与小班教师就幼儿感知春天信息呈现不及时、幼儿活动水平低等问题进行了反思。这些问题的出现已在园务会、案例剖析会上多次强调过，是教师缺乏主动推动课程走向深入，存在麻木等待的心理造成的。我查阅了幼儿户外感知的图片，发现教师捕捉的画面不具典型性、缺乏构图感，不利于幼儿回顾、再

现。我选取几张图片与班主任进行了对比评析，要求教师在抓拍时，要采用情境图与具象图相结合的方法，情境图要凸显画面感，为幼儿艺术创作构图提供支持；具象图要完整、细致地表现春天事物的特征，如迎春花、柳树、梧桐、池塘等，能帮助幼儿抓住事物的特征。

3. 适时适度利用图书

宁园长对课程中过度依赖图画书、忽视幼儿直接经验及其多种形式感知等提出了意见。我及时向教师传递了信息，结合主题进行了分析。《醒了醒了》图书从内容上反映了小动物冬眠，但它以布贴画的形式呈现，没有情境性，小动物也缺乏灵性。所以在支持幼儿创作上具有局限性，如果采用教师借助题材、自制图片等更为适宜。中班“海洋动物”图书众多，在上周幼儿要用多种形式表征表现“我喜欢的海洋动物”，在中一、中三班信息区幼儿不会从书中获取信息，出现照书画现象，有的是教师都不清楚书的内容，指导时盲目推荐书，且有的书提供不适宜，文字过多。我要求教师不要分领域，全面开展图书阅读活动，结合幼儿对海洋动物的兴趣、问题选择确定图书，信息区图书要以阅读、分享新经验、解决幼儿感兴趣的问题为重点，杜绝为表征而表征。大班“图书”主题的区域活动现场，发现教师们仍停留在以往主题实施中的几本书（尤其是肖辉班），朱园长与我听了郭璀、王娟的科学活动“我喜欢的图书”，阶段性开展“我喜欢的图书”活动，将科学活动与小组、区域活动进行有机联系，尊重幼儿选择确立具有班级特色的图画书阅读与创作等问题进行了集体教研，杜绝机械、大一统地利用图书，忽视幼儿个性化需求的现象。建议得到教师的积极认可，我也将继续跟踪活动的开展。

给孩子一个难忘的露营活动

为使大班幼儿在幼儿园里度过最后一个快乐、难忘、有意义的“六一”儿童节，宁园长很有创意地开展了新奇的“露营”活动。闻讯的孩子、教师和家长们都非常兴奋和期待，也吸引了各路记者的关注，认为活动很有新意和报道价值。“在教师的带领下自主包饺子，品尝自己亲手制作的晚餐；在操场上举行联欢晚会，与教师、同伴一起唱歌、做游戏；在教室中与同伴合作亲手搭起帐篷，自主换上睡衣、做好洗漱，在帐篷中安睡到天亮……”要实现美好的设想，周密、详尽的计划是前提。宁园长高度强调首先要保证活动安全的措施，并要求我们做好警力、值班安排以及报名表和特殊需求调查报的发放、分析和存档等工作，又创意了“露营卡”的交往环节，并对我们的露营计划做了修改、完善，这为活动安全、有序和精彩的开展奠定了基础。

为落实好园长指导意见和计划，我和大班班主任开了几次会，商讨细化方案。每班 6 名教师，每人手中有相应的幼儿名单，全程负责幼儿的活动组织和生活护理等。同时，组织全体宿营人员会、各班级分组会、扎帐篷演练等活动，让大家高度重视活动安全的重要性、明确活动程序和各环节的要点，提高执行力。

为使幼儿真正做“露营的小主人”，我们将“露营”纳入了课程，开展了“露营计划、认识露营卡、扎帐篷、跳纳西舞”等活动，幼儿了解了露营，学习自己为露营做准备（如准备露营小包、练习穿脱睡衣和整理物品等）。除了物质准备，教师协调家长在宿营前鼓励幼儿应用、整理自己的宿营小包。幼儿生发了帐篷游戏以及分享的设想，他们带来了图书、扑克牌、棋子儿、帐篷灯和手电筒等，睡前的帐篷中幼儿有的窃窃私语，有的笑声朗朗，还有的聚作一团游戏，真是一道充满童趣、欢乐的风景。考虑到夜间场地的安全、录像效果，我们提议要配备探照灯、冷焰火，园长给予了充分的支持，提醒我们要以安全为前提，还要及时与各园分享好点子，以达到群策群力、共同提高活动水准的目的。“篝火”的呈现，体现了大家的聪明才智。我将预想的篝火制作思路提出来后，王青、张师傅、曲翔和杨阿姨几经试验终获成功，为当天晚会增添了浓浓的一笔亮丽的色彩，烘托了热烈的气氛。

宁园长带领各方记者全程跟踪、参与了露营活动，不间断地与记者介绍活动的价值、内涵，走访各个班级查看幼儿活动、夜间通风情况等，还记挂着教师们是否吃好、是否准备了夜间的加餐，是否安排好值班和轮流休息等，我将关心、嘱托及时地传递给教师们，大家很感动。在整个夜间宿营活动中，教师们表现得尽职尽责，担任值班的教师都不躺下，不停地巡视，按照“调查表”叫起夜，为幼儿盖被、调整睡姿等，个别幼儿咳嗽，教师还为其端热水、喂水，真是很温馨和感动。凌晨三点，我们在巡夜的同时，为每个帐篷的小朋友拍了熟睡和巡夜的照片，留下了美好难忘的一刻，也为露营丰富了资料。

后勤的同志们在活动中尽职尽责、很出色。正旭负责音响、影像，提前做调试，调控伙房师傅根据环节需要设置灯光，做到了配合默契、时间精确。他还用梯子架起摄像机，通过俯视拍摄方法，囊括了整个篝火晚会的场景，不顾危险爬上梯子操作焦距使得现场画面清晰富有变化。保健医生做好夜检、晨检记录和服药工作，半夜有咳嗽幼儿需量体温，教师一个电话马上起床到位。

“很高兴、很兴奋，这个‘六一’和以前不一样……”幼儿真切的话语、发自内心的快乐自始至终感染着我们。家长们在园外“窥探”着我们的活动，当看到教师的平安短信，纷纷回发短信——“辛苦了，教师们！看着夜空下的幼儿高兴的笑颜，欢快的舞蹈，兴奋的神情，感觉幼儿的身心得到了尽情的释放，园外的我们真想融入到你们当中，喜悦也同样写在我们的脸上。教师们的有效组织、细致安排让我们感动，你们送给孩子终生难忘的大班‘六一’纪念。幼儿和家长们都能睡得不错，唯独你们身负重任。你们的辛苦换来了幼儿难忘的‘六一’节，我们感激不尽。非常感谢教师们给幼儿创造的铭记终身的活动，我们非常感动，而且也仿佛又回到童年，这才是真正‘六一’节啊！感谢教师和幼儿园！”

虽然我们付出了辛苦，但得到幼儿、家长的赞美，这样美好难忘的回忆是值得的。第二天，教师们将宿营体验纳入到课程，幼儿用多种形式再现和表达，在下周我将继续跟踪，以做好“宿营”活动的推进和案例的整理工作。

参与省优质课指导研究的收获

通过参与宋虹老师的省优质课评选的研究，使我对歌曲教学收获颇丰，尤其是通过听园长点评、许卓娅老师做的教材改编活动等，使我对歌曲教学有了全新的认识。

1. 依托情境分析歌曲的内涵

分析教材是高质量设计组织活动的前提。起初对于歌曲《数高楼》的教材分析着实令我们感到困惑。象声词“哩哩哩、恰恰恰”贯穿歌曲始终，分为三个象声词乐句，结构对称富有规律，包含附点和休止符节奏，最后一小节以“恰恰恰”的语言节奏结束。起初，我们将其定位在表现“我”和弟弟数高楼越数越带劲儿，越数越高兴的情感。通过宁园长与我们共同分析乐曲的情节脉络，帮助我们梳理出了每个乐句的象声词代表不同的内涵，如引逗小弟弟注意力、“我”耐心教、小弟弟认真学数高楼的快乐心情，最后一小节以“恰恰恰”的语言节奏结束，使歌曲情绪达到高潮，表达了“我”教会小弟弟数高楼，小弟弟不再淘气的自豪，生动地展现了“我”和小弟弟情绪情感逐渐提升的过程。我认识到，分析乐曲必须要依托歌曲情节脉络，只有分析清楚，教师在设计执教时才会挖掘情感，引导幼儿适宜的理解与表达。

2. 适度利用图谱，克服模式化

园长提出歌唱中存在过度依赖图谱，图谱成为教师的工具性教具的问题。教师们已将图谱作为歌唱活动中一个“必须”教具，成为幼儿识记歌词的工具，在教学中出现认符号记歌词的现象，忽视歌曲内容的感知，情感的理解，淡化了以“情”欣赏、学唱和生动演唱的核心目标。所以，我们要把握图谱使用的“度”，采用乐句图谱法呈现难点节奏。或者，采用许老师的建议对具有规律性特点的乐曲采用图谱固定结构的方法，让幼儿学习推理歌词内容，有利于训练幼儿抽象思维能力。我也会在音乐的教学中就图谱的适度应用与教师们研究讨论，突破图谱的泛用问题。

3. 有趣、适宜的游戏提高幼儿演唱的兴趣

许老师将《数高楼》改为了 ABA 结构的歌曲，将快速反应游戏“打手游戏”融入其中，教师们在游戏体验中乐此不疲，并分析出难点和组织环节的策略，让我们耳目一新。这相对于我们前期加入的游戏环节更为自然，游戏规则更为清晰，玩法更有趣味，体现了幼儿主动学习。对于游戏的嵌入，许老师以“傻瓜流程”做了案例分析，提出了观察模仿学习、探究创造学习和解决问题学习的指导策略，给予我们很好的启示。首先我们将其应用到《数高楼》的设计中，鼓励幼儿使用无意注意在游戏中学习歌曲，体验游戏给演唱带来的乐趣。

4. 理解循序渐进是幼儿学习的天性

“循序渐进”“学以致用”等观点使我反思我们活动设计和日常对幼儿音乐素养的培养。我们试图让幼儿个性化创造性的表达，但幼儿创造的素材要靠日积月累的积淀。所以，我们要充分利用小组来培植素养，提高动作技能，积累动作素材。在音乐活动内容的安排上，要细致思考它们之间的内在联系，让幼儿的学习经验呈现连续性和递进性。这样，教师的教和幼儿的学才能很好的融合，在课堂上呈现快乐无痕的教学。

角色游戏指导的一点体会

角色游戏是幼儿通过扮演角色，运用想象，创造性地反映个人生活印象的一种游戏；是幼儿根据自己对社会生活的种种印象设计和安排的有情节的游戏；是按照幼儿自己的愿望、兴趣和能力来进行的。它带有很大的自发性，如何实现教师的指导和幼儿的主动性有效结合，是角色游戏指导的中心问题。

我跟踪大班角色区“消防大队”“消防医院”的游戏现场，看到幼儿乐此不疲地玩着“报警、救火、打吊瓶”的游戏，表面看幼儿个个积极投入、互动密切，但细细分析幼儿的游戏行为发现了不少问题。

一是“不间断的着火”。在短短的十几分钟里，娃娃家的幼儿连续报警3次，其中有1次还是“消防大队”幼儿请求其“报警”，均为“煤气着火了、电源插头着火了……”幼儿报警简单化，“我们起火了，快来吧”“好的”，全然没有将参访时获得的报警出警的程序、方法经验转化到游戏中，呈现出游戏情境单一、模式化的现象。

二是“中毒了没人管”。个别幼儿设计出新的游戏情景，如一幼儿“煤气中毒”，趴在地上一动不动，“消防队员”救火即离开而不予理睬，说这是医院的事情；“医院”的病号忙不过来，说没空儿。以此看来幼儿对角色游戏中生发的新情节欠缺应对意识和合作方法。

三是“全部打针、吃药”，“消防医院”对幼儿扮演的烧伤、骨折和煤气中毒的病患，医生均采用打吊针的治疗方法，这也说明幼儿缺乏自我保护和处置急症的简单方法的经验。

我将观察到的幼儿角色游戏现状和捕捉到的问题向大班教师进行了反馈，并共同寻找支持幼儿深化角色游戏的策略。

1. 提供材料引发游戏

材料是游戏的物质基础，并能刺激游戏的开展。我们提供了纸箱、小喇叭、哑铃和勋章等材料，力图用这些无声的材料引发幼儿生成新的游戏情节。我们惊喜地发现，无需语言，幼儿会自然地发现和应用这些材料。因此我们开展了宣传、训练和消防队员比本领的活动，并突破了教师的本意，将预计用作"消防车车厢"的纸箱，设计为"深井"，创编出"井底救援"的游戏。

2. 揭示幼儿游戏问题，引导幼儿主动思考生发游戏

"娃娃家不停地着火，消防队员每天不停歇地救火，在生活中是这样么?""是啊，我们都不想起火了，总着火没意思。""我们参观的时候，一上午也没有报警救火。""××他受伤了，医生一直让他躺在床上，都没给他看病就收玩具了……"幼儿纷纷表达自己的游戏体验，自检游戏行为，教师随即实施干预策略引发幼儿丰富游戏。

(1) 提供《消防队的一天》、《快跑，消防队员》图画书，让幼儿通过阅读了解消防队员的生活，拓展游戏主题，帮助幼儿明晰救火装备的选择和使用方法，如根据火场着火物体选择相应的灭火器，清水灭火器对木材、布料等着火材料；电、油着火要用干粉灭火器；泡沫灭火器应用于所有着火……幼儿将区域中自制的灭火器进行了符号标注，在游戏中有目的地选择应用。

(2) 明确角色职责与分工，提高合作游戏的水平。幼儿扮演消防队员时，常常出现争抢消防服装、灭火器的情况，有时出现救火任务完毕，器械扔到地上没人管的情形。教师带着幼儿通过照片回顾参观消防车库、服装区的见闻，幼儿对照自己的"消防大队"发现了问题——服装是编号的，有1号、2号，还有安全员……我们有几个消防员，该怎样分工?幼儿在讨论中自拟游戏规则，即司机负责接警、发布准备器械的指令、开车；另一名消防队员负责准备器械，水枪救火。火场的伤员怎样能得到及时的治疗?幼儿从书中发现，消防车、急救车是同时出警的，这样可以各负其责，为此他们自然地建立了两个角色区联动游戏的机制，即接到火警后消防医院紧跟着赶到火场进行救援，在游戏中学会了角色分工合作的方法。

(3) 为游戏搭建程序支架。如何报警?如何逃生?对幼儿来说虽然有一

定的经验，但在游戏中由于情节、参与游戏幼儿的不确定性，为幼儿提供游戏的程序支架是非常有必要的，它既能给幼儿以游戏支持，又能将幼儿游戏中的典型经验进行归纳整理，记录幼儿的游戏发展。

3. 捕捉游戏探究需求，利用多种形式予以支持

对于幼儿缺乏紧急自救的基本尝试而阻碍游戏发展的现状，教师一方面调动幼儿的已有经验，如自己或周围人是否有烫伤、骨折的经历；另一方面采用视频、医生进课堂等方式丰富幼儿的经验，让幼儿获得基本的急救措施。

我们认识到教师要在观察幼儿角色游戏时注意捕捉幼儿的语言、行动、表情中所发出的信息，了解幼儿的行为动机、需求、困难和情绪等，以便把握干预时机，满足游戏需要，推动其活动。

第五篇

分园园长罗杰的故事

罗杰小传

1997年7月，在这个举国欢庆、香港回归的日子，罗杰从山东师范大学教育系学前教育专业毕业，怀着对学前教育的美好憧憬来到了青岛市实验幼儿园，成为了青岛市第一个扎根幼教一线的本科毕业生。从一名普通的配班教师做起，先后担任班主任、教研组长、教科室主任等工作，2004年7月通过幼儿园竞聘成为分园园长。其撰写的《小班体育游戏的组织》、《让评估真正发挥作用》、《怎样给孩子过生日》《绘本阅读中的导读》等多篇论文在《学前教育研究》、《山东教育》等杂志发表，《充分发挥阶段性评估的作用》、《活动区分享与评价》等论文获山东省教科所优秀教研成果一、二等奖。于2005年被评为青岛市“青年优秀专业人才”、2011年青岛市“教育管理先进个人”、2011青岛市“教学能手”称号，2012年获得青岛市“优质课”二等奖。

围绕核心问题互动　有效推动主题实施

大班“海洋之舟”主题已推进实施进入“小帆船”核心活动中，由于信息资源(实物、图书、图片等)较为丰富，幼儿对帆船表现出浓厚的兴趣。在跟踪活动现场以及查看大班教师备课后，我组织大班教师围绕以下儿方面问题进行了互动交流。

一是了解当前幼儿对帆船的已有经验，避免教师盲目、重复指导。如教师的美术备课中较多重复科学活动中的经验；不同教师在讲评过程中也出现重复评价的现象，不能及时捕捉幼儿的真兴趣，也就不能提供针对性的信息、策略支持。

二是当前的活动安排一定要与幼儿当下活动兴趣和需要相联系，以帮助幼儿从不同角度深化对帆船的认识。如科学活动中引导幼儿了解帆船的种类、帆的特征等；美术活动中教师即可引导幼儿关注帆船帆的艺术、文化内涵，激发幼儿绘画、制作的兴趣；阅读活动“玩具船去旅行”的开展则通过讲述一只自制小帆船在大海中航行的故事，进一步引发幼儿对帆船的特殊情感。但在备课中教师将美术活动定位在线描画“美丽的帆船”，则与当前的活动缺少内在的联系，为装饰而装饰，不能给幼儿带来有价值的信息。

三是如何满足、支持幼儿当前的探究表现需要。如提供怎样的材料、信息支持，满足幼儿“做中学”的需要。制作区材料做怎样的更新，哪些材料适合做各种不同质地、形状的帆；结合大班幼儿的年龄特点是否可以支持幼儿合作制作帆船，从计划设计帆船—收集材料—实际制作过程—作品展示，在这一过程中，每一环节都需要教师与幼儿、幼儿与同伴之间展开密切的互动和学习，核心是“只为解决幼儿探究中的问题，促进幼儿的发展，而不是为展示作品”。(如如何制作各种不同样式的帆，如何将帆固定在桅杆上等具体问题的解决。)

周末建议家长到奥帆中心进一步感知青岛的帆船文化，深入了解帆船比赛的规则等，当幼儿有了试航的需要时，则自然引发到“帆船起航了”的核心活动中。这样“帆船”小主题的实施才更加贴近幼儿的兴趣和需要，不再是教师机械执行已有固定的主题方案。除此之外，我还建议大班教师结合信息收集与利用系统整理“小帆船”主题实施的过程，以帮助教师进一步明确主题实施，高质量的整理课程案例。

如果说大班主题围绕着教师视野下的核心问题，那么中班则紧紧追随幼儿学习中遇到的困惑问题展开有意义的探究。因为在第一天的区域活动中，我发现中班幼儿在用福禄贝尔玩具拼摆自己喜欢的汽车时，不知从何下手，不知道怎样利用平面图形表现立体的汽车（也就是遇到了“立体转化为平面”的困难）。通过分析，结合中班幼儿的发展水平，我们确立了“用平面表现平面，用立体表现立体”的指导策略，即提供平面的图书、图片引导幼儿观察各种汽车的外形特征，并引导幼儿运用福禄贝尔拼摆、绘画的形式进行再现；运用汽车玩具、模型引导幼儿在制作和搭建活动中进行再现。同时满足幼儿自由操作摆弄各种汽车玩具模型的兴趣需要，引发幼儿有目的地操作摆弄，学会观察、对比，有层次地表达与表征。

活动过程中我们发现教师的启发性指导是推动幼儿主动学习、探究的关键。比如教师在引导幼儿观察了实物公共汽车后，幼儿了解了公共汽车的外形特征，包括主要的外部组成部分（车轮、车窗、车门以及反光镜等）。但仅限于此，幼儿还不能进行再现和制作，还必须引导幼儿明确各部分之间的空间位置、关系。如车门、车轮的位置等。教师通过引导幼儿思考如何把一个长方体的盒子变成一辆公共汽车，“需要做什么，安装到什么位置等”，引导幼儿学会细致观察和比较，并在动手实践中提高感知水平。在此基础上引导幼儿从选择适宜的材料组合再现汽车外形，再到细节特征的再现等，逐步学会迁移公共汽车的制作经验，进行创造性的学习。

关注图画书的有效利用

中班“动物园”主题中教师与幼儿收集来很多绘画类、科普类、益智类的相关书籍，并创设了“熊猫图书馆”。这些图书能否得到有效的利用，在李园长的建议下我和韩主任一起组织中班教师开展讲主题图画书的活动，一则为提高教师讲述图书的水平，二则通过教师的引领提高幼儿的阅读兴趣，拓展幼儿对动物的感知经验。

我请教师们选择自己熟悉、喜欢的图画书，讲给幼儿听。过程中我们发现教师的讲述存在几方面的问题：对图书缺乏真正的兴趣，不能融入到图书意境中，只是在讲书而非讲故事。喜欢一本书必定是先“感动自己”，其次在讲述中感动别人。对图书缺乏深入的感知和理解，错误地认为只要投入感情（语气、表情），语言生动丰富就能讲好一本书。如李老师在讲述《想吃苹果的鼠小弟》一书时，便是这样认为的。此书虽然文字简短，画面简洁，却是一本“意味深长”、值得“反复咀嚼”的图画书。教师在讲述时只需把主要的、关键的信息表达到位即可（如高高的树上结满了红红的果子，一只小老鼠站着树底下，仰头观望等），更多的理解来自于幼儿对画面的反复观察和自我解读。而教师在讲述时则添加了若干干扰性语言，影响了幼儿对主要信息的把握（如秋天来了，树上结满了又红又大的苹果，鼠小弟看了馋得直流口水等）。对图画书中的角色及其情感把握不准确，以致传达错误的信息，影响幼儿对作品的理解，比如《小猪变形记》中，当动物们看到小猪滑稽可笑的言行和样子时，并没有嘲笑它，而是明确地表达自己的观点，而教师在讲述中却传递出相反的情感。

开展教师讲述图书的活动，在互动研讨过程中能够帮助教师更好的分析、理解和表达对图书的感受和讲述的意义，如你为什么喜欢这本书？这本书最吸引你的地方是什么等。这使我们想到了朱自强教授来园做阅读讲座时的情景，虽然他没有讲述的技巧，但却吸引了每位听众。如果我们的教师也能达到这样的欣赏阅读讲述水平，何愁幼儿不喜欢听？

本周正值大班“图书”主题核心活动“班级图书馆”。如何创建班级图书馆并真正发挥其价值，培养幼儿良好的阅读方法、拓展其阅读兴趣，在丰富多彩的阅读分享中提升阅读质量，是师幼共同追求的目标。但在走进班级教室时，我却发现，班级图书馆“名存实亡”。幼儿忙于模仿再现自己喜欢的图书画面（故事情节），即便是图书管理员也不知道自己要做些什么事情。“我们的图书馆里都有哪些不同种类的图书，我怎样能找到自己喜欢的图书？来阅读图书的小朋友应该注意什么？图书管理员都可以做哪些事情？”通过与幼儿的对话，可以看出教师未能有目的地推进主题实施，仍停留在肤浅地、机械地模仿再现图书内容上。为此，我围绕“如何发挥班级图书馆的作用，从而推动主题实施”，“如何将班级图书馆的活动与其他区域的活动、日常借阅活动有机整合起来”等核心问题与班主任教师进行了互动研讨，并将我撰写的班级图书馆的信息与她们进行了分享，如班级借阅活动的开展，好书推荐，圣诞故事会以及图书阅读与自由自主的表演活动的开展等。

图画书是重要的课程资源，蕴含、孕育着教育的契机和智慧。在高度重视阅读的今天，我们所应、所能做的就是为幼儿创设一个快乐阅读、有思想的阅读环境，做一名引领者、陪伴者，我们要摒弃那种流行性、装饰性的阅读，没有思想沟通交流的阅读。所谓“己所不欲，勿施于人”，让我们自己首先成为阅读的先行者、收获者吧。“开放教育”为每位幼儿、教师提供发展的平台和支持，正如园长所述我们应该在巩固、创新和发展的过程中实现自我价值和追求，并在每一天的阅读中积累发展的潜能和智慧。

走出科学活动组织的困境(一)

如何促进幼儿主动学习,改变教师一言堂的现象;如何调动幼儿的学习兴趣,满足幼儿的探究欲望,提升、拓展幼儿的已有经验等,是教师在组织科学活动中经常遇到的困惑。虽然教师对当前科学教育所提倡的先进理念并不陌生,但却在实践操作中“戛然而止”。或因挑战性太大、无法驾驭课堂秩序而回归到原来的地方,继续按照原有的教学模式,即倾听、记忆为主的方式开展教学。为使教师深刻体验、表达自己的困惑,并通过自身的实践对比(教学现场中幼儿的学习兴趣、教学效果等),真切体验学习方式变革所带来的变化。结合本周活动内容我选择了大班科学活动“少数民族”,与大班教师在自然真切的状态下开展了系列研究。

第一步听课,彼此谈感受。自然状态下的听课,张老师基本上是按照原有的设计方案组织教学,原原本本地呈现了一节常态课:教师先是播放了歌曲《爱我中华》提问:中国有多少个民族?你都看到了哪些民族?接着教师以谈话的方式了解幼儿还知道哪些民族。最后教师边播放课件边组织幼儿认识了蒙古族、藏族、维吾尔族。

活动后我没有直接分析教学目标、环节的设计与组织等问题,而是认真倾听他组织活动的感受:对于民族的认识较多为间接经验,总是教师说得多;感觉要幼儿掌握的内容很多,教师也把握不住重点;幼儿的学习兴趣逐渐降低。

听者的感受:幼儿的学习方式(教师的教学策略)单一,主要是观察、倾听、记忆,体现的是接收或被动学习方式;信息的呈现为课件播放式,幼儿只能是跟着教师走,缺乏细致的观察、感知和表达,以及同伴间信息的互动分享。开放的学习空间和主动学习的理念没有得到落实。

第二步尝试改变观念和组织策略,在“做中感受、体验变化”。教师做好充分的材料准备，将蒙古族、藏族和维吾尔族的相关信息分别做成三块展板，内容包括服饰、饮食、民俗活动等。活动组织中，教师将幼儿分成不同的小组，分别观看不同的展板，鼓励幼儿自主观察和表达；三组幼儿分别结合图片向同伴介绍自己观看的内容，并围绕感兴趣的图片提出自己的问题，教师、幼儿互相分享经验和信息。

教学变化：幼儿在前，教师在后的组织方式，很好地调动了幼儿的学习兴趣；幼儿对图片内容产生了浓厚的兴趣，能较长时间地观察，并与同伴自然交流；在教师的引领下能主动表达"你从图片中了解了蒙古族人的哪些信息？""他们喜欢骑马开展比赛；他们练习射箭，那些箭很大、很费力；他们住在白色的蒙古包里" 等；在与教师、同伴的互动中，幼儿能大胆地提问和质疑（学会思考），满足了其个性化的兴趣问题和需要，如"为什么他们要住在蒙古包里面？为什么蒙古包是白色的？"等。

教学感受：起初幼儿对这种变化有些不适应，在集体面前表达拘谨，后期有了明显的改进；教师有时不能完整倾听，不自觉地表现为急于给予，丰富幼儿表达内容的现象；对于幼儿的提问，教师有时显得手足无措、无法应对，只好"鼓励幼儿查阅资料"，继续丰富相关认识。

第三步进一步完善组织策略，分享研究成果。虽然改变观念与组织策略后，教学效果有了明显的改变，但仍存在需要探讨和改进的地方，如教师事先将幼儿分组进行观察，由于每组幼儿只是细致观察了其中的一组展板，而对其他展板内容不了解，因而在集体交流环节中，不能产生共鸣或提出有价值的问题。因而再次研讨时改为幼儿自由观察每一组展板；再如在幼儿的充分表达和互动交流后，教师要有总结、概括和提升的过程，以帮助幼儿形成完整、清晰的认识；针对幼儿表述不清的内容，教师可通过适宜地追问引导幼儿细化观察和讲述。在明确上述问题后，我们进一步完善了组织策略，活动展示取得了较为满意的效果。

为了更好地体现幼儿主动学习的理念，在教师的引领下，幼儿亲自通过信息收集和简报制作，了解其他民族的信息，并在信息区中与同伴分享，在这一过程中让幼儿学会如何学习。一开始我们没有这样做，一方面是担心对教师的挑战性太大，另一方面是想通过渐变的方式，使教师和幼儿都能有一个心理上的适应和感悟。

走出科学活动组织的困境(二)

——关注主题信息简报的利用

为深入、持续地开展科学活动研究，本周我和中大班教师结合新主题开展了信息简报的交流与利用研究，其目的一方面是鼓励教师勇于发现问题，并从解决问题入手提高研究的意识；另一方面是充分发挥信息在主题实施中的支持作用。

跟踪指导的过程中主要发现了以下几个问题：一是活动组织前，有的教师对幼儿收集的信息简报缺乏细致的了解，表现为活动组织的随意性明显，如在时间的安排上，周一上午教师就急急忙忙地组织开展信息交流，而且没有经过有目的的选择，不加思考地将信息简报贴在白板上。二是教师对信息简报交流活动缺乏明确的目标，导致为交流而交流，表现在内容导向的交流，即幼儿讲述，教师重复或简单的补充，看不出此活动要达到什么目的。三是教师对幼儿了解信息、讲述信息的情况掌握模糊，如有的简报是家长制作的，幼儿参与得少，不会讲述或介绍，教师只好替代其讲述，直接影响活动的实效性和初衷。四是教师在呈现信息时考虑不够周全。有的教师直接利用实物投影仪，但由于简报偏大，教师需要不断地调整大小、移动位置等，造成眼晕现象。

在发现问题后及时反馈给班主任，引起重视和改进。随后结合如何确立适宜的活动目标，如何让幼儿充分地讲述、分享制作的信息简报等问题，在大班级部结合科学活动“各种各样的船”继续开展系列研究。首先明确了目标，即通过幼儿分享自己收集船的信息，感知船种类的多样性及与人们生活的关系；能认真倾听同伴的介绍，积极参与互动，体验分享交流的乐趣。活动组织前，围绕目标请教师细致查看每一份信息简报的内容，挑选出便于面向集体观察和讲述的，如选择外形特征鲜明、种类丰富的；同一类船，选择样式丰富的等；确立张贴、讲述的顺序，合理地呈现出来。之后在活动设计中我们重点思考如何通过教师的引领、师幼互动，帮助幼儿学会观察讲述；如何有层次、递进性地安排幼儿的信息分享，而不是毫无准备、毫无方法地“自由分享交流”等。在过程中当我们发现幼儿在对信息缺乏了解、不能讲述或不会讲述等问题时，应及时思考解决的策略，如与家长沟通反馈，请家长配合重新熟悉信息；将信息简报贴在“船舶馆”中开展小组分享交流活动等。

另外，科学活动不是纯粹的知识传递过程，而是幼儿亲历学习过程、体验探索兴趣，积累探究经验的过程，应将科学活动目标的实现融入到不同的领域、不同的区域、不同的活动形式中；不能将科学教育目标的实现局限在一节课上，以整合的理念，以多元的视角和途径让幼儿感知、学习科学，是我们当前需要明确和改进的问题。

走出科学活动组织的困境(三)

——优化主题信息的搜集与使用

“开放教育”强调要将课程延伸到家庭、社会（社区），以体现幼儿学习整合性的特点和个性化取向。结合近期开展的有关主题信息的收集与利用研究，我们对部分园区的大班家长进行了问卷调查，以期从不同角度引发对信息收集与利用的重视。问题主要围绕着“家长如何看待信息收集的价值，过程中如何参与并指导幼儿进行收集，以及对班级在信息收集与利用方面的建议”三方面进行客观反馈。统计与分析结果如下。

一是家长对主题信息收集的价值认识深刻、到位。“家长可以及时了解幼儿园主题实施的内容，更好地参与其中”；“ 信息搜集的过程不仅可以增进亲子关系，而且有利于家长更好地了解孩子的学习兴趣，帮助他们获得有益的信息与同伴分享，提高孩子参与活动的兴趣”；“信息收集中家长也会增长与主题相关的知识，更好地与孩子进行互动交流”等。

二是鼓励幼儿主动参与，并给予尊重与必要的指导。在信息的收集过程中，大多数幼儿表现出一定的积极性（也有个别家长反馈幼儿在收集过程中发挥从属作用），在家长的支持下，能选择自己喜欢的信息内容（图片、图书等），显示出一定的“决策权”。在正确观念的指引下，家长对于幼儿的收集给予了充分的尊重，如与幼儿一同查阅网络、图书信息；鼓励幼儿亲自挑选与主题相关的图书、玩具；依据幼儿的兴趣而不仅仅是教师的要求（或建议）收集感兴趣的资料，从而使得信息具有一定的个性化倾向等。尤其是在制作信息简报的过程中，一般是家长与孩子一起展开讨论，选择幼儿感兴趣的图片、照片，并一同剪贴制作完成。最后有的家长还会请幼儿结合图片尝试讲述，并鼓励幼儿主动与教师、同伴分享。

三是提出合理化建议。一是保证充足的时间进行准备，以便于幼儿有效参与，避免因时间紧、内容多，家长替代完成的现象出现。二是开展信息分类收集，引导幼儿与家长从不同的角度、用不同的方式等进行信息收集，以确保信息的多元与丰富。比如结合不同家长资源、依据幼儿的兴趣进行分组收集等，避免出现信息重复，关键信息因比较难找而无人收集的现象。三是加强幼儿之间的相互交流与分享，拓展幼儿的视野。四是以不同形式再现、反馈信息收集与利用的“成果”，如照片、作品，或在 QQ 空间（QQ 群）中共享美好过程与成果。

幼儿园“开放教育”已使我们与家长之间结成了互信、坚实的合作伙伴关系。通过阅读家长客观真实的反馈建议，给了我们极大的鼓励和支持，更让我们明确了改进、完善的思路和策略，进一步深化了“‘开放教育’家园共同体构建”课题的研究。为此我们将从以下几方面着手进行改进。

首先，主题实施前教师细化研究信息收集的内容、途径与呈现方式等，明确不同信息对推动主题实施的价值与作用。

其次，教师与家长进行细致的沟通交流，反馈主题研讨中对信息的分析与利用途径，并虚心听取家长的合理化建议；鼓励家长之间相互了解、协商，必要时依据家长资源优势进行分组，从不同角度进行信息收集；引导家长关注、记录幼儿感兴趣的问题、收集过程中的真实发现或体验等，及时与教师进行沟通交流。

再则，充分调动幼儿参与的积极性，了解信息收集的内容，鼓励幼儿依据自己的兴趣有选择地进行信息收集。依据幼儿的年龄特点，组织形式多样的分享交流活动，鼓励幼儿之间相互讲述、共同讨论自己的发现与感兴趣的问题；教师及时了解并参与其中，并通过观察记录、照片解读等形式与家长分享。

最后，主题历程回顾过程中，教师将通过环境、作品、幼儿活动照片解读等方式，使家长全面了解信息的有效利用，让信息收集的价值看得见，让幼儿的发展看得见！

一次有意义的角色游戏指导研究

问题背景：角色区如何指导一直是教师困惑的难题，尤其是在备课中，教师绞尽脑汁预设了各种游戏情节内容，指导幼儿开展游戏。但往往在实践中却流于形式，很难实现对接。教师随机指导的概率较高，而且更多是在发现幼儿游戏中存在无序问题或无人光顾时出现。在材料投放方面有时师幼之间缺少沟通，不能有效地激发幼儿的游戏兴趣。再则由于缺少连续跟踪指导与评价，不能及时、正确地进行问题诊断和提供有效支持，导致幼儿的游戏基本上处于无目的、随意的游戏状态。

一、典型案例浮出水面

“冬天”主题中班教师要开设“医院”游戏，理由是幼儿这方面的生活经验较丰富。在教师简单的布置环境后，游戏开始了。第一天的游戏中果然聚集了较多幼儿，尤其是家长提供的角色服装和医院玩具，更是吸引力巨大，他们完全沉浸在扮演角色、体验角色以及操作材料的兴趣中：很多“病人”前来参与，体验被检查、治疗的过程；许多“大夫”毫不分工地共同忙碌着；不同个性的幼儿都在活动中找到了自己的角色并参与到游戏中；游戏结束时，整理玩具也成了最后的乐趣，一遍又一遍地整理……

面对这种场景，我的建议是：请先不要急着帮助幼儿建立“良好的活动秩序”；请不要急着教幼儿怎样游戏；请不要指责幼儿的无序；请不要代替幼儿思考，使他们自己不知道该如何继续游戏。请充满爱意地欣赏幼儿的热情，请耐心观察、倾听幼儿的言行，请细心关注不同幼儿在此时所表现出的交往水平，请静心思考该如何做一个有智慧的引领者。

我很庆幸侯老师做到了，细心的观察使她获得了很多有价值的信息：幼儿对医院游戏确实很感兴趣，且具有一定的生活经验，如看病前的自觉排队，打针时闭上眼，医生轻拍小朋友的手，打上吊瓶后在手下面垫上小纸盒等等。

区域评价时我建议教师围绕核心问题与幼儿互动，以推动游戏的发展。“你去过医院吗？是什么原因去医院？”“医生是怎样给你看病的？”“你觉得我们的医院缺少些什么？”等问题，成为帮助幼儿整理、丰富生活经验，激发幼儿再次游戏兴趣的重要支持策略，取代了“我们的医院应该有几个角色？”“医生、护士分别负责做什么？”“看病时病人应该注意什么？”等约束、“规范”幼儿游戏的条条框框。

仅仅做到这些还是不够的，我还建议侯老师充分挖掘家长资源，通过与专业人士的互动，丰富幼儿经验。侯老师邀请了一位小朋友的爸爸（职业医生）来园，利用课件真实地向小朋友呈现“怎样去看病”，并现场模仿问诊、就诊的过程。这位家长志愿者还介绍了冬季预防感冒、少生病的小常识。接下来，侯老师和幼儿一起重新创设了更加符合游戏情境和需要的“爱心医院”，合理地进行了空间安排、物品摆放等，为幼儿深入游戏提供了材料和经验支持。

二、共同分享与研讨

在此之后的角色游戏中，幼儿生成了许多有趣的游戏情节，如娃娃家的宠物狗吃火锅时不小心骨头卡在喉咙里了，开展了“抢救宠物狗”活动；搭建区一名幼儿突然晕倒，医院人员立即出动进行“120 成功抢救”。教师通过照片、录像的形式记录下了这些幼儿自发的游戏情节，但在指导的过程中也产生了一些困惑，如当遇到连教师都无法确定的事情时，到底教师该不该介入？幼儿是否可以这样解决问题？能力强的幼儿总是得到更多的关注和肯定，但并不是所有的幼儿都有这样的表现，如何关注指导后者呢？

在与教师的互动研讨中，我们感悟到：

教师不是问题解决者，应让幼儿自己决定游戏的发展方向。在游戏中，尤其是在以幼儿为主体的游戏中，这一观点或认识可以使教师学会适时的等待，学会欣赏幼儿解决问题的方法，学会分享幼儿的聪明才智，从而使游戏走向幼儿能够操控的方向，而不至于迷失与困惑。如“爱心医院”里能不能生宝宝的问题的情境及解决，尊重幼儿的想法和解决策略就是十分重要。问题不在于能不能生，而是幼儿是怎样解决问题的，游戏又是怎样继续的。

欣赏并尊重不同幼儿在游戏中的表现，就是尊重幼儿的发展水平。幼儿是有差异的，角色游戏中并不是每次都有生动的、创造性的再现，就像生活并不是每天都有令人兴奋的事情发生一样。当那些性格内向，不善言辞的幼儿走入角色区时，我们更应该给予充分的关注和鼓励，并尽量不要干扰其自由的表现与表达，满足其扮演角色的兴趣，释放其内心的能量，欣赏其超越自我的表现。教师可默默地关注、记录其个性化的表现，并在适宜的场合给予积极的评价，切勿忽视幼儿的个性差异和内心体验。

游戏指导从学会解读幼儿的需要入手，学会做幕后推动者。教师一直感到困惑的指导问题，其实还是教师没有真正地、深入地、持续性地观察幼儿的游戏、倾听幼儿的对话，解析幼儿游戏中遇到的问题，并采取适宜的策略推动游戏的开展。上述侯老师的案例便很好得使我们感受到，角色游戏指导中教师的支持策略应是多元的、适时的；不管教师以角色的身份直接影响幼儿，或是及时分享、回顾同伴间有价值的游戏经验，或是借助外援支持丰富经验，前提是教师必须学会解读幼儿的真实需要、诊断问题的核心，并跟踪关注问题解决的过程和效果。

激发幼儿创造的火花，不断产生新的游戏情节，主要是通过评价使幼儿明晰问题，指引幼儿主动思考问题的解决方法，创新游戏情节。

随时关注支持教师的“需要”

本周是各级部主题实施的第二周，李园长、朱园长和我共同走进活动现场，及时跟踪了解主题实施推进情况，帮助教师提高指导的实效性。在中班我们发现：班级教师自身缺乏对图片、实物信息的感知与分析，导致不能有效地提升、整理幼儿零散的经验，幼儿的学习更多是在重复已有经验。班级中幼儿收集的伞都有哪些特点（种类、结构、质地、装饰等），如何引导幼儿结合感兴趣的问题（小问号）主动探究和发现；如何通过教师的参与提高幼儿的探究兴趣；幼儿探究的轨迹会是怎样的等。由于教师本身缺乏研究学习的意识和过程，缺少价值意义指导下的教学策略的思考，因此即便是进行了主题实施前教师的预操作，结果也变成了幼儿低层次的机械模仿，不能循序渐进地实现师幼共同推进课程。

主题实施因缺少了师幼共同的发现、探究，而没有了生成的空间和灵性。过程中我虽然提示了教师，但作为管理者在教师没有理解或执行的情况下，还是应该认真分析原因，带领教师共同研究和落实，而不能仅仅是提示。结合上述问题，我们又请中班每位教师从五个领域的角度分析“伞”主题，幼儿可以获得的新经验有哪些；结合现有伞的信息图片和实物，幼儿能获得哪些方面的探究发现，教师应该提供怎样的问题情境或策略支持，去引发幼儿主动探究和发现。

大班“小学”主题，因教师对主题价值的理解，把握落实不到位，因而不论在组织集体教育活动，还是指导区域活动方面都显得缺乏目的性和有效性，为实现教学任务而教，为游戏而游戏的现象较明显。比如角色区“小课堂”，通过幼儿感兴趣的游戏要实现什么目标，创设什么环境，提供什么材料和支持等。教师较多关注幼儿扮演“小教师”上课的情况，如“小课堂”的学习内容，“教师”、“学生”的角色行为表现是否适宜等。而这些是远远不够的，没有真正发挥“小课堂”的价值。通过参观引发的小课堂活动是幼儿自发感兴趣的活动内容，他们喜欢模仿再现“小学生”的学习和生活。教师可引导幼儿在游戏中学会协商、合理计划安排活动，发展良好的同伴关系；将学习用品的认识、正确使用与整理以及良好的学习习惯等融入到幼儿游戏中，如开展认识书包、学习整理，进行整理书包比赛等活动，帮助幼儿习得有益经验等。另外，在该主题中还可实现区域间的有机联系，如迁移“图书”主题经验，将图书区转变为图书馆(室)，由幼儿自己填写借阅卡，开展图书推荐分享，让幼儿在活动中积累、形成基本的学习能力和习惯。

出现这些问题时，针对反思能力较强的教师，我们仅需要同教师一起观看、分析幼儿的活动现场，倾听教师的思考，阶段性跟踪问题解决过程。同时我还鼓励教师将这些问题的发现与解决整理出来与其他教师共勉，以带动更多教师在改进问题中成长。

作为分园园长在指导班级主题实施的过程中，既要关注资源的利用等“物”的要素，更要关注所有卷入、参与课程实施的“人”的要素；不仅要帮助教师分析幼儿的发展需要，同时也要敏锐地发现教师的“需要”，帮助教师完善自身的认识，进而改进教育行为，提高课程实施质量。

不识庐山真面目　只缘身在此山中

一直以来，我园早操是值得称赞的亮点，音乐选择、结构编排、幼儿动作发展等均得到过同行、专家的认可，并在全市发挥了重要的示范引领作用。但近几年来我园早操除了在音乐选择方面每学期有适当调整外，研究的深入性相对课程实施有些欠缺。本周我有幸作为组长参加了区里开展的早操观摩与研讨，从中获得了很多有益的启发。

活动开展前，我组织各级部教研组长认真学习了《幼儿园早操设计与组织细则》，明确了早操设计与组织的原则、结构与要求以及早操编排与组织的注意事项，并引导教师结合当前我园早操现状反思优缺点。之后在分别观摩了区里两所幼儿园及我园早操后，进行了对比分析。总体上看教师对音乐的选择视野较广，而且能较好地与动作协调、匹配；早操时间长度适宜，幼儿能得到充分的运动锻炼；动作创编能体现不同年龄幼儿的特点；能注重早操中互动游戏的开展，增强了早操趣味性；能因地制宜利用场地、资源进行适宜的锻炼。除此之外，教师们还发现普遍存在以下问题。

1. 音乐选择方面

一是教师个人倾向性较强，忽略动作练习与音乐的和谐。比如《搏击操》音乐低沉、不清晰，缺乏童趣（教师创编的动作亦更多体现成人动作）；二是音乐节奏太快，不利于幼儿动作的练习，动作配音乐的现象明显。尤其是中小班热身运动环节音乐的选择。三是经典儿童音乐的选择缺乏，成人化音乐的选择偏多，并且幼儿缺乏对音乐的深入理解和感受。四是音乐中有过多说词语言，影响幼儿随音乐有节奏地做动作。

2. 动作编排方面

主要是不能根据幼儿的年龄特点编排动作。在热身活动中各年龄班教师在动作编排中忽略幼儿的年龄特点，比如小班有跑跳步，大班有动作协调性较高的舞蹈动作(错步加上肢变换动作)；中小班早操热身动作变化频率较高、节奏快，幼儿只是简单的比划模仿，缺乏力度，起不到动作练习的作用(即便是教师有时都会忘记动作)，更多是教师的“自我展示”。

3. 教师指导

教师的作用主要是从头到尾的发挥示范作用(带操、发口令)，个别指导较少，作用发挥较单一。根据幼儿教育的特点，教师作用、角色是多元的，比如在体育游戏中教师以“伙伴”的身份参与，能激发幼儿锻炼的兴趣，避免出现由于身份、身高以及角色的影响，突显教师作用有余，幼儿锻炼次之的颠倒现象。

另外，早操结构中各部分所占的时间比例不够合理。有的排列队列队形占用时间较长，幼儿长时间重复同一动作容易疲劳；有的游戏时间短，更多注重游戏情境的营造，动作练习的密度、力度小，只是展示一下而已。再则教师对于音乐选择要遵循“用音乐配操，而不是操配音乐”的理解要灵活，如果有好的儿童音乐，节奏明快，歌词简单，就可以创编动作适宜的律动，如小班热身运动中《汽车歌》，中班《地球欢迎您》、《和快乐在一起》等音乐，每句或每段都可创编成适宜的动作。

通过对《细则》的分析和现场观摩，我园早操音乐的选择比较适合幼儿的动作练习；教师示范作用到位，有感染力；幼儿听指令的习惯好，动作到位。但相比其他幼儿园早操时间短，尤其是小班，幼儿运动量小；动作编排较单一，中大班早操韵律、舞蹈部分邀请、迎风起、下蹲动作等使用频率较高；音乐选择较好，但由于不同环节中音乐较短，如中大班走队音乐，大班体育游戏音乐中幼儿的动作锻炼不够充分；早操编排需要创新，比如因地制宜地打破班级界限开展互动游戏，激发幼儿做操的兴趣。

这次观摩中我们邀请各级部教研组长、网管全程参与。接下来我们将结合信息反馈、录像观摩，借鉴好的经验，创造性的改进、完善早操质量，激发幼儿参与的兴趣，充分锻炼幼儿的体能。

“以点带面”全面做好开学工作

新学期工作可谓千头万绪，若要“满手抓”，事无巨细往往会弄得自己精疲力竭。细细分析有许多工作是每个学期都要做的，如开学第一天举办“开学典礼”；第一周召开家长会等，为什么要不停地重复这些要求呢？而教师们也会由于管理者的替代，不会主动、创造性地安排班级工作。工作分工不同，但只要每个岗位做好自己的事情，就会产生“1＋1＞2”的效果。另外，开学初分园园长要做好思想引领，动作先行，以帮助教师尽快调整状态投入到新学期工作中。因此本学期我首先调整了自己的工作思路，围绕园务工作重点及上学期存在的问题，着重开展了以下几方面工作。

1. 新主题的深入研讨

通过寒假期间与专家互动，以及开学前与李园长共同修改“美丽的海边”主题，对主题价值目标以及核心阶段之间的联系有了更为深入的了解（尤其是宁园长解读“美丽的海边”阶段目标及各类型活动之间的联系）。虽然一开始感觉难度较大，但在具体细化的过程中确实是相当必要的。如果连课程建构者都模糊不清，作为一线教师更是无从下手。为此在李园长和我与各级部开展新主题研讨过程中，对每个主题的价值进行了重新定位和完善，更加注重当前幼儿的发展需要，同时阶段性目标更加具体，便于教师自查和反思；我们对集体活动之间的顺序做了适宜的调整，既保证了内容的递进性，又遵循了幼儿的学习规律，避免了速成现象（以幼儿直接的作品再现作为评价幼儿学习效果的唯一衡量标准，更加注重幼儿内在经验建构的过程性和学习的愉快体验）。如在“好朋友”、“好妈妈”主题中以往的社会活动目标制定较为表面肤浅，如“描述好朋友的外貌特征、爱好本领”或“妈妈的外貌特征”等，现结合幼儿的感受和需要，调整为“能说出好朋友是谁，以及成为朋友的原因”，以此了解幼儿对朋友的理解和感受，不同幼儿的交往现状等内在隐含的信息。好的开始是成功的一半，在教师明确思路与意义的基础上，过程中我还将围绕研讨的核心问题跟踪落实改进情况。尤其是中班“好朋友”主题的实施，指导教师过程中如何关注幼儿交往中的真实问题和个性化的需要，提供有意义的交往情境和指导。

2. 关于开展生态种植、深化户外锻炼等方面的研讨

作为本学期重点创新工作，为更好地落实并为教师提供支持，我通过网上查询了解了什么是生态种植，幼儿园生态种植的相关信息，学习了《儿童早期科学教育活动》（南师大出版社 刘晶波译）中关于开展植物、动物科学探究教育活动中涉及的科学概念以及具体活动的设计与组织；其次再次重温了《指南》中对于种植方面的要求或建议；最后结合我园以往开展种植存在的问题，为扎实、有效开展适合幼儿的种植活动给教师提出了具体的建议（内容详见分园计划）。在这一过程中我的感触是“只有想明白怎么做，才能做得有效、有价值、有收获”，才不会出现为做而做的现象。

另外，通过学习反思，我发现我们对“探究”的理解存在误区，并不是所有的过程都需要幼儿探究，要根据幼儿的年龄特点，探究其能够理解和感知的东西。有些学习内容在生活中能够直接感知、获取的就应该直接获得，否则就会落入“为探究而探究”的迷惘中，连教师都不知道幼儿到底在探究中获得了什么，发展了什么。幼儿生活在一定的社会环境中不是一无所知，也不是事事都通过亲身探究学习。因此教师要明确探究的意义，一次只做一件事情，做明白做到位，这样一件一件积累起来，就是学习发展的过程。不能因追求过多，且理不清其中的关系，而导致探究无效。尤其是科学教育中幼儿“做中学”的理念和操作方式是非常有效的，幼儿正是在参与过程中提问、思考、发现和感悟，并建构自己的认识。在接下来的种植过程中，我将全程参与，并及时为教师提供信息和策略支持，跟踪指导教师的实践过程，争取能有实质性的改进和效果。

3. 家长意见反馈，制定改进措施并着手落实

为更好地改进园区管理中存在的问题，我认真阅读、了解了每位家长的意见反馈表。其中既有对班级教师、教学的建议，又有对园区管理的建议，如加强

离入园秩序，保安工作；更换被褥芯等问题。而对教师教学建议也从侧面反映了我日常管理中不够细致的问题，如小二班家长所提幼儿绘画习惯的问题。针对上述问题我及时请班主任查阅各班的意见反馈表，表达了我的看法，并请他们结合存在的问题逐条制定改进措施，在家长会上给予回应；对于管理中的问题，我也及时进行了反思并着手改进，如保证幼儿户外时间和活动量的问题。结合本学期工作重点我已将有关民间游戏、丰富户外器械的调查表格发放给各班，接下来我将逐一落实。

以上是我本周开展的几项重点工作，我想通过“以点带面”的影响在做好重点的同时，带动教师在其他方面主动改进和完善。

让谈话活动组织得更轻松、愉快

谈话是幼儿园经常组织的语言活动。在“好朋友”主题中我们设计的第一个集体活动就是谈话——“我的好朋友”，以此了解幼儿对朋友的理解以及成为朋友的原因，同时通过对幼儿同伴交往情况的分析(哪些幼儿受欢迎，哪些幼儿被忽视，哪些幼儿存在交往困难等的原因分析)，有目的地开展集体与个性化的教育和引导。为帮助教师更好地把握来自幼儿的真实信息，征得教师认同，我跟踪记录了李老师组织的谈话活动——“我的好朋友”。

围绕核心问题“你的好朋友是谁？你们为什么会成为朋友?”，教师与幼儿之间开始了大约20分钟的交流。教师结合幼儿的表述，及时总结提升了幼儿成为朋友的原因。如因为经常在一起游戏，有共同的兴趣、“个人崇拜”(如她能上课积极举手回答问题)、个人魅力(如因为我喜欢她，所以成为朋友)。过程中教师还示范性地介绍了自己高中时的好朋友(成为朋友的原因，以及朋友的爱好等内容)。

活动结束后我们与李老师围绕活动组织的感受展开了交流。李老师谈到在座位上作了特意安排，U字形的座位安排能使幼儿之间相互看到对方，有利于开展谈话交流；课堂上幼儿表达自己的朋友及成为朋友的原因也比较清楚，但在活动的后期“说说知道好朋友的哪些事情、朋友长得什么样？”时幼儿兴趣不高。结合李老师的教学反思，我并没有直接指出幼儿表达兴趣减弱的直接原因，而是首先肯定了李老师为组织好这次活动所做的思考，如对座位的安排，除此之外为营造轻松、愉快的谈话氛围，教师还做了哪些细致的思考？这次谈话活动中让您感到兴奋或印象深刻的是什么？通过对这些问题的再思考，李老师发现自己在组织活动中有些着急的表现，如当幼儿回答问题不流畅，或没能清楚表达时，教师没能深入了解其中的原因，也没有通过适宜的追问，帮助幼儿真切地表达自己的感受，只是一味地追求答案。

李老师谈的这一点非常重要。谈话活动组织中经常出现教师一味提问，幼儿机械回答；教师只关注幼儿的表达，忽视幼儿心理感受；为谈话而谈话，不能追随孩子的兴趣发展或拓展话题，导致幼儿的参与兴趣逐渐降低。结合这些问题，我们共同发现在本次谈话活动中，教师调整幼儿的座位安排只是形式上的改变，并没有营造一个宽松、愉悦的谈话氛围，吸引每一个幼儿的主动参与。比如当教师提出问题“你有好朋友吗？他是谁？”时，教师应稍停顿一下，给孩子稍稍思考、回顾的空间，而不是马上举手示意幼儿回答；再如当一位幼儿说“因为我喜欢他，所以我们是好朋友”时，教师可通过及时地追问“能不能说说喜欢他的理由呢？”进而帮助幼儿表达自己对朋友的感受和理解。谈论朋友的话题时，每个幼儿都有自己的心理感受，教师可通过多种方式调动幼儿有情感的参与交流，比如引导幼儿说说当别人把自己当作好朋友时的心情。此外在谈话活动中教师不仅仅是组织者，更应该扮演好听众的角色。耐心倾听来自孩子的心声，发现共同感兴趣的话题，并且及时介入使谈话更加深入而有意义。

课后当我们蹲下来再次与幼儿自由交流自己的好朋友时，幼儿纷纷愉悦、主动地表达：“老师，我们班上的每个小朋友都是我的好朋友，因为我们一起去摘草莓，还拍了照片呢！”“诺诺是我最最好的朋友。”（教师追问“什么是最最好的朋友？”“就是毕了业我还想和他在一起。”）“艾迪不是我的好朋友，应为我们两个总是打架。”等等。结合幼儿的回答，回顾课堂上没有发言的幼儿都有谁，他们有没有好朋友，为什么不举手等，教师需要深层次思考和完善的还有很多，比如怎样关注幼儿的心理感受，让谈话活动吸引幼儿主动参与、大胆表达；怎样进一步了解班级中受忽视、排斥的幼儿是谁，为什么及如何帮助他们？怎样帮助幼儿拓展对“朋友”的理解等。

在接下来的过程中，我将和教师们共同持续关注幼儿交往中真实的需要和问题，走进幼儿的内心世界，提供适宜、有效的帮助和支持，让幼儿体验到有朋友真好！

化感动为行动

——优秀课程案例分享后的反思

结合园务工作计划，本周我们开展了上学期“优秀课程案例分享活动”。在细细聆听两位教师的介绍以及其他教师们的感悟过程中，一直困惑着我的问题，一下子明朗起来。在此，也希望能与教师们分享我的感受。

1. 如何让教室更有吸引力

“开放教育”强调“不让一个孩子落下”。但在日常跟踪过程中总能发现个别幼儿似乎游离于活动与同伴之外，或者是活动不专注、不持久等。通过观看王老师“红红火火中国龙”的案例，倾听教师解读幼儿是如何围绕感兴趣的中国龙自主组建研究小组，持续、深入开展探究活动的。从中我们发现每个孩子都能在活动中找到自己的位置，以自己喜欢的方式参与到感兴趣的活动中，体验自己的力量和成就感。在这一过程中我们也感受到王老师对不同能力发展水平、个性特征幼儿的关注与解读，观察、倾听、欣赏他们的言行。也正是这样，教师为幼儿营造了宽松、自由、自主掌控的心理氛围，孩子在共同感兴趣的活动中找到了自己的位置，以不同的方式参与到活动中，“它不再是个别能力强的孩子的特权，每个孩子都有发表自己想法与意见的机会，收获着属于自己的体验；每个孩子的努力和付出都能得到同伴、教师的认可”。所谓的活动规则不是用来约束的，而是活动的保障。这样的氛围、这样的教室一定是有吸引力的。

2. 如何把握关键问题，提供适宜支持

主题实施过程中教师的观念以及观念影响下的教师角色一直是影响课程实施的关键因素。在侯老师、王老师分享的课程案例中教师有意识淡化自己的角色，充分发挥幼儿学习潜能，但又在关键时刻“挺身而出，助一臂之力”的教育智慧给我们留下了深刻印象。“我们的年货大集”中“幼儿说了算的教室”、“钱怎么花”活动中，幼儿成为了教室环境创设的第一负责人；共同商讨决定年货大集的收入可以干什么？“中国龙怎样才能舞起来”的活动中，教师发现了阻碍幼儿舞龙的关键性问题（如动作上的不协调、指挥不流畅等），当凭借幼儿的经验不能解决时，引导幼儿展开讨论、明确问题核心，并通过图片、视频支持，让幼儿自己发现、并尝试解决问题的办法。幼儿能想的、能做的，就应该让他们去想、去做，教师的替代无疑是影响幼儿主动发展的劲敌。所谓的关键问题、关键时刻，需要教师对幼儿活动过程的密切关注和准确把握，通过启发性的问题（策略支持）、提供适宜的材料支持以及共同的尝试、反思（行动支持）等，与幼儿共同经历问题解决的过程，而不仅仅是轻描淡写地提建议。

3. 如何有效迁移经验，促进课程实施完善创新

所谓“他山之石，可以攻玉”，但在借鉴过程中要充分考虑人的因素、环境、资源等方面的差异，不能机械地挪用。在“红红火火中国龙”第二龙的制作过程中，教师引发幼儿的再思考，如分析第一条龙在制作和游戏过程中的问题，对材料使用方面的借鉴和创新，“第二条龙可不要用纸箱了和牛皮纸了”。对幼儿解决问题策略的持续关注，如“21 个子弹头”是如何解决制作龙身过程中油桶之间距离的问题，“怎么少了一块布”过程中幼儿对连接 7 个油桶需要几块布以及如何裁剪的问题，帮助幼儿在实际操作过程中理解并获得有益体验。在这一看似重复的过程中，教师没有简单“鼓励”幼儿迁移第一条龙的制作经验，更没有忽视幼儿过程中出现的问题，因此第二条龙的成功制作巩固、发展、提升了幼儿的经验水平。联想当前的课程实施，教师们在借鉴实施以往优秀主题的过程

中，是否真正关注到了幼儿兴趣、课程资源等方面的差异，进行适时适度的调整，是否持续解决幼儿活动过程中遇到的真实问题，实施有灵性的课程，而不是程序化的推进课程阶段的发展。我想王老师对“第二条龙”的关注与指导对其他教师来说是个很好的借鉴。

其实，上述问题也许教师的感受更深刻，我们期望这次的分享不仅仅是感动、震撼，更应是行动。

4. 从薄弱环节入手，开展有针对性的指导

有关角色、表演游戏的思考。走进大班活动室，幼儿围绕着“勇敢的消防队员”、“消防自救办法多”的核心选择喜欢的内容、方式开展活动。应该说教师对幼儿艺术再现兴趣、水平的关注与指导投入了较多精力，相比之下对角色、表演游戏的指导较为薄弱。仅从备课中就能看出教师的指导缺乏层次性、针对性和真实性，从主题的开始到结束看不到教师对真实问题的分析、解决过程，以及幼儿的发展。表演游戏教师总是纠结在能否用适宜的语气、表情再现是否符合角色特点以及合作协商分角色表演上；角色游戏中教师总是在安排幼儿的游戏内容，且对幼儿游戏问题的分析与解决缺乏持续性的关注，不能体现幼儿自主发展游戏情节的过程。在区域指导过程中教师的指导方式过于直接、评价后缺乏后续跟踪指导。因此，虽然是幼儿自由自主的游戏，但在教师的指导与观察记录中总是找不到令人兴奋的“情境”，一切都在教师的预设范围之内。教师缺乏发现问题、持续解决问题的意识和行为，不仅对幼儿会产生消极影响，而且也是当前课程实施缺乏灵性的原因之一，同样教师自身的专业成长也受到制约。为什么侯琛老师的“角色游戏指导”，王娟老师的“中国龙”以及房林老师的“种植”会给教师们留下深刻的印象，主要原因就是她们都能发现幼儿活动中的真实问题，并且以积极的态度支持、引导幼儿解决问题。

作为分园园长不能漠视这一问题的客观存在，应该把其中的利害关系与教师进行深入分析。同时以某一班级、某一教师为重点指导对象，持续帮助她获得成功的体验，并与其他教师分享。事实和榜样的力量最有说服力，苦口婆心地说教与埋怨既无效，又浪费时间。多关注过程，不仅要看教师做了什么，还要

重点关注教师是怎样思考的，以完善自己指导的实效性。

5. 关注年轻教师，培植新生力量

通过周五的党课培训活动，老党员、老教师的现身说法激起了年轻教师的工作干劲，从中我也发现这些新生力量是幼儿园可持续发展的宝贵资源。重视并重用她们，不仅可以充分发挥她们的潜能，而且也会对教师形成一定的“压力”或危机感。以往我们在组织教研活动或听专家讲座时给予班主任教师较多的机会，而配班教师则主要通过看录像的形式接受二次培训，从认识上她们会不自觉地以“配班身份”要求自己，降低对自己的要求或缺少一定的主动性，存在一定的依赖性。因此在刚当上班主任时会有“不适应”的反应。

上学期的配班教师“讲课程故事”活动虽然只开展了两三次，但对她们的影响却是较深刻的，这种小范围的教研活动，教师不仅能够畅所欲言，而且能够产生观点的碰撞与分享。对于好的故事还可推荐在园报或其他刊物上发表，能给教师专业成长注入一定的动力。因此本学期我还将持续不断地结合真实的案例、教师的观察记录开展配班教师讲课程故事的活动，并且结合备课以及他们的实际需要灵活开展教研活动，为他们的健康发展提供支持。

第六篇

分园园长孙琦的故事

孙琦小传

孙琦，中共党员，幼儿园高级教师，1994 毕业于青岛幼儿师范学校，同年成为青岛市实验幼儿园建园初期的一名教师，参加工作至今已有 20 个年头，现任青岛市实验幼儿园分园园长。

她满怀激情地投入到幼儿教育事业中，在实验幼儿园这片沃土上不断成长、自我完善，并在省、市、区级教育评比活动中多次取得好成绩：1998 年获得山东省幼儿园一日活动设计实施一等奖；1999 年被评为“青岛市教育能手”；2000 年，参加山东省优质课评选获二等奖；1999 年和 2002 两次被评为青岛市“青年岗位优秀专业人才”，并获得“青岛市教育局青年岗位能手”称号。1999 年成为幼儿园首批赴新加坡学习交流的教师。多篇文章在国家及省级刊物上发表、获奖。

自担任分园园长以来，她所在的园区多次接待来自国内外和不同省市的专家、幼教同仁的观摩、学习。曾先后为青岛市挂职园长学习提供教研活动，组织音乐示范课、为青岛市“优秀教研活动开放”提供观摩活动现场并在会上组织展示课程教研活动、为山东省“十佳”幼儿园园长管理论坛暨第二届园长大会、“山东省课程研讨会”提供活动观摩现场并作主题发言。

她在青岛市实验幼儿园爱的世界里无悔投入，将激情和青春全部奉献给可爱幼儿，实现着自己的人生价值。

让教师成为主动反思的先行者

本周小班级部邀请家长进入班级，同幼儿一起开展“我爱吃水果”的亲子活动。根据既定的管理计划，我全程跟踪了两个小班的活动组织，看到了两种截然不同的活动实况：

· 小一班的家长细心指导幼儿清洗水果、剥水果皮、将水果切割成条块。活动结束了，在每个小组的幼儿教师的鼓励和家长的带动下将制作水果的材料、餐具整理归类，桌面清理干净，随后大家一起欣赏每个组制作的“水果作品”，大家互相分享、交流活动中自己的发现和最真切的体验，幼儿始终积极参与。

· 小二班水果很热闹，但仔细观察却发现材料放置较混乱，幼儿松散，水果沙拉组的孩子手捧一个大盘子埋头吃着沙拉，有的孩子吃得剩下不少，而家长只是拿着纸巾逐个为孩子擦嘴巴；榨果汁组的幼儿乐此不疲地榨着果汁，但榨出的果汁无人问津，家长面无表情地在一旁看着，没有任何引导；水果拼盘小组剩下了大量的水果，果皮刀叉放置了一桌。小组活动结束后教师带领幼儿到户外散步，整理堆放的水果物品成了家长的任务。

就两个班级的活动现状我并没有在现场发表意见，而是将抓拍的和录制的两个班的一些活动现场照片、录像发送给教师们，请大家在回顾活动过程的基础上思考此次活动组织的得失。

教师们的表达特别真挚，坦诚地剖析问题，通过教育现场比对大家发现：小一班的活动组织有许多值得学习的方面，如活动后的集体分享评价、引导幼儿用自己的方式表达对参与活动家长的谢意、活动全程幼儿始终的自理习惯的培养……每个小组的家长对幼儿的指导是有目的的，同小班幼儿互动的语言是比较清楚的，孩子能够理解。小二班教师还反思：对活动蕴含的教育性欠缺深度挖掘和设计,“教育全程化”意识不足,仅仅将幼儿学习定位在“结果”的获得上,因此活动中忽视了幼儿活动习惯养成,对水果材料的合理利用和珍惜,另外,小二班的家长与幼儿的互动明显不足,替代行为多,引导性交流少,个别家长在活动中还接听电话……

我引导教师围绕出现的问题思考原因和解决策略,帮助教师们认识到:家长是课程的重要卷入者,家长的参与不仅仅是物质资源的提供,更是他们本身教育资源、教育水平的挖掘与调动。作为专业教育者,我们的作用不只是将活动计划向家长输入,而是要发挥专业性,引领家长明确、理解活动的价值,帮助其了解小班幼儿的学习特点和主要方式,必要的时候需要通过具体示范引导家长获得同幼儿互动的策略。在活动现场,教师的角色就是观察和支持者,发现亲子互动中问题与需要及时予以支持,教师只有引领家长教育水平的提升才能带动活动的有效性。

同小班级部教研后我始终在回想此次的管理策略是否适宜,混乱的家长活动组织不仅影响幼儿的发展,也造成家长资源的浪费,我是不是需要“说说”问题多的班级或教师。但是随后我否定了这种想法,“开放教育”一直倡导“管理是尊重,是支持,是挑战……”我在教育管理的实践中有着越来越深切的理解,管理的尊重、支持首先源于管理者对教师的理解。就像我们倡导教师接纳孩子的种种问题一样,教育过程中出现问题应视其为教师成长的必然。虽然活动的组织存在诸多不尽如人意之处,但却不能因此判定教师工作状态、质量不佳。小二班张老师正处于哺乳期,每天紧张奔波于家庭和单位之间,精力有限,势必对活动的前期筹备、研究带来影响,但教师对工作的热忱和投入我们都看在眼里,其实,此次家长活动教师用心良苦,前期家园沟通了多次,也做了很多筹备。

我想,管理者要能理解和善待教师出现的问题,在体谅他们的基础上,引领其学习有效反思,明晰提高活动有效性的途径,帮助教师成长远比责备更有意义,管理者的信任与鼓励是促教师专业发展的不竭动力,也是为教育增值的砝码!

在经历中成熟

青岛市优秀教研活动开放圆满结束了！针对迎接此次开放活动的历程，曙光园区的每名经历者（教师、管理者）都进行回顾，分享表达开放活动中最真实、深切的感受，在获得成功的同时查找问题。

交流分享中，教师们对主题材料投放有了进一步的理解：主题材料投放应根据主题特点不同，幼儿经验水平和活动需要做出调整，活动材料不是越多越好，而是要以适用为准。制作区、美工区、角色区的材料更要围绕幼儿的实际需要、活动发展定期检视、筛选、持续而有目的地投放，真正让材料激发幼儿富有鲜活的活动。教师对主题材料投放、利用的认识也提醒了我：课程的管理要细致、深入，落到细微之处，不能仅停留在表面，只有看得细才能抓得准。

大班的教师们谈到了在课程实施过程中，对教师“预操作”的新认识，聆听的过程激发了我对课程“预操作”管理指导有了深入思考：教师的有效指导除了建立在对幼儿的经验、水平了解的基础上，预先操作是不可缺失的。教师的“预操作”应由主题初始操作向过程性、及时性操作转变，由原本学科教师各自为政的操作向打破领域限制、融合式操作转型，在“预操作”中实现班级、级部共同体的研究。提升课程“预操作”的有效性是我今后要重视的方面，真正的参与其中，同教师们共同研讨“预操作”的有效策略，避免“预操作”的形式化、模式化，使其真正成为推动教师专业成长的有效途径。另外，我思考是否可以采用录像、级部间相互观摩评析的方式引导教师自我审视水平，增强对年轻教师和专业水平较薄弱的教师指导。

倾听中，大班李老师的表达带给我很大的触动，让我意识到自己管理中的“短板”。李老师说：自己现在已经能够用积极的心态接受领导的批评，把批评当做是今后努力的方向……回想在这两周多的时间里，和教师在高密度的互动中不断碰撞观点，解决问题，面对层出不穷的问题，有时情绪难免急躁，不自觉中对教师责备得多了，赞赏得少了。

我想，李老师的表达可能代表着大家的心声，虽说实验幼儿园的研究精神是坦诚务实，积极面对问题，但是不管是谁面对责备的时候心底还是无法坦然。教师和孩子一样，有着同样的需求，他们更需要被肯定，需要管理者发自内心的欣赏，当教师们获得足够的欣赏，从中获得自信与成功体验后，才能更真诚地欣赏儿童。指责，只会倍感挫败，而赞赏则可以激发智慧，我默默下定决心，改变不佳的沟通方式：讲话语调轻柔些，微笑多一些，倾听耐心些，观察细致些……发掘教师的细微进步，做好教师情感的管理。

开放活动后的回顾反思触动我重新审视“开放教育”的教育实践到底要追求什么，管理、关注什么最有价值？怎样的管理策略最适宜？管理的初衷是实现自主管理，自我发展，天天如一日，负责任地做好应做的事情，这需要大家在尊重中彼此理解，坦诚交流，在支持中共同进步，在自我修正的过程中愈加成熟。

优质集体活动的研究体悟

本周可以说是集体活动设计、观摩、研讨周，宋老师、杨老师等 4 人将参加青岛市优质集体教育活动评选，本周是他们说课、上课的练兵时段。宁园长组织领导班子成员全程参与 4 人活动设计、说课、上课、点评，对每个活动的教材分析提出了许多有价值的建议。对我们每个分园园长而言，在个人专业成长和教育管理方面都获得了宝贵经验，收益良多。同时更深切地感受到实验幼儿园团队的无私互助和集体智慧的无限，对集体活动的价值有了深刻的体悟。

集体活动虽然只是幼儿在园时间的一小部分，但却是教师和幼儿高密度互动、展示自己教学机智和水平、让幼儿感受教师特点的“特殊时刻”。有价值的集体活动对幼儿发展确实能起到积极的促进作用，对教、学、看的三方来说都是一种享受，课堂上师幼之间交流、互动、思维碰撞的火花会不断激发教师的智慧和幼儿学习的主动性，也在潜移默化中形成幼儿对教育者的情感、体验。然而，现实的集体活动有效性仍是教师需要不断练就的基本功，无效或低效的集体教学浪费幼儿珍贵的时间，更可怕的是影响到幼儿对学习活动的兴趣、探究意识、习惯的形成。

在本周几次集体活动观摩、评析研讨中，我不断琢磨“优质集体活动”的特点，感受到优质的集体活动是有效预设与灵活实践的“结合体”，有效预设是教师对教材细致、深入的分析和运用，是对教学目标的准确把握，也是教师站在“让幼儿主动学习”的角度思考教法，促使教学循序渐进展开的思考。有智慧的教师要学会创造性使用教材，细致分析教材，王博士参与语言活动评析时说过“好的教师用适宜的教材教，而不是用教教材”。从杨老师的看图讲述《蚂蚁飞上天》、宋老师的歌曲《小鼓手》以及杨媛的音乐游戏《小老鼠和大花猫》的教材分析与教法设计上中都能领会到：“开放教育”是站在“有益于幼儿学习”的立场上对教材进行细致分析和创造性的改编，一切以幼儿的学习需要为基准。我想，无论自己是作为一名教育者还是一名管理者，真的需要学习的很多，要扎根教育实践，不仅要想得细，还要想得深，并且要自己动手练兵。

灵活实践，我理解是教育者教学风格的展现，是“紧扣主题”的问题设计，也是教育者将幼儿始终放在心里，欣赏回应的体现。杨老师在语言活动中表现出的师幼之间自然的，如沐春风般的互动，对幼儿的接纳和赞赏，有效的回应令我们印象深刻，也感受到她独特的教学风格正在逐渐形成。

此次优质集体活动研讨的收获让我对集体教育活动的设计、组织有了更为清晰的了解，在此基础上我组织园区教师进行“一人一课”的集体活动教与学的实践观摩活动。共有 13 名教师参加说课，说课内容选择是现行主题的集体活动，按照教师所报领域，分成了科学组、语音组、音乐组。

活动后以领域为单位开展评析交流，我组织大家自评集体活动组织过程中的问题：① 活动中“演”“背”活动的现象较突出，教师捕捉不到甚至忽视幼儿在活动中的反应,对幼儿的回应低效。教师对幼儿的回应集中表现为3种方式:"重复式回应"(教师重复幼儿的话,提炼不出幼儿表达的核心)、"问题式回应"(生硬机械地解决问题,幼儿缺乏主动性)、"模糊式回应"(对幼儿回答就事论事不能进行有效拓展),年轻教师尤为明显,不能将活动落脚在幼儿的能力发展上,造成部分幼儿在活动中感到紧张和挫败;② 在科学活动中存在"假探究"现象(探究目的不明确,停留在表面摆弄以及探究方式不拓展等),反映出日常科学探究活动组织中问题。

研讨中大家表达:当孩子的回答和教师预想的不一样,就不知道该怎么办了,不会提出问题引导。为了达成教学目标而只着眼在出现的问题上,忽视了幼儿的点滴变化和进步。我将参与"优质集体活动"的收获和大家一起分享:集体活动中教师的灵活回应是建立在教育者对幼儿尊重与欣赏的基础之上的,尊重幼儿的想法,尊重幼儿的表达,如果教育者的"本心"缺乏对幼儿欣赏与尊重,即便是再有经验也看不到幼儿的"好",何来灵活的回应。另外,教师对活动目标、环节设计、问题提出清晰而深入的理解,也是重要的基础,心中有孩子,心中有目标,才能发挥集体活动的价值!

优秀的教育活动的设计与组织,是教师综合素质的体现,也是在日常教育实践中的积淀。后期我们还将继续对集体活动的实践研究,通过案例分析、集体备课的方式,逐步提升集体活动的质量。

为幼儿自由画作奠基

领导班子会上宁园长提出各分园园长要关注课程中美术活动的有效组织。近期发现教师组织的美术活动制约了幼儿的自由表达,表现模式化,幼儿富有灵性的、个性化表现不足,缺乏对幼儿经验、兴趣的关注和有意义的引发、美术同其他领域活动尤其是科学活动之间,无法达成内在经验的有效链接,教师出现替代行为。根据焦点问题我们各自审视园区活动现状予以改进。

本周中班“美丽的伞”主题进入“未来的伞”核心，我录下了教师组织的这一美术活动，组织各级部美术教师共同分析。大家的明显感受是：仅仅通过一个问题“你想设计怎样的未来的伞？”便让幼儿开展想象和艺术表现，显得太无力，幼儿绘画时茫然、空洞，丝毫没有发现大胆创造的火花。幼儿的绘画似乎变成了无根的浮萍，随意而缺少根基。那么幼儿绘画的“根基”是什么呢？我抓住教师的问题进行深入思考。“应该是幼儿的已有经验吧。”“那么未来的伞中孩子需要有什么经验？”我继续发问，“嗯，是不是在生活中用伞经验和体验，比如分析伞在生活中的优势，为人们带来的便捷”。我想，教师们开始明白了任何事物的表现都需要幼儿的已有经验和对事物的深入了解作为先决条件，我们的艺术表现应成为孩子观察生活、发现事物变化、引发新奇感的重要“窗口”，而非技能训练的手段或是机械的履行课程，想象创作离不开生活的土壤，尊重幼儿的生活，他们才能画出富有创意的“新生活”。

连续两次跟踪小班“赶海真有趣”主题的美术活动，可喜地看到教师尊重并鼓励幼儿表现自己喜欢的、看到的海边活动……但是绘画过程中教师苦于无法解决幼儿模仿性过强，绘画统一化问题，有的幼儿具有超强模仿力，将教师的示范图画完整再现了出来。班级一半的幼儿绘画内容、结构、人物动态等同示范画，缺少个性。结合幼儿作品、教师范画，我和小班美术教师究其原因，分析发现活动中教师单一的范画影响了小班幼儿的自主表现，仅靠一种示范便期望小班幼儿迁移经验是不实际的，绘画示范要依据活动重难点确定，范式更需讲求适宜性和时机。此次活动人物的动态和活动情境是表现的难点，教师可以提供几种简单人物动态的绘画步骤图，引发幼儿联系情境活动，幼儿在自主表现中可以自主、灵活地选择动态，丰富情境。另外，教师还可以引导幼儿观察、获取典型信息图片中的内容，这也是教师的一种指导。

在观察分析幼儿现场绘画时我发现，小班幼儿在艺术表现方式、表现水平方面差异较大，有的幼儿想法很好但表现水平低；有的幼儿有能力但专注性差；有的幼儿绘画时缺乏自信，绘画目的模糊，因而左顾右盼拖延时间，缺乏兴趣……教师虽然在巡回指导,但明显缺乏目的性,随机性强,并习惯性地拿着孩子的手在画纸上画上几笔。活动后我追问教师的指导重点是什么?重点关注的幼儿有哪几个,为什么?教师半天也说不明白,于是我和教师互动想法并提出要求:教师巡回指导不是个形式,这一环节的慎重、充分把握,是教师支持幼儿个性化表现的重要一环!对于班级幼儿的绘画水平、习惯、兴趣,教师要做到心中有数,并进行适宜的分组指导。师幼互动的频率和目的性更要了然于心,哪些孩子需要持续关注和鼓励?哪些孩子可以间歇式指导?指导初期教师首要关注什么?……教师指导必须因人而异,有效分配指导力量,这样幼儿才能真正获益!

绘画被视为孩子表达内心世界、想法的"语言",美术活动的示范与指导必须要因人而异,不固化,不模式化,只有这样才能发挥其效用,以幼儿发展需要为基点指导才是最有价值和富有实效的。我会持续关注和研究美术活动有效的教与学,同教师们一起探讨有效策略,让我们的孩子借助画笔,传递出自己的真切体验,画出自我,突显个性和创意,真正推动幼儿绘画水平的提高。

跟进问题,强化管理

6月5号迎接了"十佳幼儿园"全省开放,130余位幼教同仁来园参观。来来往往参观者谈论的都是对幼儿园管理、教师活动、幼儿活动状态的充分肯定,欣喜之余我却丝毫不敢松懈,借助开放东风接续跟进"顽固问题"的解决落实。

1. 继续净化、精化信息

开放后,我请班主任带领班级成员继续逐区检视信息提供类型、内容,并以中班为现场分析信息繁多的缘由。大家发现:伴随主题新分支活动开始,新信息虽有增加,而过时的、幼儿不再关注的信息还依然呈现,信息呈递增趋势,而没有对无效信息作精简,因此信息饱和;另外,信息投放过程存在盲目性,信息不典型,同一个活动区雷同信息过多;再有,教师还将固有的图书彩喷成了图片,而忽略不用已有的图书资源,造成隐性浪费。针对现状我带领教师重温“开放教育”信息收集、投放及利用倡导的理念,每个活动区检查信息的有效和典型性,努力做到让信息贴近幼儿生活经验,根据主题动态发展有目的的投放,使信息真正成为幼儿活动需要的有力支持!

2. 细抓幼儿习惯养成

开放活动中我和李园长发现:个别班级幼儿的活动、生活习惯出现下降。如区域活动整理环节幼儿有些松散,倾听下降,个别吃手现象频繁出现;教师存在替代幼儿整理现象,个别班级幼儿自理能力,自理意识薄弱。我第一时间将典型问题反馈给教师,并与保健大夫加强了对班级一日各过度环节的跟踪,抽查区域活动整理、餐前活动组织、户外活动前盥洗整理等多方面情况,就幼儿座椅安排、活动音乐的适宜性、教师定岗配合等幼儿倾听习惯养成方面的问题提出改进建议,班级状况有所改变,但仍需常抓不懈,我会始终关注。

3. 加强对弱班的指导

园区 6 个班活动区质量参差不齐,相比之下大班、小班、中二班活动状态较好,中一班偏弱。我从周三开始加强对中班区域活动的关注与指导,周四早进入中一班,观察其区域活动开展始末,发现影响中一班幼儿活动水平的主要因素有以下几点。

(1) 幼儿活动欠缺目的性,自主活动的意识和能力弱。吃完早餐的幼儿很少直接进入活动区活动,而是在活动区周围游荡,或串游,躲到帘子里的,趴在暖气片上的,拨弄教室门锁的,晚班教师对此不能进行有效引导;活动中我与泥工、拼摆区幼儿交流,了解幼儿所参加的活动内容,可是幼儿目的性不强,活动目标模糊(泥工区幼儿说想表现“伞的本领”,可是我追问“你想表现伞的什么本领呢?”幼儿便无言以对,这不是个别现象)。在观察透水实验幼儿活动时看到,初期进入的孩子只满足于拿着吸管吸水玩,需要成人逐一引导才能开展实验。

(2) 教师对幼儿活动状况缺乏有效关注。两名教师对幼儿的活动状况做不到心中有数,如活动区的幼儿在发愣、活动内容简单低水平、信息区无目的的摆弄等等状况，这些似乎都没有引起教师的注意。

结合班级活动现状，我同中一班教师进行了详细的交流，进一步明确早晚班教师区域活动有效配合的方法，并建议教师通过预操作、小组活动带动幼儿对艺术表现活动的兴趣，丰富幼儿开展科学实验的动手经验。教师要了解幼儿的活动意愿，观察幼儿的活动状况，捕捉幼儿的活动需要，支持幼儿活动推进，只有这样才能实施有效的互动，我将继续跟进中一班的改变，以期推动班级活动质量的提升！

追求自我突破的课程

本周李园长和我一起跟踪大班“灯”主题初始第三天的活动，我将上周同大班教师讨论的主题思路同李园长进行了交流，希望得到老园长的指点。李园长听后并没有马上表达想法，只是提出 2 个问题让我思考：主题“灯”的实施思路和主题“美丽的瓶子”有何差异？科学探究不可少，但怎样能从表面灯的功能探究深入实质，真正让孩子产生探究的兴趣呢？我认真思考着这 2 个问题，发现“灯”主题的实施思路确实和已经结束的“瓶子”主题有类同之处，上周四和大班教师分析研讨主题时，大家一致认为“灯”主题中要及时捕捉幼儿对灯的问题，为幼儿提供充分的科学实验操作活动，但深入开展科学探究应从哪里切入呢？我百思不得其解。

李园长表达了对此主题的思考：幼儿科学探究不能仅停留在对各种灯的种类、功能、外形特征的外在观察，需引领幼儿转向对科学现象的关注。如，灯为什么会亮？电从哪里来？……李园长的指导令我恍然大悟。我及时将李园长对主题的内涵解读传递给大班教师，共同丰富了“电从哪里来”的核心活动，聆听幼儿对于灯的发亮、电的来源等问题的反馈，从中分析幼儿的已有经验。周四、周五我连续跟进大班主题的活动感觉到，教师们对新内容的主旨理解很快，并能根据幼儿关注的焦点问题提供实验材料、科学图书等支持,但也看到部分活动浮于表面:一是角色区活动僵化无趣,幼儿不感兴趣。“灯”主题中教师创设了娃娃家和灯具商店两个角色区,由于区域创设和活动内容教师掌控、外部干预过多,造成幼儿对活动不感兴趣,因为活动不是来源于孩子。商店里虽然呈现了琳琅满目的各种灯具,但只是简单买卖的“货品”,娃娃家因不适宜的过多购买和买了不能使用,丰富的灯资源成了摆设。二是跟踪科学区活动发现幼儿对电的不同来源非常感兴趣,喜欢提问题,但教师直接予以否定,说是感觉幼儿提的问题价值不大,教师对如何支持幼儿探究光、电这类感兴趣的事情感觉模糊。我和教师们共同研讨了问题的解决策略。

第一,角色区活动停滞状态教师不要介入,听听孩子的想法,相信他们有方法。(事实证明孩子想法比成人更有创意)

第二,推进幼儿深入探究。以幼儿为主体收集发电科学小实验的材料,并鼓励幼儿提出操作中的问题和发现;提供可供拆卸的旧灯、电筒材料,鼓励幼儿细致发现灯的内部结构,对简单的发光原理有兴趣。

第三,搭建活动需围绕灯在生活中的应用和电的旅程,确立搭建主题,充分反映电、灯与生活的密切关系,班级要突显各自特点。

第四,要充分利用收集的灯信息,带动幼儿观察、欣赏、表现自己喜欢的、有特点的、特殊的灯给人们生活带去的便利,教师依据幼儿自主需要,提供其艺术表现必要的技法。我提示大家一定要小心保护幼儿提问的积极性,鼓励、欣赏幼儿提出的问题,勿因主观臆断轻易否定而打击幼儿好问的热情,在宽松的氛围中幼儿好问的意识和提问水平会逐渐提高。

“灯”主题的研讨、实施过程使我认识到,要想创造性地实施课程,我们先要突破自我禁锢!宁园长说过“园长永远是课程的第一领头人”,我们思考得深、把握得准,才能引领教师推动课程向纵深发展。

把握主题精髓，让课程适切幼儿需要

本周特别关注小班、中班的“冬天”主题实施与推进。小班第二周“暖暖的冬天”分支中进一步增进幼儿对自身变化的观察和表现，充分欣赏、再现有典型性的服饰、取暖用品，并通过科学活动“取暖方法多”，引导幼儿正确使用、穿戴取暖用品及服饰。在跟踪科学活动“取暖方法多”活动中发现教师充分利用幼儿收集的取暖用品资源，在感受中同幼儿互动这些用品的使用，现场个别幼儿的尝试调动起全体幼儿想要参与的兴趣，可惜却无法满足。活动后我和教师一起讨论：幼儿围坐几排，观察表达不是科学活动唯一的组织方式，小班科学活动更需要游戏化、活动化，我和教师一起设计“走走走，变变暖”游戏，对教师启发很大。希望小班的科学活动真正能让幼儿在体验中得到学习的满足。

中班从上周五初步创设新主题环境，从动物主题自然进入“小动物过冬”分支，由此拓展到对冬季显著特征——北风的感知。通过查看中班“有准备环境”的创设，我感受到教师们并没有做好充分准备。初期活动区中出现一些“黑镜头”，如信息提供混杂，层次不清楚，角色区材料提供单一、简陋，对幼儿新鲜活动的产生缺乏启示；制作区材料堆积，挤占了孩子活动空间；益智区虽有数学游戏情景材料但是幼儿缺乏兴趣，材料使用习惯待提高；信息区活动对中班幼儿缺少挑战性……通过观察中班角色区活动可以发现：幼儿角色意识需要提高，虽然头饰表明爸爸妈妈等不同角色，但是幼儿之间缺少互动，即便是中班幼儿在活动中也缺少自然的语言与行为互动，他们各自活动，为活动而活动。小班娃娃家幼儿频繁到商店购买冬季物品，买回家后却又扔在一边不加利用。查阅教师关于娃娃家、商店角色区备课中也看到，核心经验仅着眼于接连不断的活动，而缺乏对幼儿交往、习惯、情感品质的关注。教师担心幼儿在角色活动中空闲无事，采取外部建议的方式，期望通过不断的活动填充幼儿的游戏；由于幼儿生活经验缺乏，不能持续推进其角色活动。

针对课程中的“黑镜头”，我和教师研究解决策略，针对角色活动现状，我提醒教师要特别关注幼儿的经验基础，当活动停止不动时，首先要考虑幼儿生活经验情况。再有，还要特别重视幼儿在角色活动情感的渗透和体验。角色游戏是幼儿实际生活的再现，不能忽视生活中人们情感的蕴含与表达。如，小医院的大夫给娃娃家孩子治病，体现的应是一种关爱之情而非满足于打针的嬉闹过程；娃娃家成员的活动反映的应是家人间的关心，教师需要搭建桥梁增进幼儿之间积极的情感关注、交流，对角色区的评价需要以情感为先再落实到具体活动表现。中班的信息区需要转型为“小邮局”，以重新建立对幼儿的吸引，教师们在实践中需要注意：① 要了解幼儿关于小邮局的已有经验是什么？有目的地丰富幼儿关于邮局工作、服装、用品方面等经验；② 引领幼儿通过小组活动、活动区共同参与小邮局的筹备；③ 小邮局的活动由故事《梧桐树寄信》引发，不宜拓展过快、过散，针对中班幼儿的能力可采取小核心的方式逐渐延伸下去。如，初期由给过冬的小动物写信，引发为伙伴写信，再拓展到给幼儿园内的工作人员、家人等写信，信的内容可由慰问到节日祝愿等。

我们的课程只有聚焦于幼儿的生活经验和活动需要，才会切合幼儿的发展，富有灵性。

今观“主题预操作”

本周，我通过现场参与和观看录像的方式，对小班、中班“冬天”主题、大班“瓶子”主题的级部预操作活动做了全面了解，教师认真对待，用心准备，为保证级部人人参与，小班和中班的预操作是利用晚间孩子离园后开展的，我的心中充满感动，为幼儿拥有如此投入、负责的教师感到幸福！我请小、中、大级部的教研组长分别观看了其他级部开展的“预操作”录像，并比对各自级部“预操作”,吸取他人之长思考自己待完善的方面。

互动讨论中大家认为年轻教师对预操作内容的解说要点把握得较准确,表达清晰,更富逻辑性。尤其是要多学习小班级部教师们之间相互提问、质疑式的互动。级部成员依据研究的内容在演示中相互研讨,并现场实践验证预操作的可行性、合理性和有效性。当然这需要教研组长在过程中适时提出问题引发级部成员的深入讨论,避免“各自为政”的介绍,在思维碰撞过中大家会深度思考,从多角度分析,教师的研究水平会得到相应发展。

中班级部开展的益智区数学游戏的预操作引发了大家更大的兴趣。中班林老师、齐老师利用数牌、套碗等常规材料设计了 6 种数学游戏,预操作过程中感觉趣味性和互动性都不错,对激发幼儿参与数学活动的兴趣会有积极作用,我和大家讨论“预操作做什么更有价值?”教师们开始认识到:我们在预操作研究初期经常以拼插、拼摆、搭建、美术为预操作切入点,伴随研究的深入,又拓展到图书、表演、搭建方面的预操作,大家对这些内容的研究越发深入,教师们愈加娴熟,积累了相当的经验,很多方面已经可以不通过预操作来实现。因此,现在的预操作不能是以往操作的重复和翻版,而更需要寻找新的突破口,让预操作能全方位地推动教育质量。中班数学游戏的预操作带给了大家启发,将薄弱领域纳入预操作中更有价值,如科学实验、数学游戏、废旧材料利用制作等,通过预操作增强教师自身科学实验、操作方面的素养,拓展益智区活动内容,更好地为教师把握幼儿学习需要提供帮助。

讨论中我建议大家要始终树立教育全程意识,将以往总结性的预操作转为过程性预操作,充分结合主题进程,针对课程实施中出现的问题随时开展,将预操作作为班级、班际互助教研的有效策略。我鼓励大家尝试“跨领域”预操作,尤其是 3 个教师合作的班级,教师要敢于跨出自己擅长的领域,向薄弱、不熟悉的领域“进军”,透过预操作全面提升自身的教育水平。另外,预操作不仅是教师研究教材、研究儿童、研究教学方法的重要过程,也是教师了解主题发展历程的“窗口”,以主题为依托的预操作不应该局限于“作品式”的解说,可以与主题的每个核心密切联系、统整解读。如在冬天主题中,教师如果能将 4 个主题分支的拼插内容的联系、拼插经验的逐渐发展进行预操作，会更有助于教育者整体把握主题活动的推进思路，因此预操作的过程其实也是教师深刻解读课程的有效渠道。我会继续关注预操作有效性的研究，促使教师在持续关注幼儿需要的同时，专业知识获得有益增长！

为孩子的健康负责

近两周我们开展了日常体育活动现场组织，我随机抽取小、中、大级部日常主题实施中的4个体育游戏，由班级教师分别组织，整体查看幼儿动作发展，运动能力发展，级部担任体育教学的教师现场观察活动组织与幼儿动作发展。活动后，我带领体育教师结合自己组织的活动以及观摩班级成员、级部伙伴活动组织中的得与失，进行回顾评析。

交流中大家普遍感觉体育活动整合意识越来越强，能较适宜地结合数学内容。如小班体育活动中渗透了点数、颜色分类内容，大班跨跳活动中量的递增递减等；活动准备较充分，对运动场地开始有了规划意识，目标性增强；活动组织符合班级幼儿的特点，教师的投入充分调动了整体幼儿的游戏兴趣，尤其是小班教师组织情趣性强，活动要求游戏化，整个过程幼儿倾听专注，参与积极。交流中我在充分肯定教师组织中亮点之处的基础上，重点肯定了年轻教师评价方面的进步。年轻教师评价意识显著增强，能及时抓住、抓准活动中幼儿的典型问题，尤其是大班徐老师，小班曹老师、赵老师和中班林老师评价的针对性较强，评价角度也由原本的"问题式"转向"鼓励、建议式"，这充分反映了教师"心中有目标，眼中有孩子"的内涵转变。

结合具体活动情境，我引导教师从幼儿运动能力、习惯养成、运动情境的有益设置等方面进行细致分析，体育活动组织中确实存在共性问题。

问题1：幼儿运动能力差异大，动作发展不均衡。6个班幼儿的运动能力表现为同伴不同组的幼儿，同级部不同班的幼儿动作发展不均，有些方面存在较大差异。如小班幼儿奔跑、曲线行进走跑发展好，而钻过限高障碍却普遍不到位，动作不熟练；中班幼儿手膝着地、纵跳触物动作发展差异大，中二班发展明显好于中一班；大班幼儿两手侧平举持物的坚持性与纸棒滚瓶动作的协调性明显偏弱。另外，整体幼儿自由奔跑动作的发展表现出明显差异：奔跑动作千姿百态，协调性和稳定性不足、跑不快，每个班都存在部分奔跑上下肢不协调的幼儿。

问题 2：幼儿活动习惯、规则意识、社会性需要强化形成。活动中发现幼儿对同伴的关注度较之以往有降低，活动中自行其是，对团队的同伴并不关注，自由松散，集体荣誉感薄弱，不接受失败，规则意识整体下降。观察年轻教师组织体育活动，发现纪律、常规维持成为很多年轻教师的"瓶颈"。

问题 3：活动障碍创设不合理，活动缺乏挑战性，幼儿体能发展不充分。游戏中的活动情景、障碍设置、材料使用不适宜，为了追求每次游戏的变化，盲目增加器械，有的器械使用存在安全隐患，有的反而影响了幼儿运动。如小班"小蜜蜂采花蜜"，使用橡皮筋作为障碍，皮筋被风吹上下忽悠，高度不稳，部分幼儿根本无须弯腰就能通过；中班"勇敢的小山羊"，使用平衡木板作为跨跳间隔，存在幼儿踩踏滑倒的安全隐患；大班"跨跳彩瓶"，瓶高偏低，造成幼儿跨跳动作变形，不伸展，有的幼儿蹦跳过了瓶子。

我和教师共同分析问题出现的原因，教师们愈加深刻的理解到，首先，幼儿体质的增强是一个循序渐进的过程，这一过程的实现需要建立在教育者对本年龄阶段幼儿动作发展目标、本班幼儿运动能力的发展现状、班级个体幼儿的发展水平 3 方面的清晰了解，通过日常一个个体育活动的有效组织才能得以发展。从活动组织现场反映出教师对幼儿运动能力发展现状了解不足，因此出现了低效、不适宜的运动情境，为了情境而情境，造成了活动缺少挑战性，强度不足，长此以往势必阻碍幼儿身体素质的提高。

其次，教师深入、透彻地分析教材，是提升运动有效性的关键。每个游戏的核心动作都有其动作要领，教师清晰、正确分析游戏的动作要点是促进幼儿学习的重要前提。我在批阅教师户外体育游戏备课时都会发现教师确定的体育活动目标模糊、不具体。如小班钻过障碍，教师不清晰是正面钻还是侧身钻；向前滚球是双手还是单手，是按压式还是后侧拨球式？中班、大班的跨跳宽度、高度基本距离应是多少？纸棒推瓶的动作要点是什么？打怪兽投掷是投准还是投远，投准的基本距离是多少？由于教师自身对活动教材缺乏全面、深入、细致的分析，导致了幼儿学习过程中动作变形，不规范。由此可见，教师只有对核心动作准确分析，才能将动作发展与幼儿学习有机结合，在增强幼儿体质的基础上发掘幼儿运动潜能，真正促进幼儿健康机能获得充分发展。高质量的幼儿教育首先要保障幼儿身体素质塑造，健康是幼儿和谐发展之根本，教学后期及针对体育活动设计与有效组织的持续教研活动，希望教师解决实际问题，让“幼儿发展为本”的教育理念在体育活动中深化践行。

在挂职园长教研中的学习

本周三到周五，我们迎接了潍坊、青岛市挂职园长及海洋示范幼儿园共 43 位园长来园，全天跟踪参与教研活动。周三上午，挂职园长们观摩了大班徐老师组织的绘本阅读《船夫大叔》；下午参与聆听了教师“读书沙龙”互动分享；周四上午观摩评析了曲佳老师组织的音乐游戏《司马光砸缸》。

小、中、大班的 6 名教师根据自己的需要选择了阅读书目，因为时间关系，仅仅聆听了大班张老师关于苏霍姆林斯基的《育人三部曲》、大班侯老师关于《教学机智》、小班秦关于《给幼儿教师的一把钥匙》的阅读感悟。教师们侃侃而谈，结合教育实践表达自身读书过程中对教育思想的深刻理解。教师们的分享就像是我们在亲身阅读，更让我感受到教师对孩子们浓浓的爱。教师的“读书沙龙”分享引发了教师和挂职园长们的热烈回应，大家深深地体会到：让幼儿享受到优质教育对每一个家庭来说是幸福的事，对幼教工作者来说是自身的不懈追求和自我突破。我为幼儿园拥有如此好学、勤于思考的教师而感到幸福，更为幼儿拥有如此真心关注他们成长的教师而感到幸福。我想，优质的教育是用爱承载的摇篮，需要有智慧的教育者去了解孩子的发展特点、思维特质，理解孩子的情绪表现、成长进程。正如陶行知倡导的“千教万教教人求真，千学万学学做真人”，当我们把视角聚焦在孩子的真实需要时，才是“开放教育”追求的“本真”教育。无论是管理者还是教育者，都要消除心底的浮躁，目光追随幼儿，从他们的立场思考并提供支持，坚持真实、务实，这样的教育才会更富有生命力。

此次挂职园长教研的集体活动由徐双和曲佳两位年轻教师组织，之所以让年轻教师承担，可以说是“开放教育”“以人为本”务实研究精神的体现，借助一切机会为年轻教师提供发展平台。活动组织给大家留下了较深刻的印象，2 个年轻教师自然的互动，层次清晰的问题提出，较机智的回应都给挂职园长留下了深刻印象，2 个教师为在幼儿园对外研讨活动中成功展示而非常兴奋，我为她们感到开心的同时，更多的是在回味听试讲时同李园长一起对她们的指导，李园长对年轻教师指导策略特别值得我琢磨：对教师活动过程细微进步李园长都看在眼里，对活动中屡次出现的问题一针见血地指出其实质所在，在情感上理解教师但是对教师解决问题的态度和策略的不适宜却语重心长地指正，深入人心。有时候当我们面对不理想的组织状况时，我心里感到特别着急，而李园长却尽力保持平稳的情绪与态度。活动后李园长说：即便很生气，管理者也不能让自己的情绪影响到教师组织教学，情绪是很微妙的，一点消极的变化都会传递给教师和孩子。李园长的一席话让我更深刻地理解到：管理者面对问题是需要有相当的定力和涵养，心态平稳才能保证决策指导的准确；管理者需要“甘为孺子牛”的精神，更要具备助推教师成长的水平，因为有效的指导才是滋养教师成长的“泥”。甘做、会做促教师成长的“泥”，我们的教师才能开出灿烂的花，结出丰硕的果，品尝到甘美的甜，此次挂职园长教研我同教师们一样，在研究、实践中不断提升、丰富着自己。

有效教与学的研究

本周在前期青岛市优质集体活动研讨的基础上，我带领园区教师进行“一人一课”的集体活动教与学的实践观摩活动。曙光共有13名教师参加说课，说课内容选择的是现行主题的集体活动，按照教师所报领域，分成了科学组、语音组、音乐组。

1. 以集体活动的真实问题为出发点选择内容

本次说课活动前我和大家进一步沟通了此次活动的主旨，即以提升日常集体活动质量为原则，鼓励教师向自己的薄弱方面挑战，尝试探索有效的组织策略。教师们从自身的实践需要选择了说课内容，从教师们所报的内容能够看到，大家是根据发展需要以及组织集体活动中的问题，有目的地选择说课内容。如小班郭老师、刘老师选择了实践小班图书阅读的有效策略，以增强主题图书引发的有效性；大班教师选择了科学信息交流及数学内容的组织，大班配班教师于教师还针对自己数学活动设计组织方面的薄弱，积极尝试；小班的年轻教师采取“同课共研”的方式，选择同一内容在商量中又有自己的想法和组织策略。

2. 对“人人说课”教研方式的思考

针对此次说课教研，李园长曾提出一种教研思路，即围绕一个说课内容，大家共同分析和讨论。我认真思考了这种方式，感觉这种方式的教研的最大优势在于可以围绕核心内容充分展开讨论，抓住共性问题予以解决，节省时间、精力，并能有效拓展研究的深度。但是我权衡良久也意识到，这种方式对组织者的调控和研究水平要求很高，对活动现场的掌控我还是存在顾虑，更重要的是担心此次活动演变成“萝卜会”式的教研活动。此外，我还有一个考虑，每名教师的专业水平不同，人人说课可能比较占用时间，但是可以进行小团体的互动，并且能根据教师的实际水平提供支持，提出要求，我也能更清楚地了解曙光园区教师说课、设计活动的实际水平，符合我们彼此的需要。我斟酌良久，最终决定采用“人人说课”的方式。

3. 充分的准备，提升说课有效性

为了能提高说课教研的有效性，我提前做好充分准备，认真观看罗园长优质课说课录像，并细致阅读了解了市北区说课示范标准，学习他人说课中的要点，增进自身说课经验；另外，我认真提前阅读了每名教师的说课方案，从教材分析、目标制定、过程设计等主要方面做到心中有数，提出修改建议，思考解决策略，对教师说课方案中的优点和问题了然于胸，以确保与教师们互动研究的时候深入有效！我将每名教师说课过程进行录像，促使教师自我评析。

我们依据教师们申报领域分成3个说课小组，每人10分钟说课，说课后小组成员结合自己的说课方案进行评析，发现优点和问题，我鼓励教师提出自己的疑惑，并有针对地予以解答，大家积极主动参与，对问题分析和解决是认可的。

4. 说课后思考

活动后我理顺了园区教师说课过程中的主要问题，并纳入日常教研：① 教材分析是难中之难，重中之重。教材分析的透彻、适宜与否直接决定着活动目标的确立和过程设计。说课中发现教材分析层次不清晰，语言表述不到位是共性问题，即便是老教师在教材分析方面也存在很多问题；科学活动的教材分析难度相对更大一些，因为相对音乐和语言内容，科学活动可以借鉴和学习的范本较少，平时研究分析得较少，因此在教材分析过程中有种举步维艰的感觉，于是大家在互动中尽可能清晰思路和层次。宁园长说过：教材分析是全园教师共同难题和瓶颈，是我们后期仍需要练兵的项目。我想，教材分析可以成为后期常规化的教研活动。② 目标与过程脱节。集体活动教学目标需要分解于活动过程的每个环节中。阅读说课方案中发现，年轻教师的目标意识相对薄弱，目标与教育过程设计不能很好结合，出现教学活动无目标现象。查阅教师备课中我也发现了这种状况，虽同教师交流过，也有所改进，但是时常反复，教师目标与过程的有机整合能力应重在日常培养！

“开放教育”一直在倡导教育者要研究教与学的关系，在有限的时间内做到有效教学，这需要我们在持续反思中不断尝试实践。此次活动虽然每个参与说课的教师都经过学习、思考和准备，但是还是存在较大差异，部分教师说课的思路和环节设计缺乏逻辑性和层次性，如小一班隋老师、小二班刘老师、中班秦老师、大班于老师。我想，仅凭一次说课无法帮助教师解决集体教育中遇到的问题，管理者要给予年轻教师、薄弱教师更多的专业支持，加大同他们日常互动研究，帮助他们获得成功体验。

在失败中反思，在研究中发展

11 月 17 日，为时一个半小时的中国学前教育委员会年会现场观摩活动结束了，我们顺利完成了此次全国范围的对外开放活动，欢送最后一批参观同仁的同时，我和教师们心头的大石头终于放下了，长长地舒了口气。幼儿的活动、鲜活的课程实施、富有特点的环境带给来访者巨大的感慨和惊喜，园所虽小却无处不在向来访者述说着、展现着幼儿的发展。参观的专家、园长、教师们对幼儿高质量的活动，丰富的作品，高水平的艺术创造给予了高度赞誉。当我行走在园区中，耳边不断传来来访者感慨的表达：“哎呀，实验幼儿园的孩子了不得、实验幼儿园就是不一样……”活动结束后我及时和大家回顾了半日开放的亮点和需要注意的问题，并及时将宁园长、李园长对大家的问候传递给每个教职工，大家的开心与幸福之情溢于言表。教师们纷纷表达：“今天的讲评，我感觉很到位！”（中班陈老师），“今天每个区的幼儿都很投入”（大班刘老师、李老师），“孩子搭的瓶子展把参观的教师给震了……”（大班王老师）。我和大家共同品尝着成功喜悦的同时更多的是在细细回想：为迎接这次活动，我们都做了什么？做得怎么样？我发现，我们其实只做了一件事情——那就是扎实、细致、深入地实施好课程，这是我们的基础，这也是我们折服他人展示自我的最有力“武器”。

虽然这次活动总体是圆满成功的，但是对于我个人来说还留有遗憾，因为此次活动中，园区小、中、大三个级部的发展并不同步，小班级部的课程实施质量相对来说偏低，课程实施过程中问题多，幼儿活动水平不稳定，因此小班教师们获得成功体验远远不够，这也成了我心里最痛的地方。活动后，我和小班级部的教师们进行了深入的分析反思，请大家一起寻找“不成功”的原因，希望从中发现问题，以便后期采取有效策略，推动小班课程质量的提高。

小班级部的教研组长鹿老师也坦诚地剖析了问题：小班级部研究力度不足，班级互动贫乏、实效低是造成幼儿活动水平不高的重要原因。相比较而言，小班级部的教师力量比较薄弱，教研组长积极性很高，也比较认真负责，但是因为个人原因，造成级部教研活动无法及时、有效开展，级部间的课程互动几率少，因此，小班级部课程研究力度和深度不及中、大班级部，导致课程发展滞后。

小二班王老师也表达了自己查找的原因：两个班级之间缺乏有效互动学习，有时候自己闭门造车，不能敏锐发现问题，同级部班级好的做法得不到及时共享，级部教师较少一起全面、透彻地交流课程实施、班级管理方面的问题。因此，主题环境看似丰富，可是教师对幼儿的指导和对班级的管理欠缺实效，最终影响到幼儿发展。另外，小班教师们还意识到：课程实施的成功与否，质量高低不能仅靠一己之力，班主任要将园区课程研讨中的精髓及时、到位、透彻地传递给配班教师，并在班级、级部开展配班教师说课程，相互观察、评析、提升班级成员指导幼儿活动区、评价活动的水平，这才是实施高质量课程的基础，“班研”的氛围和习惯亟待形成。

我作为管理者也进行了反思，自己在同小班研究主题时要更加的细致。在和中班、大班研究“汽车”和“瓶子”主题时，我提前一周就和教师们一起规划信息收集了种类、内容，因此中大班收集的汽车、瓶子丰富而有特点。尤其是大班的瓶子收集过程，其品种历经了从单一到多样，式样从一般到特别，最终收到了令人满意的效果。在主题研讨过程中，我分别和中、大班的教师们详细理顺了主题实施的每一个分支，将原有内容进行有益的更新、重组，使其凸显每个小分支的核心目标，并同其他园区联系，大家互通有无，还听取了宁园长、李园长对主题的思考，及时同教师们一起调整实施思路，吸纳有益建议。另外，我和教师们细致分析了每个科学活动的核心经验，理顺实施要点和与活动区活动之间的联系，由此细化了活动区的材料投放和重点活动，可以说，同中、大的研究是细致而深入的。

反观和小班互动“小树叶”主题时，潜意识里感觉该主题比较成熟，实施问题应该不大，因此前期思考的重点就没有放在小班主题上。然而后期和李园长分析“小树叶”主题时却发现，主题的内容和分支结构上还是需要做较大调整和丰富的，部分活动内容比较单薄，需要充实但一时又没有合适的内容。另外，因为同一天连续同中班、大班互动，头脑变得有些迟钝，思维不是很敏锐，能发现问题但却一时缺乏有效的解决策略，互动的过程中彼此间的思维火花碰撞不够。在课程指导过程中我也意识到：管理力量不能平均用力，对小班课程实施关注力度需要较大倾斜，在随时、及时、密切地互动研究中解决问题，以弥补主题初始研究不深入的现状，可能对小班的课程会提供更大助力，这提醒我在课程管理方面要合理分配力量。

第七篇

分园园长刘松的故事

刘松小传

刘松，中共党员，幼儿园高级教师。1995年毕业于青岛幼儿师范学校。后经进修，2002年获北京师范大学公共事业管理系本科学历。工作中，她努力钻研教育教学理论，并积极进行实践，教育专业水平日益提高，多次参与国家、省、市级组织的教育评比活动并取得了较好成绩。

她曾荣获以下称号："市南区爱幼标兵"、"市南区教学新秀"、"青岛市教育局三八红旗手"、"市南区名师型教师"、"青岛市青年教师优秀专业人才"、"青岛市教学能手"、"山东省教学能手"等。

工作中她善于反思，多篇文章在国家及省、市级刊物上发表：文章《爱心无涯》于1998年在《市南教育》杂志上发表；《拉斯科洞雕刻马头》等六篇教案选登在《儿童美术欣赏教育研究》一书中；2000年12月撰写的一篇论文、七篇教育笔记选入了《"开放教育"文集》；教育笔记《我向幼儿学跳绳》2001年在《山东教育》发表；论文《激发幼儿兴趣的有效策略》2004年在国家级刊物《学前教育研究》中发表；主题活动案例《好玩的船》2005年在省级刊物《幼教园地》中发表；论文《帮助年轻教师成长提升班级合力》2012年在《幼教园地》中发表。

她的多项教育教学成果获奖：2000年论文《浅谈雕塑与建筑教学》获山东省幼教论文一等奖；2002年课程案例"美丽的海水浴场"获青岛市案例评选一等奖；绘本阅读《快乐的森林舞会》获青岛市教育教学成果三等奖；《特殊儿童教育案例》获青岛市教育教学成果二等奖；大班数学《我会测量》获省教学成果评选中三等奖；《课程实施中支持幼儿科学探究精神》获山东省中小学教育科研成果评选二等奖；《如何培养小班幼儿良好行为习惯》获山东省中小学教育科研成果二等奖。

我的第一课

担任分园园长对我来说是一件“天大的事”，能给我一个机会做分园园长是宁园长及领导班子成员对我的极大的鼓励，我的心里充满了感激！其实我感觉我的性格、特点不是很适合做管理，我的缺点很多：不太善于沟通、遇事变通能力不强、心理素质较弱、学习力不够强……幼儿园里有很多优秀的教师综合能力都比我强得多。因此我一直在问自己：我行不行？能不能担任起这份责任？几次分别和宁园长、李园长、朱园长、张园长、罗园长、孙园长表达过自己的这种忐忑心情，但是从她们的话语中我感受到了浓浓的鼓励和支持！宁园长说：“刘松，用心去做！记住我们是一个团体！”李园长说：“不要那么担心，我们大家都会帮你的！”张岩说：“我们是一个团结的团队，大家一起努力！”罗杰说：“慢慢来，刚开始我也和你一样，你肯定能行！”朱园长说：“你有很多优点，人很真诚，我们大家需要共同成长！”马园长说：“有什么事拿不准或不懂的就说出来，我们一起商量解决啊！”孙园长说：“要相信自己，我们都得学习都得锻炼！”……我永远也忘不了宁园长和大家对我的鼓励，于是下决心一定要尽全力把这份重任担好！

从假期开始我逐渐近距离接触宁园长及园领导班子成员，通过接触，他们给了我很多的感动和感触：严谨敬业的工作境界、充满智慧的管理理念、真诚密切的沟通机制、和谐的人际关系……为我上了“如何做园领导、如何做幼儿园管理”的第一课！

印象一：敬业。

和宁园长及各位园长一起吃饭，是近距离接触园领导的开始。我发现大家在吃饭的时候，一半的话题都是在讨论工作的，宁园长在吃饭的前十分钟一般都在解答各分园园长遇到的问题和“疑难杂症”，吃饭和研究工作一般是同时进行的。

下班的时侯教师们都走了，办公室里的宁园长、李园长、朱园长还在和大家一起研究工作，商讨工作方案，常常是一不小心就六点半以后才下班。大家还经常把一部分工作带回家中完成；假期里教师们休息了，园领导却一天不休：防汛工作、新生面试、新生家长会、很多培训、很多讲座、很多的公关接待……这些事情还常常需要园领导双休日加班。我知道这些只是没有真正进入开学前的常态工作。虽然工作繁忙，但是每一个人都是开心、积极的！

印象二：沟通。

宁园长在领导班子会上带着大家回顾了“创建高品质团队组织”培训，同时给我们提出了新的要求。其中坦诚真诚的互动、沟通是建立良好团队合作学习的前提。这些天我也充分感受到了团队中强大的沟通能力。每当出现了问题，大家会第一时间进行沟通把问题放在团队中解决，避免判断失误和走弯路；当有好的经验的时候大家也会快速沟通，把好的方法传递到各个园区；即使哪个环节做得不好，大家也会开门见山地相互指出来。

假期旅游期间，大家也会相互短信沟通、相互关心祝福。每个人都关注、关心着别人，每个人又被别人关注、关心，这种感觉真好！

印象三：严谨。

为了对每个教职工公平、公正，在领导班子会上宁园长及分园园长们细致研究每个奖项的发放、细致斟酌每个人的工作质量。有的时候还要针对某个人的奖项讨论到面红耳赤。

宁园长审视问题的角度很高。在修改园务总结、修改制定园务计划、修改开题报告的时候就充分体现了严谨。多次修改、补充和讨论撰写……最后当材料终于通过的时候，我和大家一样的高兴！并且在高兴之余暗暗佩服宁园长严谨的工作态度和审视问题的超专家眼光。

在解决教师工作中出现的问题、解决家长的意见问题、解决幼儿园对外事物问题的时候，无一不体现出园长们严谨的工作作风：教师工作出现问题了，李园长每次都用笔细致记录着教师的陈述、提出连环、科学的解决方案；马园长为了将保育工作的录像录好，一天都和网管深入班级指导拍摄，本子上密密麻麻记录着镜头的角度、拍摄的内容；朱园长在交接曙光园工作的同时还要协调好各分园工作，光我自己一个人就要和她联系近十次。

想到自己将要在这样一个积极向上的团队中学习、工作，我很感激！我要努力！一定要在虚心向大家请教的同时努力发挥自身的潜力和创造性，把各项工作完成好。

查阅备课的反思

本周我详细查阅了所有教师的备课笔记。应该说无论是老教师还是年轻教师的备课都是非常认真的，主要表现在：书写认真工整、没有遗漏活动、在活动环节设计上能围绕目标层层递进、活动区材料准备比较充分、观察记录比较详细、能注重评价和反思。尤其是几位年轻的新教师的备课进步很大！我想这与她们自身的努力分不开，同时也得益于班主任教师的细心指导。但是在看备课的同时，我还发现了部分年轻教师备课中存在的几处共性的问题。

1. 万能型

制定的活动目标比较笼统，没有针对性、比较空洞。

2. 虎头蛇尾型

设计环节上开始部分比较长；中间需要重点指导的环节却比较简略，看不出教师的关键提问和组织方法；最后的环节又缺少必要的评价策略。

3. 方法单一型

部分年轻教师在音乐、美术、科学活动中运用的方法比较单一，创造性不是很强。将导入、示范、教授、练习环节体现在每节课堂上。游戏性和情景性不是很强，没有给孩子个性表达和自主探究的空间；没有突出幼儿不同年龄的学习特点。

4. 准备不足型

教师一般对课堂的物质准备很重视，但对幼儿的知识经验准备就不足了。尤其是科学活动没有重视对幼儿课前经验的调查，而新经验并没有在备课中体现，一堂课下来仅是旧经验的重复。

在观察记录方面，多数教师能比较细致地呈现出幼儿活动的状态，对幼儿对话、师幼对话、指导过程、幼儿游戏水平等方面做了较清晰的记录。但也发现不少问题：部分教师出现笼统的记录方式，没有细致发现孩子在活动中真实的问题，观察随意性和评价反思肤浅性仍然存在。主要表现在：没有突出个性化的记录，常写成全班幼儿在某个区掌握某种技能的整体水平，缺乏对个别幼儿的细致观察。例如：幼儿如何运用材料、活动能够持续多长时间、幼儿怎样在区域中拓展游戏和开展交往和对话等方面，在活动区观察中均没有很好地体现出来。教师最后的反思没有针对性，缺少下一步的措施和方法。下周我打算开展小组式的研讨，通过案例分析帮助教师明确撰写观察记录的方法。

年轻教师不是不努力而是没有方法，她们不但要加强专业学习，更需要多元的帮助和指导，因为备好课是成功组织教育活动的前提！于是我尝试用以下方法开展了教研活动。

方法一：及时反馈。我跟她们一一反馈了各自备课的优点和不足，向她们推荐《教学法》和《优秀的案例集》；鼓励她们向班主任、同级部的老教师学习。在向她们反馈的同时，再找班主任将她们备课的进步和不足说给她们听，让她们心中有数，以便于在日常教学中进行指导。

方法二：开展“集体备课分享交流会”。我分别在龙羊峡和红山峡开展了此活动。① 将级部里所有教师的备课按照班级分类摆放在会议室里，标注上班级。② 重点推荐级部里优秀的备课，组织教师们自主翻阅。学习优秀教师的备课方法和撰写方式，然后寻找自己备课的优点和差距。③ 找到自己的差距和不足。这样教师们在相互翻看中不但学到了优秀教师的备课，还能极大地调动起教师们高质量备课的积极性。

方法三：单独谈话交流。针对个别新教师备课水平低的问题，进行单独的交流和沟通。为了保护她们的自尊心，首先用正面的语言去鼓励、肯定，然后让其观看优秀的备课，让她自己谈感受和体会，从而找出自己的问题。

周四李园长来到了八大峡园区，她真切的话语和鼓励的语言让我备受鼓舞，同时她又给了我业务上的帮助和指导。尤其在教师备课批注上她和我进行了细致地研究。她发现目前教师们户外活动的备课是个薄弱点，很多年轻教师没有程序和方法。她还亲自在教师的备课本上自己备了一节课，同时还针对教师们目标制定、组织过程描述语言不到位等问题进行了细致的批改。那些密密麻麻的红字和批注其实就是对教师的一种尊重和帮助！

三五年后这些年轻的配班教师将是我们幼儿园的骨干力量，她们专业成长的"黄金期"就在眼前。在李园长的启发下，我又给教师们打印了不同课型的优秀教案(故事、数学、科学、游戏、体育、美术)，并在周五分别找时间对她们进行了备课培训。重点分析了她们备课的优点和问题；以语言、音乐为例细致介绍了教材分析的撰写方法、活动准备、目标的制定、过程环节中的语言表述等；倡议大家要树立拼搏精神、积极进取。不断提高自己的教学专业水平，早日形成自己的教学风格和一技之长，深刻体验教学的真正魅力。

教育应回归本真，回归自然

11 月 9 日、10 日两天时间里，八大峡园区较好地完成了幼儿园挂职培训等活动。接待这次活动对我来说压力大。一方面是各班主题实施正值初创阶段，班上的环境创设、幼儿活动质量、教师对主题的把握都不是很成熟；一方面自己要主持开展教研培训，能否胜任心里真是没数。

为了高质量进行展示活动，我提前与大、中、小班的班主任们互动了主题实施思路。教师们积极主动，在短短两天的时间里就完成了环境创设、信息材料的收集工作。朱园长也来到了八大峡和我一起对各班的活动区活动、户外活动、集体活动进行了跟踪并及时提出了建议。为了搞好教研讨论活动，我也利用业余时间查阅了很多相关的书籍，积累了一定的素材，同时帮助教师们整理修改课件、完善公开课的质量。

在两天的接待过程中，挂职园长们对我们高质量的集体活动、丰富的活动区活动、跨班级开展的户外活动以及高质量的座谈教研活动都给予了充分的肯定！我在喜悦和欣慰的同时也对出现的问题感到惴惴不安和自责，为自己在管理过程中所出现的疏漏感到自责、为宁园长发现的“造假”而反思……

真的，特别敬佩宁园长求真、求实的人格魅力，毫不夸张地说，她是指引我们生活和工作的精神导师！宁园长一针见血指出了我们目前教育的痛处、顽疾的病因。还痛心地说：“造假成风，长期下去我们的教育完了，我们的民族可危！”宁园长发现的问题上升到了民族精神的问题，她的忧虑和伤感对我的震动很大！听了她的话，我几天都没有睡好觉，每当想起她的话我心里都怦怦跳得厉害。身为一个教育工作者、一名教师，如果因为急功近利而误导了孩子，即使再成功的活动也是错误的，再严格地说那就是犯罪！

回想自己在平时管理的过程中其实也能看到教师替代幼儿完成作品的“小动作”，但是当时只是嘴上说一下：“你不要替孩子去做，让孩子自己做。”然后就匆匆地转移了视线，并没有发现这些动作背后的严重性。同时在跟踪活动的时候总忙着看完所有班级的活动，没有停下来进行细致的跟踪和评析，管理停留在了表面，没有深度发现教师的问题和错误现象的本质。其实自己内心也有着“迎检”心理，担心开放的时候让别的园长们看到幼儿不会做怎么办？作品少怎么办？存在这些顾虑。

经过这次宁园长及时的点拨，我领悟到了：教育应呼唤常态，课堂呼唤本真。我们应该立足常态课堂，实现有效教学，努力追求“常态”下“不常态”的教学效果，以求达到“高效课堂”的理想教学境界。我们幼儿园教育的对象都是一个个鲜活而卓异的孩子，幼儿是生命而绝对不是“工具”，如果为了教育的功利而牺牲灵魂，那太可怕了！

在周五的领导班子反思会上，我听了大家的发言，很感慨。尤其听了李园长的交流后，心里特别感动！她的工作方法、敬业精神和使命感责任感真是值得我们大家学习！回想自己在日常工作的管理实在是漏洞百出的。比如：发现问题不敏锐、多是浅层次管理而欠缺深层次的思考、整理提升的能力欠缺、抓落实做得不够……

我想，管理需要智慧、管理需要方法、管理更加需要反思。在今后的工作中我一定要追随宁园长所倡导的“教育本真”精神，借鉴大家好的管理方法创造性开展管理工作。尤其要及时进行自我学习和反思，提升自己的管理能力和水平，努力激发教师们创造性地开展工作！

孩子们着迷的小菜园

宁园长上周带巍巍老师观摩活动区时，对中二班种植活动进行了细致的分析和点评。在这个过程中我也认识到带领教师实施课程不能留于表面，应跟进式深化研究。那么怎样把种植活动更好的深化呢？在观看宁园长发来的武夷山幼儿园的照片和介绍了苏霍母林思基的教育理念后我受到启发：大自然就是幼儿进行探究的天然科学区！

苏霍母林斯基主张让孩子多参与实践劳动，他亲自带领孩子进行种植的场景给我的印象很深刻。于是，我把在幼儿园门口开辟菜园的想法和中班教师进行了沟通，大家也非常赞同！在家长和门卫爷爷的帮助下，我们和孩子一起把收集的大葱、西红柿、苦菊、石榴、东北姑娘、草莓、番茄的种子种在了种植区里。

考虑到城市的孩子没有拔草开辟田地的经验，我提议让幼儿自己动手锄草、翻土，开辟种植区域。让他们感受到种植的辛苦和乐趣！幼儿由最初的怕脏、拘谨到后来的主动参与、干劲十足，在这个过程中幼儿体验到了种植的辛苦和乐趣！在翻土、捉虫、放苗、浇水、遮蔽等种植的过程中，幼儿还了解到很多的种植常识，如翻土时要注意坑不要太深或太浅，发现土里的害虫要及时清除；小苗栽种后要及时浇水,浇水时要浇透,且应沿四周向根部轻浇,否则就会把苗冲出来;种好后应进行遮蔽和覆盖避免受冻或暴晒伤苗……为了更多地让孩子和家长了解这些幼苗的名字,我和教师们将幼苗的名字打印好,做上标志,并设计了“找一找”的游戏牌,鼓励大家观察寻找。

小菜园建成后吸引了很多的孩子和家长,一到户外活动时间、入园时间、离园接待时间,幼儿路过小菜园时总要停下看看、瞧瞧、观察一番。很多大人也带孩子一起蹲下来认识认识……看到这些现象我非常高兴!有一天,一位教师说:“刘园长,有的孩子太顽皮了,老是蹲在这里看苗,靠得太近了,容易把苗踩伤了,我要反复提醒才行。”我说:“孩子来观察其实是件好事,咱们开辟的小菜园就是希望孩子来观察和探究的。你发现得很好,这正是教育的好机会。”

在大家共同讨论下,门卫爷爷用竹竿架起了小栅栏、教师们发动孩子围绕保护小苗开展讨论、绘画了《苗苗生长需要大家的关爱》的宣传牌,效果很好。

小菜园的蔬菜每天都在变化,长势喜人。教师带领幼儿设计了表格,持续做观察记录。幼儿每三天进行一次观察记录:用雪花片的长度记录高度、用符号记录叶子的变化。开展了“放蚯蚓”、“除杂草”、“比较高矮”、“给小苗画像”等活动。围绕小朋友对苗苗提出的问题,幼儿还做了小实验:在苗下放鸡蛋皮、营养液……并围绕问题查阅资料和信息。

小菜园不仅是幼儿园的一道风景线,更是一本蔬菜小百科全书。种植活动不仅让孩子感知到植物的生长过程,还让幼儿在种植、观察、管理、实验中体验到了快乐。后期我还会继续关注教师和幼儿的活动,给予适当的支持!相信在这个探究的过程中大家最后收获的绝不仅仅是果实。

快乐“六一”、创意“六一”

今年的“六一”国际儿童节的确不同凡响！在宁园长的创意和指挥下、在大家的共同合作和努力下，庆“六一”活动终于顺利圆满结束了！

由衷地佩服宁园长的创意、胆量和细心！在计划“六一”节的初期，我们苦思冥想的几个“六一”计划却没有走出原来的老框框，宁园长的“露营计划”让我们每个人眼前一亮！为了保证活动的顺利进行，宁园长提出“安全工作是第一！”。在我们大家细致考虑了每个环节，并做出自认为比较详细的计划后，宁园长又提出“两次量体温”、“向家长发短信”、“争取110的配合”、“露营调查表的下发”、“值班人员的职责”、“对突发情况的应急处理”、“给孩子拍照入档案”等几个关键性的好建议……真佩服宁园长的细心和考虑问题的周全、周到！

为了保证“六一”活动的质量和安全，我和教师们多次开会研究每个环节，并将责任安排到人。这次活动除了园领导、一线教师和后勤人员，家长们也积极参与到其中。大家充分感受到了自己的责任和使命。在组织过程中八大峡的教师们表现出了较高的责任心。

在露营活动中——从幼儿包饺子、进餐、填露营卡、支帐篷、篝火晚会、盥洗入睡到早晨的整理床铺、组织晨练，每一个教师都非常的认真负责、人员分工合理、各个环节衔接自然流畅、孩子活动有序不混乱。

不少家长在大门外看到孩子的篝火晚会，兴奋地说：“幼儿园搞这样的活动太有意义了！”“我们家长也想来一次露营！”“感谢园长！谢谢教师！你们太辛苦了！”听到家长的话我们很自豪！我们对家长说：“大家放心！我们晚上不睡觉！一定让每一个孩子愉快、安心地入睡，保护好每一个孩子，这是我们的责任！”露营活动中，我最担心的是孩子入睡时教师们能否尽责？万一有发病的孩子教师没有及时发现怎么办？凌晨2:00和4:00，我分别到各个班巡视和查夜时，我没有发现一个值班教师在睡觉。她们有的用手电照亮给孩子盖被子、有的用手试试孩子身上是否有汗、有的扶着孩子的手帮孩子小便、有的在填表、有的给咳嗽的孩子喝水、有的坐在个别想妈妈的孩子身边安抚。我非常确定没有一个孩子的身体是裸露在外面的，看到这些情景我非常感动！

“六一”活动顺利圆满地结束了！“露营活动”带给幼儿的是极大的快乐、难忘的回忆！幼儿在参与过程中责任意识、合作意识、自我服务意识、做事计划性等都得到了锻炼和提高！幼儿是快乐的，我们大家也是自豪而喜悦的！

学《纲要》，促教研

上周的“一人一课”说课活动中，我发现配班教师对《纲要》的学习还应加强，对她们的要求不应仅仅局限在“设计好一节课”这一最基本的层面上，而应要求她们与幼儿积极互动、共同发展；处理好传授知识与培养能力的关系；促进幼儿在教师指导下主动地、富有个性地学习。这就要求教师必须深入地研究《纲要》精神，领会《纲要》内涵。

为提高年轻配班教师业务水平，从上周起我发动配班教师自学《纲要》，本周一中午开展了《纲要》理论考试 。测试的方式为闭卷答题，题型有填空题、判断题、简答题、多项选择题等。测试内容多与教师们日常的教育教学活动息息相关，比如：教育活动的内容的组织应注重什么？教师如何成为幼儿学习活动的支持者、合作者、引导者？教师应怎样科学、合理地安排和组织一日生活？教育活动内容的选择应体现哪些原则？幼儿发展状况的评估等方面的内容。考试的试卷最后由各班班主任对照答案进行批阅，这样班主任也可以学习和回顾《纲要》内容。

本次测试帮助了配班教师把握《纲要》精神实质，找出了学习上的漏洞和不足。为了不断更新教育观念、提高教师的教育实践能力、为教师搭建学习、研究和自我展示的平台。我又组织开展了“一人一课活动”。共有 19 名教师积极参与了此活动。她们从活动内容的选择、教具学具的准备到教学环节的设计都做了精心的准备，以较好的状态展示了自己的教育活动。这次活动分别有 6 节语言活动、3 节体育活动、3 节数学活动、3 节音乐游戏活动、3 节歌曲活动、1 节美术活动。活动后，我分别组织教师们对活动进行了交流、研讨。

许多教师组织的活动非常成功，值得借鉴：陈新组织的多媒体阅读《大鲸鱼在海边》，很好地利用了多媒体动画，将引领阅读和自主阅读相结合，受到大家好评；王霞组织的歌曲《小金鱼》，声情并茂注重情感渗透，教具的运用巧妙新颖，激发了幼儿学唱兴趣；李伟的数学《认识整点》环节紧凑、将幼儿生活与数学紧密结合；周凤的歌曲活动《钟》，尝试让幼儿学习二声部唱法，并使用录音录下幼儿的声音，通过让幼儿欣赏合唱的音色调动了幼儿演唱兴趣，优雅的教态和音乐素养受到好评；戚慧的故事教学《金老爷买钟》，能创造性地使用活动道具引导幼儿理解文本；赵文君的阅读活动中能及时点评幼儿的讲述，将自主阅读和引领阅读很好的结合，在年轻教师中脱颖而出。

课后教师都一起按《纲要》理念对授课教师教法和幼儿学法进行了研讨。通过研讨，每位新教师都感到受益匪浅，加深了对教育理论的理解，转变了自身的教育观念，更重要的是学习掌握了一些有效的方法，提高了自己的实践能力。在集体评析的过程中，大家重点围绕“多媒体阅读指导策略”、“音乐游戏的组织策略”、“数学活动的游戏化教学”等进行了着重的研讨和互动。经过互动大家对教学观念和策略方法达成了共识。她们表示将在此基础上加强教学研究，不断地实践、反思、总结，提高自己的教育教学水平。

通过“一人一课”展示的形式，提高了教师们组织教育活动的能力，提升了教师们的教育教学水平。

美术活动的思考

本周朱园长和李园长两次到八大峡园区指导教学工作，她们每次来都把工作内容安排得满满当当：观察区域活动质量、与教师探讨小组活动的目标和组织形式、听课评课、听活动区讲评、质疑区域材料的问题、讨论小、中、大班主题的延伸拓展、研究中秋节活动的组织方法、和个别教师进行推心置腹地交谈、向我传授宝贵的管理经验……朱园长挤出午休时间和新教师们交流五年规划；李园长为了能及时看到中、大班的早操，听完龙羊峡的区域讲评后，又匆匆忙忙赶到红山峡园指导早操，中午大家能休息上二十分钟已经是很不错了。李园长还风趣地说："呵呵，感觉就像打仗一样。"我的心里一阵感动，每次有了她们的指导，心里都很踏实。

本周在她们的帮助下，我依据幼儿园的月工作重点关注了几件事情：集体活动的组织质量、主题推进中的区域活动、分享区域活动写作案例和研讨撰写角度。

本学期我园以"如何让孩子的学习更加有效"为核心，适当减少了集体活动时间，增加了区域活动时间，提高幼儿自主学习的自主权。这就需要教育者更加优化集体活动和区域活动的质量，给教育者提出了更大的挑战。我重点听了大班级部的美术活动、中班的语言活动和小班的科学活动。大班美术活动的组织引起了我更多的思考：

应该说大班美术教师课堂的物质准备是丰富的：课前准备了很多中国建筑小样图片、课上播放了突显中国标志的课件、白板上张贴了教师的范画、教师示范了场景画法、准备了幼儿假期里制作的信息报、为幼儿准备了绘画用纸和工具……虽然教学的物质准备是比较充分的，但实际课堂效果不佳，共性问题表现在：幼儿对绘画的主题不明确，迟迟确立不了自己要画的内容；幼儿绘画技能掌握不足，画不出想画的内容；教师准备的绘画小样和课堂上发放的信息报不能满足所有孩子的需要，部分幼儿临摹教师范画，作品没有个性，不是真实表达；美术课课时长，占用了户外活动时间，大多数孩子完不成构图任务；讲评环节无效。

美术活动失败的主要原因是：教师的目标不清晰；没有很好地思考幼儿已有经验；教具准备多但无实效，无法支持幼儿的绘画；导入环节烦琐以及课堂上大量的信息回顾导致课时用时过长；班主任对美术活动关注不够。

针对问题，我提出了相应建议：各班美术活动安排在科学活动之后，因为孩子要通过科学活动获得大量的信息经验储备，为后面的绘画做好铺垫；美术教师一定要了解科学活动的目标；班主任最好带科学活动，或者帮助带科学的教师提高科学活动的质量。我给美术教师的建议：提前与孩子交流他们到过的城市、祖国的标志等。对孩子的经验有所了解；提前向孩子说明一下第二天要绘画的内容，让孩子预先思考一下自己要画什么内容，如表现祖国的少数民族，表现祖国各地建筑，还是表现中国标志？幼儿也可以根据自己绘画意愿回家寻找相应图片或上网查阅资料，这样便于帮助孩子提前确立绘画内容；美术课上教师了解了孩子的绘画内容后要有重点地示范讲解、再组织幼儿绘画。这样就可以提高课堂质量，也不会将课时拖太长；美术教师还应充分利用上午的活动区活动及下午的小组活动，对没有达到教学目标的幼儿或者绘画困难的幼儿进行个别或小组的指导。这样就可以较好地将集体教学目标与区域活动目标有效地结合了。

管理者是课程实施的重要参与者和引领者，首先自己要重视课程实施的质量，及时发现课程实施中问题还要大胆质疑。如果任凭教师随意实施课程，那么必然会带有随意性和盲目性。所以我要每天走进教育现场，同教师一起去发现问题、研究问题、解决问题。

精彩的讲座

为了提高教师的音乐素养、理论知识和实践技能，更好地解决目前我园音乐教学的瓶颈。本周宁园长请来了来自南京师范大学、著名的音乐学前教育专家许卓娅教授来我园开展培训和讲座。一天半的培训让我们学到了很多，对当下教学现状和理念有了新的认识和反思。

许教授结合我园教师组织的四节音乐活动，提出了“游戏化教学”、“循序渐进”、“学以致用”这三个重要的关键词。她强调：不管什么样的教学都要遵循循序渐进的规律；她还强调杜绝“一言堂”的灌输式教学，让教师一定要把“教啊教”变成“玩中学”；让幼儿在游戏中(玩中)完成任务、学习新经验、体验真快乐！许教授深厚的音乐底蕴、丰富的实践经验深深感染着每个人！她通过“寓教于乐”、“亲身体验”的教学方法调动着大家参与学习的热情，给每个人新的冲击。她用生动的教学案例、互动的培训形式向现场教师传递着国内外幼儿音乐教育的先进理念，使参加培训的每一个人都体验了游戏化教学的魅力，解决了我们心中很多的疑问和困惑，感受到当前音乐教学的前瞻性！

通过本次学习，我对音乐教学有了新的认识和思考：孩子在音乐中是否投入？如何激发孩子的创造力？如何把握好“教师示范”和“孩子创造”的尺度？哪些内容适合直接教，哪些适合间接教？这些问题值得大家的思考。许教授提出的“循序渐进”和“游戏化”，在这两个方面我们教师虽然有了一些突破和尝试但是还有很多做得不够的地方，也有所谓“虚假认同”的现象。

许教授强调：舞蹈来源于生活和劳动，跳舞是我们生活中的事情，所以应让小朋友跳自己的舞蹈！目前舞蹈教学是较难组织的一种活动，虽然我们也开展特色舞蹈活动及大、中、小班级部的课程中也有集体舞的编排。但是在实际的教学中，教师教得辛苦，幼儿学得累。因为在学习过程中幼儿要感受理解乐曲、记忆动作、顺序、队形变化等，这些要求对于幼儿和教师来说，具有极大的挑战性。在实际教学中常常是教师教一个动作，幼儿学习做一个动作、重视重复。经常会出现教师大声喊叫纠正动作，幼儿机械模仿动作的现象，活动结束后幼儿没有愉悦的情绪体验。通过培训我找到了导致这种现状的原因：教师教学缺乏情境游戏性、趣味性，教学方法单一枯燥，手段没有体现多样化、内容缺乏生动性。示范—模仿—练习这样一种机械模仿的固定模式忽视了幼儿对音乐的感受、忽视了幼儿的创造性表现。

目前歌唱教学活动中，我们大多采取欣赏范唱—图谱理解记忆歌词—解决重难点—完整演唱—动作创编这些方式进行，趣味性和游戏性通常不强。在许教授带领我们做的“翻牌”、“接唱”、“结对”等趣味游戏中，我感受到通过游戏，可以让我们在不知不觉中学会歌曲，同时注意力、合作意识、反应能力也能得到锻炼和提高！今后我们要研究儿童“行动学习”的方式和“喜欢游戏”的心理，拿到一个活动，确立目标后，要开始思考与活动相匹配的游戏，包括编讲故事、创设情景、思考游戏规则和玩法。通过情景创设、游戏表演、讨论交流、儿歌匹配等方式让幼儿在边玩边唱中学会演唱、体验快乐，真正达到启发幼儿演唱兴趣的目的。

目前打击乐形式上是欣赏音乐——用图谱讲述故事帮助幼儿理解情境和角色——运用肢体动作表现每段乐曲的情绪和节奏——配以乐器进行演奏完整表现乐曲——看指挥进行演奏。多数教师能为幼儿创设幼儿喜欢和适合的故事情境帮助幼儿理解乐曲，有“游戏化教学”的理念。但是在引导幼儿自己创编故事情节、自主配器方面思考不多。

我想，无论是课程实施，还是在各项教学的过程中，如果大家都参照一个统一的模式来开展活动就可能引发问题。所以我们教育者要真正站在孩子的角度，去反思和研究我们的教学。教孩子学以致用，鼓励孩子不断探索新的东西，并在这个过程中与幼儿一起不断实现自我完善。今后我会围绕“游戏化教学”理念，组织教师开展同课异构、一课多研、创编游戏等教研活动。在课程中增加游戏活动的数量和种类；活动区的材料投放加强游戏性、可玩性；各类游戏活动渗透在不同的区域中，开展区域材料游戏化的评比和抽查。

感谢宁园长及时、有效地组织这次培训活动，为我们提供的宝贵学习机会！今后，我们要不断在实践探究，让正确的理念得到很好的践行！

管理者的角色

本周一至周三李园长来到大尧指导工作，三天时间李园长把工作安排得紧凑、有序、高效！李园长带着我看现场、看活动、分析问题、组织研讨、跟进式指导。在最短的时间里发现了课程实施中的问题和症结，我心里特别感动！我知道这几天李园长最辛苦，因路途遥远，她天不亮就要出门坐车到大尧指导工作。一到幼儿园放下包就走进班级现场指导工作，这种敬业精神、使命感、责任感真是值得我学习！

周一上午在跟踪了活动区活动后，我们发现幼儿活动兴趣不高；教师目标不明确；搭建、益智、信息、美工的材料投放缺乏针对性和趣味性；中班"动物"主题中图书的提供和选择不好不能引发对主题的深入探究；小班主题对小池塘的探究缺乏再现；集体活动与区域活动结合不紧密；预设环境与动态环境没有很好结合。尤其是科学和数学集体活动后，教师没有马上在区域中提供相应的图片支持、材料支持、游戏支持。孩子虽然通过交流和互动有了一定的新经验，但是因为没有教师持续性的支持和关注评价，所以孩子没有更好地将新经验创造性地表现出来。总体上主题实施肤浅，感觉教师没有兴奋点。针对发现的问题我们马上召开了班主任会，通过实际案例重点分析了课程目标及价值定位，最后大家达成共识：实施主题一定要遵循幼儿的兴趣，结合目标扎实地实施，分析幼儿的已有经验和新经验，每个阶段的目标要落在实处，不能像走程序一样实施课程。

在周二跟踪中班的活动区时，我们发现教师在角色区中让幼儿开展动物表演——驯兽——不适宜;区域环境和大墙饰大一统;教师教学目标不明确,对拼摆的动物未作明确安排;悠然动物园与搭建区的结合不明确,搭建的效果不好。在“动物本领大”连续两周的实施中,目标高悬在上,没有进行分解和个性化的探究,我们当即组织中班教师研究课程,并将“动物本领大”的核心改为“哪里不一样”,分析突现幼儿的兴趣,并结合目标进行支持和指导。在跟踪大班的区域活动后李园长提出教师们要关注幼儿的真问题;注意让幼儿探究表的内部结构、表盘上的秘密;并提出益智区、信息区、美工制作活动的练习和指导要点,强调了关键经验在实施课程中的作用,例如四等分的学习和实践。

周二的一场雪为小班实施“冬爷爷的礼物”带来了新的探究契机。上午小班幼儿到户外进行玩雪活动,我们关注了幼儿的第一次和第二次的表征,分别走进每个小班了解幼儿的表征内容,并组织小班教师进行相互学习和交流,分析幼儿的作品并提出二次表征。发现了问题:幼儿表征水平和落脚点不一样与教师指导有密切关系。于是我们又一次组织小班教师围绕主题开展教研,组织教师们围绕主题图书进行了分析和研究,分析上午的活动并灵活调整了后面三天的集体教育活动的方案,提出了“冻冰花”活动的价值和组织方法。

周三上午李园长带着我跟进关注小班的“冻冰花”活动,发现大家的理解仍然有出入,表现在材料提供方面存在差距,李园长当即纠正了教师的观念并对后期的延伸活动进行了研究和探讨,如利用冻冰花开展体育、科学、美术再现等活动。通过跟踪小班幼儿的活动区活动,及时提出让教师预操作的建议:宗倩结合图书拼摆《莎娜的雪火车》;叶珊结合图书《下雪了》拼摆雪花并完成泥工“冬天的大树”;宋慧结合雪花尝试用拓印的方式表现冬天的雪,并在二十分钟后开展相互观摩和学习,根据教师们的预操作活动,鼓励大家利用上午的区域讲评和下午的小组活动进行探讨、交流。

三天时间里李园长了解了教师对课程的把握程度;针对问题逐个级部进行有针对性的跟踪和跟进式研究;从集体活动设计到户外活动,从区域材料投放到大环境的创设,从对美术活动再现到图书的分析和利用都进行了细致的分析和研究。跟着李园长走进班级开展教研的过程中,我心中真是无比敬佩!感觉李园长开展教研活动思路特别清晰、行动也迅速敏捷、分析问题那么细致具体。她特别注意询问教师们是否理解探讨的观念？并鼓励教师说出自己不懂或置疑的地方……很民主很智慧！尤其重视跟进式的指导，我回想自己在日常工作的管理实在是有太多的不足，很惭愧。

我又一次认识到管理者是课程实施的重要参与者和引领者，首先自己要重视课程实施的质量，及时发现课程实施中问题还要大胆质疑。如果任凭教师随意实施课程，那么必然会带有随意性和盲目性。今后自己要努力的方面：要深入班级，主动发现问题；要对幼儿活动状态和课程实施做出及时的判断；要积极动脑、主动开展教研活动。

跟踪区域活动、关注课程实施

本周我陆续跟踪了大中小班的区域活动，发现主题实施呈现以下特点：

大班“瓶子”主题进行到了第二周，大班教师们围绕着“瓶子的秘密”开展了小实验活动，将压力、空气流动等科学现象渗透于实验中。如“瓶子吃气球”“看谁漏的快”“瓶子变轻了”“水中直立的瓶子”等。教师们还发动家长与幼儿在家中共同开展小实验活动，满足幼儿探究兴趣。另外大家还开展了科学活动“瓶子秘密多”；收集了各种瓶子的商标图案、标志、环保标志等。这些观察与发现为幼儿设计广告、宣传商品提供了经验支持。大班幼儿运用福禄贝尔玩具拼摆瓶子图案和花纹达到了较高水平，凸显了平面与立体的结合，对瓶子的花纹进行了创造地再现。在户外活动中，大班幼儿运用瓶子开展了“担水过桥”、“跨彩瓶”、“套圈”、“滚瓶过障碍”等游戏活动。在瓶子艺术创作方面进行了小组的尝试：彩瓶画、立体瓶子泥塑、剪纸、刮花创作、运用毛线瓶盖等废旧材料进行了创意制作。

但是大班的角色区仍然是一个值得反思和研究的区域——“瓶子博览馆”

里孩子活动热情虽然较以前有所很高，但是介绍完瓶子后会出现无事可做的现象。结合发现的问题，我组织班主任们共同研究了“瓶子博览馆”的价值定位和材料投放。经过讨论我们尝试在和孩子共同讨论的基础上在角色区里投放瓶子游戏，如“看谁配得快又对”、“套圈竞赛”、“击打彩瓶”等活动；还投放了关于瓶子的小知识问答卡片、小奖品等；此外开展买卖游戏，发挥角色交往功能；最后再通过区域讲评和个别指导丰富提升讲解员们的讲解水平。经过尝试后幼儿游戏状态有所改变。

中班的“汽车”主题进行到了第二周“汽车本领大”。中班主题最突出的特点是角色区发挥了很好的功能。“汽车加油站”、“洗车店”、“修理站”、设在班级里的“车站”等角色区让幼儿玩得乐此不疲。中班教师还和孩子一起用大的纸箱子自制了公共汽车、小轿车等玩具，使幼儿在游戏中能充分使用。幼儿整体上活动专注、运用不同的材料表现作品的水平也越来越高。尤其在制作、做泥工、拼插、拼摆等方面尤其突出。更值得表扬的是教师运用图书、图片、汽车实物、信息报等材料有效支持幼儿表现活动的意识越来越强了。

在指导过程中我向教师们建议：指导搭建区的活动要有层次，最好能从单向车道到双向车道、从马路到立交桥、从街道到马路上标志的设置。最终要将科学活动核心目标与幼儿户外观察的新经验融入到搭建活动中来。信息区图片的呈现要更具有层次性。拼贴“汽车本领大”还要注意突出情景性，应鼓励幼儿表现特殊汽车的工作场景。

小班“小树叶”主题进行到了第二周“我和树叶一起玩”。小班教师利用绘本故事《风中的树叶》《树叶的舞蹈》《小叶子旅行》等图书开展了分享阅读、绘本创作、故事表演等活动。教师们还发动本班家长进课堂为幼儿讲述有关主题的故事书。大家充分利用户外活动时间和幼儿一起户外远足捡树叶、树叶游戏等活动。活动区里幼儿开展了“树叶穿项链”、“树叶创意拼贴”、泥工“秋天的大树”等创作活动。教师们重视了幼儿的问题收集，针对孩子的提问“树叶最后到哪里去了？树叶上的洞洞、树叶怎么变轻了？”等问题进行了互动和讨论。

针对小班幼儿搭建内容距离他们的生活经验较远，我建议教师从幼儿园长廊、小区花园等方面入手逐步拓展到公园、游乐场等场所，体现幼儿经验的连续性。针对小班美术创作的作品在年龄特点和表现形式及效果上的研究，各班水平不同，我建议小班教师加大美术创作活动的级部教研力度，加深活动区的观摩研究。

后期，我还要加强自身全方位的学习，尤其多向其他园长们学习好的管理经验。发挥教研组长的力量，开展各级部之间的教研活动，促进各个班级相互研究、取长补短、均衡发展。继续加强八大峡园区集体活动和区域活动的教研力度。

新学期新气象

新年的钟声掀开了崭新的帷幕，春的足迹已依稀可见，不知不觉中我们已经步入了崭新的 2012 年。回顾上学期的工作，我的心中充满感激！感谢宁园长及领导班子成员对我的帮助，让我感到工作中不断成长的快乐和对自己逐步建立的自信；感谢教师们对我工作的支持和配合，让我感到强大的凝聚力和前进的动力！在向领导班子成员学习过程中，在和教职工共同成长的过程中，我收获很大、体验深刻。这些经历对我来说是弥足珍贵的！一学期下来，让我始终感觉怀抱感恩的心去付出、去工作、去生活是多么的美好、值得！

龙年，真的是一个令人振奋和喜悦的年份！因为这一年宁园长作为全国学前教育的代表到北京中南海向温家宝等国家领导人汇报工作！这件大事令我们全园的每一个人振奋、令我们全家人激动！这不仅是实验幼儿园的骄傲，也是全国学前教育人的喜讯！

聆听了宁园长参加国务院政府报告的座谈会后，我深刻体会到参加这次会议中宁园长所付出了巨大的艰辛和智慧！一个人单枪匹马到北京中南海向总理出色地汇报工作，这不是一般的人能承担的巨大责任，可是宁园长做到了！

最近经常琢磨宁园长办公桌玻璃板下面压的一段话"坚如磐石的信念、奋发求新的意志和天高地厚的博爱，是活出生命色彩和强度的基石！"这不就是宁园长在生活和工作中的真实写照吗？宁园长是个可敬、可爱、令人钦佩的好园长，集福气、运气、才气、人气于一身！我们为自己能在宁园长的领导下工作而感到自豪和幸运！新的学期即将开始，在宁园长的带领下，我们更加鼓足干劲，信心百倍地迎接挑战！

开学初，教师们的工作状态和积极性非常高涨，幼儿参与活动的劲头十足。虽然是八号开学，但是每个班级都是在六号就提前进入了开学的状态。研究主题、创设环境、编排早操、传达计划等工作都已顺利完成。本周二和周四朱园长和李园长分别到八大峡指导工作。她们分别走进了每一个部门向教师和职工们表达新年的问候。她们走进每一个班级，细致地观察活动区创设、耐心地和教师进行互动、提出了改良建议……一学期的工作在浓浓的祝福和问候中拉开了序幕。

"年"是一个比较成熟的主题，由于开学前园领导和分园园长分别和教师们做了细致的互动和研究，所以教师们对这个主题的推进和把握比较清楚。大、中、小班主题实施有条不紊地进行。

小班教师从"过年真热闹"入手，引导幼儿通过信息报、课件、照片再次回顾自己过年的快乐体验，并鼓励幼儿画出自己过年最感兴趣的事。如鞭炮、糖果、红包、年夜饭、新衣服等。在上周小班教师们开展了"分析幼儿的绘画作品，提供适宜指导"的研究活动。在绘画材料提供、指导绘画策略上进行了跨级部的对比和分析。级部间围绕制作、绘画、拼插活动开展了预操作活动。

中班教师在组织孩子回顾过年快乐经历的同时，引导幼儿收集了各种各样的"福"字，还组织幼儿进行了观察比较，在欣赏理解的基础上开展设计福字的创作活动。另外结合元宵佳节，组织幼儿了解了元宵节的来历，欣赏了各种各样的花灯，并带领幼儿运用制作、拼插等方式做了自己喜欢的花灯，还开展了亲子猜灯谜、做元宵的活动。

大班教师从绘画"过年的高兴事"入手，引导幼儿通过信息交流、绘画表征、泥工等多种形式的活动再现自己在春节里的趣事。从幼儿的兴趣入手，教师又结合教育目标引导幼儿观看了民俗录像、开展了做元宵、猜灯谜、拓展幼儿对龙年的认识……在此基础上引导幼儿欣赏了对联及吉祥话，鼓励幼儿自己创作对联并用简单符号进行表征。

同时我也发现了一些问题，如教师选择的彩喷图片应更具典型性，便于幼儿观察和创作表现；数学区域的材料没有与近期目标紧密结合，突出过年的主题。因此我也给教师们提出建议：信息区要及时张贴体现民俗活动的图片：糖球会、萝卜会及糖画、捏面人、剪纸等民俗活动。引导幼儿从报纸上搜集有关过年的图片信息，进行交流。

伴随着龙年的到来，新的学期已经开始了！宁园长说过："学前教育的春天已经到来了！"在这里让我们每个人都在心中祝愿：祝愿实验幼儿园在龙年里再创佳绩！

第八篇

保健园长曲烨的故事

曲烨小传

曲烨，中共党员，幼儿园高级教师、幼儿园后勤园长。1988年毕业于黑龙江省伊春卫校，后进入青岛市实验幼儿园工作。在个人成长与规划中，不断自我完善、自我加压，先后获得山东师范大学英语专业专科、青岛大学法律专业本科毕业证书，并通过国家心理咨询师考试，获得心理咨询师资格证书。

工作中，她始终坚持保育与教育相结合的原则，致力于卫生保健工作的研究，积累了丰富的经验，撰写的文章多次在省级、国家级幼教刊物上发表。其中《浅谈我园卫生保健及管理——杜绝传染病剖析》在“第一届中国学前教育研讨会”上做交流；《如何有效指导幼儿的生活活动》发表在《学前教育》；《适宜干预，纠正儿童偏食、挑食行为》、《细化卫生保健管理，提升服务品质》发表在《幼教园地》。由她组织编写的“幼儿园食谱”和“保健管理方案”，在青岛市教育局组织的“青岛市幼儿园优秀周食谱”、“青岛市幼儿园优秀保健管理方案”评比活动中分获一、二等奖，并多次受邀在市、区级保育员培训班上做讲座。

在特殊儿童不断增多的现实背景下，为更有效促进特殊儿童的发展，她潜心研究这个群体的心理、行为特点，不断尝试各种干预策略，对行为障碍、情绪障碍儿童的干预效果明显，得到了专家、领导以及家长的认可，并荣获“青岛市南区爱幼标兵”称号。其中，《对多发性抽动症儿童的有效干预》一文发表在《幼教园地》上，以《如何识别、干预幼儿园问题儿童》为题，在“青岛市托幼园所保健医生岗位新知识培训班”上向同仁做经验分享，并多次在挂职园长来园学习期间做特殊儿童干预经验介绍。

从心理学的角度进行自我反思

最近又重新翻开《心理学》这本厚厚的教学读本，从中重点重温了“思维的品质”、“意识的品质”等章节。在学习过程中，不知不觉中把这些内容与实践工作联系起来，如果能够注重提高自身的综合品质，对管理水平和工作质量将会有很大改观。

1. 提高工作质量从提高思维品质开始

一是思维的广阔性，一个人如果能全面而细致地考虑问题，不仅考虑整体还考虑细节，不仅考虑问题本质，而且考虑和问题有关的其他条件，那么他的行为表现一定会远远优于思维狭隘的人。二是思维的灵活性，一个人的思维活动能根据客观情况的变化而变化，那么他的所作所为会更加具有实效性。三是思维的批判性，是能使自己的思维受到已知客观事物的充分检验，以广阔性为基础。它有两个极端：一个是自以为是，另一个是人云亦云。四是思维的深刻性，能深入到事物的本质去考虑问题，具有以批判性为前提，丢掉不符合实际的假设，保留符合实际的假设精神。

在我自己的工作和生活中，时常出现思维的品质有待提高的镜头。如在实施“6s”管理过程中，我们缺乏思维的广阔性与灵活性，没有考虑到细节问题和客观实际；同时也缺少思维的深刻性，没有从“质”出发去考虑实施“6s”的意义。我们急匆匆地将学来的东西生搬硬套，全园上下充斥着图片或汉字，影响了整体环境的美观，而且粘贴的位置不当，造成了固定设施的损坏。随后又发现粘贴的部分图片或汉字每个月都要跟随主题的变化而变化，给教师增加了工作量。这些问题完全可以通过周密的筹划和思考加以避免。如果不去急于求成，可从五个园中各选出一个班作为试点，从审美、可操作性等方面进行尝试调整，不仅主观上要比较完美，还要通过客观事实去验证它的可行性，直至方方面面都得到充分论证后，再向全园推进，这样的流程才能够收获高质量的结果。

2. 提高工作成效从提高意志的品质开始

一是意志的自觉性。能够深刻地认识行动的正确性和重要性，并自愿调节和支配自己的行动，使之符合行动目的，这样的人具备了自觉性。二是意志的果断性。善于迅速地辨明是非，合理地采取决定和执行决定，这样的人果断性强。三是意志的自制性。自制性强的人善于控制和支配自己的情绪，约束自己的言行。四是意志的韧性。行动中坚持决定，百折不挠地克服重重困难去达到行动目的，这是人们普遍缺乏的一种品质。

从意志的品质四个方面分析自己，我欠缺的主要是果断性和坚韧性。首先，往往预设的目标是完美的、理想的，在付诸行动的过程中，常常因遇到困难或困惑而停滞不前甚至放弃，这是自己欠缺坚韧性所导致的，应该不断磨炼，增强坚韧性。其次，工作中发现问题后的解决效率低，即使进行了周密的分析和策划，仍有等待、观望态度，直接影响着工作的时效性，这是缺乏果断性的表现。应该锻炼自己达到“反应迅速、行动迅速”的水平。

3. 重视身教重于言教，提高后勤人员的业务能力

班杜拉是社会学习理论的主要提出者，他认为人的行为的获得，是由学习者在社会情境中，在观察别人行为表现的方式以及行为后果中间接获得的，提出了自我强化、观察学习和模仿等重要概念。经过耳濡目染，向别人模仿学习形成的，再通过社会学习而形成人格的过程中，班杜拉通过社会学习理论来进行人格培养，在教育上得到了广泛的应用，中国传统的身教重于言教的观念，在原理上与人格的社会学习理论是共通的。这一理论在教育教学中被应用，同样在管理中也能起到很好的作用。

近期因为接待任务频繁，教师为课程的实施忙忙碌碌，全园的环境卫生、生活活动质量受到影响，各园保健医也协助班级做了大量力所能及的工作，这个时候去指责他们的管理不到位未免有些不近人情。于是，我到哪个园都带着保健医生反复到各班检查指导，上午提出问题，下午查看落实情况，对没有解决好的问题，安排保健医生第二天继续跟进、督促，直至问题全部解决。某园区新上

任两个多月的保健医生，工作期间出现纰漏，指导、鼓励和批评一直伴随着他，虽然我是在真心关注他的成长，但却发现他见到我时常常表现出回避、唯唯诺诺的态度。这一表现令我反思：一味的说教可能会有两种效果，一是像他目前所表现的那样，限制了他的思维；二是产生强烈的逆反心理。这两种结果都不利于工作，也不利于他的成长。于是，近几周，我到这个园区发现问题时很少指责，而是多和他一起看、一起做，或者我来做、他观察。接下来，我看到了令人兴奋的状态，整个园区的环境卫生、幼儿的生活活动质量明显提高，与其他园相比有了明显的优势，我毫不吝啬、略带夸张地对他表扬了一番。接下来的日子里，他的工作态度非常积极，以往经常发生的找理由、迟交材料的现象不见了。

同样的问题也出现在炊事员的身上，检查过程中常听到"擦不出来"、"很难刷"等理由，我的做法就是亲自去擦、刷，拿出标准给大家看，他们的借口不攻自破，问题迅速得到解决。这就是身教重于言教的最好验证！

从理论上找到支撑点很重要，更重要的是会运用理论指导实践工作，我渴望做一个会将理论与实践有机结合的、会高质高效开展工作的智者！

在解决突发事件的过程中提升管理水平

上周发生了新保健医生为幼儿服错药的事故，家长气势汹汹地来园追问此事，甚至出言不逊。我主动承担了调查、解释任务。从常理推断，这样的事情不难调查。因为按照规定：服药要有记录、有家长填写的药袋、有药品的原包装袋，核对当天服药幼儿的药品筛查出有可能出错的名单，在这个范围内调查取证就可以真相大白。于是，在查看了当天的服药记录和每名服药幼儿的药袋，没有发现与家长描述颜色相符的药之后，我断定没有服错药的可能，并把判断结果告知家长。家长听到这样的答案后更加愤怒，投诉到宁园长那里，这次不仅仅是对服错药不满，还附加了对我处理结果的不满。

反思：我推断错误了吗？如果是我错了，服错药的药袋哪里去了呢？家长离开后，我要求值班保健医生回忆当天的情况，他答复我“没有服错药的事情发生”。

宁园长的分析与推理令我茅塞顿开。在调查孩子的过程中，也证实了宁园长的判断：甲的药错给乙服，包装袋被扔掉，甲当天没有服药，乙所带的药被倒掉并留存包装袋。之后两次与该保健医生沟通，他终于承认错服药的事实：在发现了自己的错误行为之后，他很紧张，没有向相关人员求助，却处心积虑地将证据销毁，让人无证可查。

知错就改，当天上午我分别给两名幼儿的家长打电话，如实地复述了服错药的事实，反思我们的管理还有漏洞，保健医的工作态度、品质以及业务水平还有待提高，连同我的武断处理给家长造成的不悦一并道歉。其中甲幼儿的家长对幼儿没有服药并不知情，接到我的电话后，被我们坦诚的态度所感动，不但没有责怪，反倒安慰起我来；另一位家长欣然接受的同时也对自己不冷静的态度表示歉意，表示有这样的领导班子，他对幼儿园的信任仍会一如既往。

再反思：经验主义使我在处理这件事中过于自信，反映出我的侦查能力、管理水平还有待提高，只有满腔的热情和责任心远远不够，还要不断提高自身的综合素养，从自己经历的每一个事件、从他人的经历中吸取经验和教训，注重磨炼自己，练就处事不惊、沉着冷静的能力，面对问题努力做到用事实说话，提升解决突发事件的能力和判断力。新保健医生对工作中失误的策略也值得我去反思，由于工作经验不足、心理承受能力较弱，当出现疏漏时表现出过度恐慌的情绪，甚至出现掩盖事实的行为。这就提醒我，在培训新员工时，要预设出“失误”或“问题”，分析、传授解决方案，引导他们在工作出现问题后要正面解决、勇于担当。除此之外，还应对他们进行适宜的心理疏导，避免遇到挫折后压力过大导致更多失误，或影响工作积极性，或因害怕而工作起来缩手缩脚。

反思是为了更好地开展工作、提供指导。本周我在某园区二楼办公室发现档案夹没有处理好，随便堆放在地上，影响了办公室的整洁。当我提出整改要求时，负责人罗列了诸多理由，且情绪激动，表达自己的工作量大，领导安排的临时任务繁多，经常加班加点等。起初看到他恶劣的态度，我有些冲动，一瞬间想到上周处理错服药事件的教训——不要因为对方的态度干扰自己的处事思路。我立即冷静下来，决定留出时间让他平复情绪后再处理。于是我及时终止了谈话，利用这个时间与分管领导电话沟通，了解他充满怨气的缘由。经过分析，明确了他有可能因为以下原因导致情绪激动：一是我们谈话的时间已是中午，也许他没有来得及吃早餐，这时已经处于低血糖状态，情绪易怒。二是关于档案整理工作，近期已有园领导找他谈过，当再次被我提起时，伤及到他的颜面，于是想极力为自己辩解。三是对自己的工作量存在不满情绪，想通过自己的解释释放工作上的不愉快情绪或引起园领导的重视。下午，我再次与他进行沟通，把分管领导反馈的信息逐条与他的理由进行对照分析，尤其是在工作量的调控方面，分管领导已经在关注他，统筹安排、把机动工作尽量安排给其他办公室人员，就是考虑到要给他减负。这时的他已经冷静下来，能够认真倾听并接纳，主动承认自己上午过于冲动，表达尽管上午口头上寻找借口，但在行动上已经立即做了整改，并主动邀请我查看整改效果。这时我环视四周，上午的凌乱场面已经不见了，这就是我们可爱的同事！不管情绪如何，绝不让工作效率受影响！

我很幸运，因为我身处一个和谐、合作的团队中，当我遇到困难时、当我出现问题时，总会有团队成员无私的帮助和点拨。不管宁园长多么繁忙，只要有需求，她总是能够毫不保留地从深层次引导我正确思考，当我向他人求助或倾诉时，大家都热心地出谋划策！有了团队的帮助和自己的努力，我相信自己的综合修养、管理水平将会不断提高！

关注伙房人员的情绪反应

随着对膳食工作要求的不断细化，督导过程中常遇到个别炊事员带着不良情绪工作，这样既不利于高质量完成工作，也不利于身心健康。我深入现场查找原因，有针对性地采取不同策略，帮助他们调整工作状态。

1. 执行带量食谱带来的不良情绪

执行带量操作是本学期伙房工作的工作重点，为此我们召开了保健医生、伙房班长动员会，声明膳食带量操作是《托儿所幼儿园卫生保健工作规范》中提出的要求，要无条件执行。重点对操作技巧进行了培训，要求保健医必须率先掌握计算要领，回到本园区后能够指导炊事员进行操作。接下来我为每个伙房配备了电子秤，要求炊事员对食物的原材料、净重、熟重以及分到各班的重量进行称量，并且做好书面记录。为了使伙房与班级的带量分餐标准统一，要求炊事员根据带量为每个班提供一份分餐样本，便于保教人员参照标准指导幼儿平均取餐。

在执行带量称重的过程中，有的炊事员有能力、会使用规定的方法计算带量，但缺乏主观能动性；有的炊事员因为计算能力欠缺，阻碍了带量工作的正常开展；有的炊事员认为这是浪费时间、没有实际意义，于是满腹怨言，对带量计算表现出厌烦、抵触情绪。大家的共同观点是：按照经验分餐很好，够吃又不浪费。

在巡视过程中，我重点对带量工作执行不畅的园区进行了跟踪指导。在不会计算的园区，我和炊事员一起从生重、熟重、带量分餐一一称量计算，尽管因第一次操作不够熟练，取餐时间稍稍延后，但我看到的是炊事员脸上洋溢着愉快的情绪，还不时爆出幽默的言语，整个伙房充满了笑声。我充分理解，平时不善动脑筋的他们整天拿着计算器、面对着重量的单位换算、不断变换的加减乘除,难免有畏难情绪,尤其是在没有掌握计算方法时,更是无从下手。当顺利开完午餐后,班长会心地笑道:“现在我们会算了!以后我们就按照这个标准做了!”跟随的是大家的附和声。对缺乏主动性、不接纳的园区,我的参与就是最好的解决方案,因为我带给他们的不仅仅是方法,更多的是理解与支持。

2. 改变陋习造成的不良情绪

开饭的时间,我在某园区发现保教人员都挤在操作间等待炊事员一份份地将饭菜发到手中,既不卫生又无序。询问原因得到的答复是:只有目前的方式才不会出现错拿饭菜的情况,一旦出现错拿的情况,需要炊事员到各班进行调查调整,影响了伙房工作的进度。当我与伙房班长交流整改方案时,遭到强烈排斥。我理解他们的苦衷,每天上午的工作量非常大,环环相扣,前期也确实存在保教人员到伙房取餐时比较随意,把自己的方便放在第一位,错拿了其他班级的饭菜,给炊事员造成不必要的麻烦。不可否认,这位班长的工作经验丰富、技术一流,每当我在幼儿膳食操作方面遇到困难时,与他沟通研究,总能从他那里获取有价值的信息,他的工作态度也是积极认真的。每个人都有缺点,他的缺点是固执、自负,不容易接纳他人的建议,激动时说话的语调不友善。不管优点有多少,有问题必须解决。我与他的交谈从个人修养、规章制度以及班长职责等方面入手,阐述了我的观点:一位工作多年的老职工,不仅仅要有过硬的技术,更要有让人敬重的人格魅力;幼儿园的规章制度不能以个人的意志为转移;身为班长,应该以身作则,三思而行,自己的言谈举止直接影响着团队成员的工作态度和工作质量。通过交流,他坦然接受自己存在的问题,并承诺立即改进。在接下来的几天,他的表现确实如他所说:坦诚面对问题,并在以后的工作中尽量避免重复错误。班长的不良情绪得到解决,其他成员的问题不攻自破。

在另一个园区的伙房,出现物品摆放不规范,剩饭菜处理不当等问题,其中有的是上周已经提出并要求整改的,这些问题的反复出现反映出炊事员没有养成良好的规范操作习惯。在他们忙过了高峰之后,伙房班长主动找到我做解释,我反问班长:这些问题被外人看见你们该如何解释?谁会听你解释?这种水平能代表实验幼儿园吗?连续的发问令他无言以对,表示一定吸取教训,立即整改。诚恳的态度是改变的第一步,而具体的方法和行为才是真正的改变。我建议他马上召开班组会,讨论如何杜绝这类现象的再发生,让每个人都发言、表态,共同讨论出具体方案,班长要监督大家的言行是否一致!要用他们自己的话来约束自己。

用良好的习惯替代陋习,需要一个适应的过程,这个过程需要有个性化的因势利导,也需要制度的支持和强有力的督导。当发现他们存在不良情绪时,要靠近他们,倾听、观察、了解他们,在技术方面有的放矢地进行指导,虚心学习他们的优秀经验,使他们获得成功体验;在情感方面尊重他们的个性特点,理解他们的心声,营造一个和谐、积极的氛围,达到愉快工作的境界。膳食质量、饮食安全是幼儿园工作的重中之重,伙房人员的工作态度决定着工作质量,我们应该关注他们的情绪反应。

从问题入手,对带量食谱的执行工作再研究

近期连续出现几起带量操作方面的问题,令我再次对膳食管理工作做出反思。

一是在某园区发现早餐每名幼儿 3 个鹌鹑蛋,而按照带量应该是 4 个/人。到会计室查看伙食管理员的带量计算,听他滔滔不绝地讲述计算过程,这一程序看似没有问题;到伙房查看操作过程,没有发现浪费现象;再核对出勤人数,当天的出勤人数是 210 人,而伙食管理员带量的人数从周一至周五一成不变均为 190 人。自此,可以对带量不够解释为:少计算了 20 个人的量。于是要求管理员注意掌握每天的出勤人数,根据人数的变动合理调整带量。但是,再度思考这个答案经受不住推敲:每斤鹌鹑蛋至少 40 个,进货单上显示是 18 斤,至少要有 720 个,但是当天早晨伙房班长点数分餐,分到各班的 630 个加上剩余的 12 个,还有近 80 个鹌鹑蛋不知去向,称量与盛蛋容器相似的箱子重量是 4 斤,

而伙食管理员反馈的“去皮”重量是1.5斤，终于找到了症结所在——进货过程中称重出现了漏洞。我立即提出整改建议：在验货称重时关注实际重量，准确掌握去皮的重量，对把握不准确的、新更换的包装盒应重新称重去皮，避免这些环节出现问题，导致幼儿的实际摄入量减少。

二是某园区出现了因带量不准确遭到家长投诉的情况。从建园至今，园领导给我们传递的理念就是：专款专用，决不克扣孩子的伙食费。记得有几个阶段因物价持续上涨而没有及时调整伙食费造成亏损现象，请示宁园长得到的答案是：该怎么定食谱就怎么定，不能因为物价上涨而降低伙食标准。就在我们潜心研究膳食带量的关键时刻，竟然出现这样的事件，实属不应该。调查过程中，同样存在带量计算人数不准确的情况。伙食管理员一味地怕出现浪费现象而控制进货量，或者是不掌握每天幼儿的出勤数，或者计算不准确，造成原料不足，这是执行带量食谱不畅的关键因素。另外，也存在计算带量比例不准确的问题，该园区只有中、大班幼儿，计算带量时应按照比例在原有的基础上乘以相应的系数，而实际进货时并没有体现出年龄差。还有，伙房班长工作中缺少灵活性，对教师反馈的情况不敏感，当保教人员来伙房添饭时，应询问具体情况，确实出现饭菜量不足的情况时，应将教职工的饭菜作适当调整，以确保幼儿吃饱吃均衡，教职工的伙食可以另行调整。

三是某园区午餐饭菜剩余过多，造成不必要的浪费现象，是带量不准确还是操作出现问题？调查结果是：当天的出勤人数因天气原因骤然减少，而炊事员在没有获得准确出勤人数之前已经将原料进行了初加工，当人数统计出来时，饭菜已经开始烹制。我立即对其他四个园区的出勤人数、进货量、实际加工和烹制的量进行了调查，得到的答复是：他们发现当天的出勤人数少，根据带量将多余的原料冷藏起来。

反思：膳食带量的问题亟待解决，不同类型的问题轮番出现，这与伙食管理员、保健医业务水平不高有关，也与管理、考核的力度有关。

解决策略：一是立即组织保健医生、伙食管理员以及伙房班长召开例会，再次培训带量操作要领，重点强调常见问题的应对方法。二是在巡视到各园时参加炊事员例会，对带量执行标准、计算方法、操作方法再做培训，达到人人会计算带量的目的。三是按照各自的职责进行分工：膳食带量工作需要大家齐抓共管、群策群力，炊事员遇到问题及时与班长商讨，伙房班长应保持应有的敏感度，遇到问题灵活进行调控，并及时把信息向保健医和伙食管理员反馈，把问题消灭在萌芽中；保健医生要将每日幼儿进餐过程中发现的问题进行记录，与其他园区的保健医生保持密切联系，共同探讨解决问题的策略，根据实际情况合理调整食谱带量；还要用专业的眼光去观察、分析，与班长、伙食管理员共同研究，发挥自身的专业特长，在伙委会成员中起引领作用；伙食管理员要不断学习膳食带量知识，不仅会准确计算，还会对带量食谱、实践操作提出合理化建议，成为专家型管理员。

每一次出现的带量问题原因都有所不同，有的需要反反复复几个回合，才能够找到带量不准确的真正原因，这样的做法有些婆婆妈妈、有些令大家不快，但不挖出问题的根源，就不能从本质上杜绝类似问题的再发生。后勤的管理工作就是这样琐碎，尤其是保障幼儿每天都获取充足营养的膳食工作，来不得半点马虎。

只有把心沉下来、把情投进去才能扎扎实实地把工作做好、做细。通过近期的几起事件，大家从思想上重视了膳食带量工作，操作的熟练程度也在不断提高，体现出大家都有自我反思的能力，都能够从问题中吸取经验，不断完善自己的工作。

与管理员共同反思，不断提高膳食管理质量

本周召开了伙食管理员会议，这是第一次单独为他们开会。主要内容有：

第一，反馈近期食药局抽查两个园区的饮食安全工作，对伙食管理员所做的台账、索证管理给予高度评价，既规范又详细。听到这样的消息，大家都非常

高兴，表示不骄不躁、继续努力。

第二，对带量出现的一系列问题逐一反馈。结合问题进行带量计算的培训，也渗透一些儿童膳食营养方面的知识。鼓励大家做研究型的管理员，膳食带量出现问题需要调整，应及时与保健医、伙房班长共同研究；做出更改后，要掌握是否有剩余或不足，确定调整的量是否合理，让“更改”经得起推敲。

第三，近期，各园对伙食库房的管理均存在不同程度的松散状态，个别园区库房门上锁不及时；有的园区因库房条件不好而将粮食按类存放在操作间。强调必须按制度规范管理，每天固定出库时间，库房门及时上锁，钥匙必须由伙食管理员保管。

第四，加强与各部门之间的合作，工作中出现问题不遮不掩，按照正常渠道积极解决问题。

第五，集体分享各园的台账、索证等资料，相互学习，进一步完善台账管理工作。

第六，严把食品进货关。宁可更改食谱，也不能迁就不合格产品进入伙房。不能因为数量少而不追究，比如，每次送来的鲜奶都会有包装袋破损的情况，大家往往会因为数量少而不计较，这往往会纵容供货商不注重供货质量。应提出明确要求，对检出的不合格产品必须退换，并对供应商加以警告，只有这样才能引起他们的重视。

最后，大家结合自己的工作进行了反思。

1. 对多次出现的带量不足或剩余过多情况的反思

以往对带量的理解有误，所以当被指出错误时心里不能接受。他们原以为送回伙房的盘子里还有剩余，就说明带量足够。经过培训，大家明白了这其中的道理，明确表态，在今后的工作中严格按照带量要求操作，有问题及时反馈，共同讨论解决。

2. 对库房管理不规范的反思

有的管理员担任低值易耗物品管理和维修小组组长，突发情况比较多，往往容易打乱自己的工作计划，所以在伙食管理方面只是画“粗线条”。表示将合理调整自己发放物品的时间,将维修工作根据个人的特长进行细致分工,在伙食管理方面多投入精力,把“粗线条”画细画精。有的管理员认为自己对制度、规范等学习不够细致,所以执行的标准不高,接下来将认真学习相关法规、制度,并将其精神落实到工作当中,严格执行各项管理制度。

3. 自我反思

四位伙食管理员都是返聘人员,他们退休前在原单位都是管理人员,自我管理水平很高,对待工作一丝不苟。面对问题,他们的态度是不回避、不推脱,这种敬业精神令人感动。以往我到各园区发现带量不准确就及时指出,伙食管理员立即调整,从表面现象看是在解决问题,而实际上他们是在被动操作,并没有真正接纳带量要求。他们认为够吃又不剩余是最佳效果,不懂科学带量是依据儿童不同的年龄对营养素不同的需求量而制定的。这次会议也让我发现自己的工作方式出现了问题,“治标不治本”。如果先把科学带量的知识培训到位,再实施带量操作,就不会出现管理员因不懂而不愿意接受的情绪,就会避免反复出现带量出差错的情况了。今后遇到问题时,一定要提醒自己从深层次查找原因,尽可能从根处解决问题,不断提高工作效率与工作质量。

“特殊儿童干预记录”读后感

为更好地积累对特殊儿童的干预经验,根据园务计划要求,本学期起,有特殊儿童班级的教师每月撰写一篇干预记录。目前,五个园区被干预幼儿共有14名,第一批收集了9位教师撰写的12篇干预记录,我一一详细阅读,教师撰写的态度认真,但受专业限制,干预策略与撰写的水平参差不齐,为尽快提高撰写质量,我组织了“特殊儿童干预记录分享活动”。

活动分为两部分,一是推选出干预记录撰写质量较高的教师进行经验介绍,二是由我选择具有分享价值的干预记录进行点评。

一、分享篇

第一,赵老师凭借自己的职业敏感,加上细致的观察,发现豆豆的社会性发展水平与实际年龄不符,于是就为其建立了个案观察记录。详细记录了该幼儿的行为特点,及通过干预幼儿发生的变化等。由于早教中心上课频率为每周一次,干预任务绝大多数要由家长来完成,所以对家长的指导显得尤为重要,这份记录中也有对家长的指导和效果。录像、照片资料丰富,多形式、立体呈现了孩子的发展变化。通篇记录流畅、丰满,从中能够看得出她对特殊儿童的关注度和干预的有效性,是一篇质量较高的干预记录。

第二,李老师撰写的干预记录真实地反映了她对自闭症儿童的关注与关爱,她非常了解青青的性格特点和发展水平,在干预过程中能够充分发挥其特长,培养其自信心和参与意识。如在安排升旗手的任务时,李老师利用青青节奏感强的特长,由他负责在规定的节拍上将国旗"甩出去",在完成这一简单的任务后,他获得了同伴的赞许,体验了成功的快乐;指导绘画时,针对青青想象力较弱的问题,李老师以提问的方式引导其丰富画面;针对其倾听习惯、规则意识差的问题,当发出的指令没有被执行时,李老师没有重复要求,而是让青青自己复述教师的要求并按照要求做,达到语言落实到行动中的目的。在指导过程中使用的指导语、指导策略都是有效的,干预效果明显,所做的干预记录很有分享价值。

第三,陈老师为同伴关系不良、兴趣狭窄的冉冉所做的观察记录中,能够就一个干预活动的全过程做详细记录,但干预方法是否得当需要进一步探讨。建议:在同伴面前展示他拼摆能力强的特长,帮助其树立自信,激发他尝试参与不同活动区活动的兴趣,创造与同伴发生良性互动的条件。

二、点评篇

第一，Z 老师对班里发育迟缓的幼儿倾注了很多心血，但撰写的记录类似于小结形式，没有具体的干预过程，细节描述少。干预方法、策略与孩子的实际发展水平不符，没有遵循"循序渐进"的规律。指导建议：干预方案的制订应尊重孩子现有的发展水平，目标定位在最近发展区。干预工作每天都在进行，而干预记录尽量选择达到预期干预目标的活动，或选择干预不成功、具有探讨价值的片段，还可以针对困惑进行干预追踪记录。

第二，P 老师对语言发育迟缓幼儿的干预记录仅停留在初步判断的层面，只对幼儿的具体表现进行了描述，没有干预过程的记录。而据我所知，她在日常工作中，做了大量的干预工作，尤其是对家长的指导非常频繁。可见这份记录没有用心撰写，失去了分享、探讨的机会。

第三，W 老师详细记录了孤独症谱系障碍的同同在信息区活动、干预的全过程。教师从引导同同观察乌龟的外形开始，渐渐地引申到观察乌龟的动作，当看到乌龟的头一伸一缩时，W 老师问："乌龟的头怎么了？"他着急地说："乌龟头……头……"在停顿了几秒钟后迅速跑开，干预结束。活动过程中，教师关注孩子的活动兴趣，注重激发孩子探究的欲望。但由于对特殊儿童干预经验不够丰富，当儿童遇到困难时，教师没有适时提供适宜的帮助，而是默认他目前的发展水平，错过了一次干预机会。因为同同的词汇量不丰富，对抽象词理解困难，如果在"乌龟的头……"停顿之后，教师能够一边表演一边教他说出"伸——缩"或者"伸出来、缩进去"，那么就达到了语言干预的目的。这种直观的、加入动作的语言学习简单、有效。

第四，X 老师对社会性发展滞后的倩倩所做的干预记录也属于总结概括式的，比较粗略。而日常活动中，我观察到倩倩的进步较大，干预效果明显。记录中缺少干预实例，对策略的描述不具体、不清晰，如果能就一个活动或者一个环节做详细描述，阐明干预方法，那么这将是一份很有分享和剖析价值的干预记录。

第五,C老师针对多动症儿童仔仔撰写的干预记录数量较多,看得出她非常关注仔仔,但缺乏有效干预策略,因此没有分享的价值。其主要原因是教师不了解多动症儿童的特点,没有掌握干预要领。例如:对待仔仔频繁出现的破坏、攻击等问题行为,教师采用的方法与正常儿童没有区别,不停地讲道理、劝告、提要求,毫无效果。

提高干预记录的撰写质量要从提高干预水平入手,而要对特殊儿童实施干预,首先要识别其主要问题是什么,干预原则是什么,还要根据其发展水平制定干预目标,这样才能够有目的、有针对性地进行干预,才能做出有分享价值的干预记录。而教师在职前学习和工作中没有接触过特殊教育,要达到这一目标,任重而道远,我将尽我所能,发挥引领作用,和教师共同学习理论知识,在实践中共同探讨、研究,寻找有效干预策略,不断积累、分享经验,为促进特殊儿童的发展尽一份绵薄之力!

筹备、参与"六一露营活动"有感

今年的"六一"儿童节,我园组织的露营活动不单单对孩子富有意义,对教师也充满了挑战与新奇,因为对我们所有人来说,这是"第一次"。

在筹备过程中,教师咨询我:有的孩子一夜能尿几次床,该怎么护理?有的孩子夜里容易出汗,出汗后一着凉就不停地咳嗽怎么办?这些问题提醒了我:这么多生活习惯不同、体质不同的孩子同时露宿在幼儿园里,单靠教师逐个向家长询问孩子的特点难免有疏漏,况且在"六一"前教师们已经忙得分身乏术了,这无疑又给教师增加了工作量。

解决方案:设计"幼儿露营活动调查表"和"夜间体温测量、护理情况记录单",让家长如实填写调查表,教师做好记录单的统计。

“为了使幼儿在夜间睡得更香更舒适，请您简明扼要写出幼儿的睡眠特点，有哪些特殊需求，以便于教师在夜间巡查时更有针对性地进行观察、护理。”读着调查表的开头语，家长感动于我们对孩子无微不至的关爱。教师们认真阅读家长填写的调查表，在“护理单”上注明有特殊需求幼儿的护理内容。夜间值班教师根据“注明”的要求进行睡眠护理，并做好护理记录。

两张简单的表格既省却了口头交接的麻烦，又体现了我们工作的规范性与细致性。

活动开始了！我在曙光园参与了露营全过程，情不自禁地被每一个环节打动着。

首先，是孙园长对各环节的掌控游刃有余，开始与结束的时间与计划吻合；其次是王开教师主持的篝火晚会效果好，这个环节也是对外展示露营活动的关键，王老师用清晰、简洁的语言发出指令，幼儿反应快速敏捷，整个活动凝练、紧凑，气氛活跃，现场不仅是孩子、教师、后勤人员情绪高涨，就连在栅栏外面观看的居民、家长都兴奋不已。有一位毕业两年的幼儿家长问我：这是什么活动？可惜我们的孩子没赶上！活动结束后，有家长（或许是家长）在门外大声向孙园长道谢：你们辛苦了！你们太辛苦了！活动搞得太好了！连我们都很激动！

在就寝环节，教师们的表现让我感动。大一班个别幼儿情绪不稳定，兴奋、焦虑、害怕，加上帐篷里闷热，导致入睡困难、烦躁不安，十点了仍有大部分幼儿没有入睡，我决定调配教师帮忙，可大部分教师已经为了下半夜值班而早早入睡了，只有张丽、曲佳、潘燕老师醒着，但他们接下来要在大二班值班，尽管有许多不忍心，我还是提出让他们到大一班帮忙，三人没有半点推辞，快速起身投入到工作中，包括我在内六个人终于在十一点之前让大一班全体幼儿安静入睡了。十二点，几乎没休息的张丽、曲佳老师又准时到大二班交接班，没有任何不满的情绪。大二班姜雪峰老师因为自己也是妈妈，所以组织的入睡环节井井有条，除了顺利地让孩子快速入睡，还在十二点交接班之前，和搭档高洁老师一起把容易尿床的孩子叫起来小便，再次全部安顿好起夜的幼儿后，仔细把幼儿的情况交接给下一班，使得下一班教师的工作变得轻松。

后勤人员在整个过程中也表现的积极、主动，伙房的杜洪民和吴绍斌、网管王明连、保健医生王鑫等人热情高涨，动作迅速，只要有需要，立即行动起来。篝火晚会结束后，大家齐心协力，以最快的速度收放好帐篷，清理了场地。别看王鑫自己还是个大男孩，但他眼中有工作、心中有孩子，为教师、孩子提供了超出想象的服务。晚检、夜间观察细致入微，有的孩子咳嗽，他不厌其烦地一遍遍送药、送水，孩子情绪烦躁，他陪伴在一旁安抚、测体温，大家习惯了把跑腿、琐碎、无人负责的工作都交给他，他却没有半句怨言。

第二天早晨，尽管每个人的脸上都写着疲惫，但情绪是愉悦的，大家井井有条地开始了新一天的工作，这种工作态度真的令人感动。中午孙园长向全体教职工转达了宁园长的关心和问候，大家的眼里充满感动，曹幸提议以 VCR 的形式向宁园长道谢，于是每个人冲着镜头说出了自己的心里话，我含泪观看着这感人的场面。这就是我们积极、向上、有凝聚力、有深厚情感的团队！

为了下一次露营活动开展得更成功，兴奋之余我也对后勤保障工作存在的问题进行反思。

（1）有的教师缺乏对幼儿夜间入睡护理的经验，生搬硬套按照午睡的方法护理，对突发情况处理不当，导致幼儿入睡速度慢、情绪焦虑。例如：有的幼儿咳嗽，引发其他幼儿模仿，寝室内咳声此起彼伏；有的幼儿因焦虑而尿频，而如厕后的冲厕声音非常大，导致刚刚有睡意的幼儿因惊吓而清醒。

（2）交接班环节不够严谨。个别班在交接时没有详细填写交接班记录，造成下一时段的护理出现疏漏或重复劳动。

这些问题的解决方法非常简单，总结这一次的经验与不足，下次筹备、组织类似的活动时一定会更加细致、完美。

严把餐具的清洗质量,确保幼儿的身心健康

前期在某园区跟踪保育员工作时,看到了意想不到的一幕。早餐后在清洗餐巾、餐具环节,一位新上岗不久的保育员用力挤压着洗涤剂的瓶子,很显然——洗涤剂的用量太多,我问:“你准备用清水冲洗几遍?”保育员迅速回答:“两遍!”我不动声色地等待预测的结果出现。她按照惯例搓洗一遍、用清水冲洗了两遍之后,水上漂满了细密的泡沫,这时的她才意识到洗涤剂的用量大了,两遍根本无法冲干净,况且这两遍水的用量也远远不足,每次仅有半盆水。刷洗勺子的过程也存在问题,第一遍用手搓洗每一个勺子,接下来把勺子放在盘子里接着水龙头反复冲,当我把叠套在一起的勺子打开时,残渣和泡沫依然附着在勺子上。保育员对此给出了解释:我的跟踪令她很紧张,洗涤剂放多了,他会根据情况增加冲洗的次数,直到没有泡沫为止,勺子也会在最后的烫洗环节彻底洗干净。

反思:虽然在突击检查其他班时,没有发现类似现象,但仅这一例就足以引起我们的密切关注与反思。一直以来,我们对餐具的清洗、消毒质量非常重视,采取跟踪、抽查等方式对这一环节进行监督、指导,以保证清洗质量,因为它决定着全园幼儿和教职工的饮食安全。在我和保健医生对保育工作的跟踪与检查过程中,没有发现特别之处,他们的操作规范,从洗过的餐巾中抽出几条放在水中搓洗,也没有发现冲洗不干净的情况。也许这次的餐巾清洗质量是偶然现象,但无论是偶然还是普遍现象,都不应该再发生,幼儿用这样的餐巾多么可怕!

解决策略:

一是各园保健医生公布这一信息,配发现场的照片。要求保健医生重视餐后的整理、清洗工作的监督检查,加强对新上岗保育员的指导。

二是立即组织保育员观看照片，节选“保育工作流程”录像中“餐具清洗的要求”部分集体观看，强调规范操作要求，严格控制好洗涤剂的用量，冲洗时水量要充足，如果洗涤剂用量大，必须冲洗到无泡沫为止；冲洗勺子时必须搓洗每一把勺子；最后的开水烫洗非常关键，既能去除油渍又能去除残留的洗涤剂。要求保育员以“同理心”对待工作，要经常反问自己——如果是我的孩子，我会怎样对待他们？我是否做到了问心无愧？

三是合理安排自己的时间。我在短时间内分别对29个教学班进行保育工作半日跟踪，重点跟踪了新上岗保育员和教师轮流做保育工作的班级，重点环节是餐前准备和餐后清洗，从根源处发现问题，解决问题。

效果：通过对问题的分析、对要求的重申以及观看录像，大家更加重视消毒与清洗餐具环节。在后续的追踪过程中发现，保育员操作规范，清洗质量高。不仅如此，他们还在实践工作中利用现有条件创造性地开展工作，寻找高效、巧干的方法，我及时把他们总结积累的经验分享到其他园区，进一步提高保育工作质量。

再反思：关注保育工作质量的同时，也要从情感上去关心、关爱保育员这个群体，他们都是非在编人员，上岗前所从事的工作各不相同，所受的教育和个人修养差别很大，尤其是他们当中绝大部分处于更年期这一特殊年龄段，处理问题容易受负面情绪影响，容易将事情复杂化，偏执、固执、易怒、记忆力差是这一时期的特点。除了日常工作中关心他们的情绪情感，分享他们的快乐，疏导不良情绪，我还利用月例会的机会，让他们描述各自的更年期症状，教给他们一些缓解症状的方法。这样的交流能够迅速拉近彼此之间的关系，工作中因争执引起的不愉快情绪一扫而光，我们的关系变得融洽、沟通变得顺畅。我们努力的目标就是让他们真正融入到这个团队当中，带着爱心去工作，这样才能自觉主动地履行职责，高质量完成保育工作。

要解决问题首先要善于发现问题，发现问题需要有敏锐性，更需要有“问题”现场。因此，只有多走进现场，细致跟踪、用心观察，尤其是在大家最自然的状态下跟踪观察，才能够捕捉有价值的信息，能够发现一些隐性的问题。人是有惰性的，一旦失去有效管理，不良行为即会取代需要付出辛勤努力才能达到的良好行为。管理的作用就在于约束、理顺、规范大家的行为，提高管理水平是确保工作质量的必要条件。

“如何有效与家长沟通”培训有感

根据宁园长的安排，我代表领导班子分批对全园教师和保健医生进行“如何有效与家长沟通”培训。接到任务后，原本全园分两批培训的计划被我改为每个园区分两批进行培训，这样做一是为教师节约时间，不用为了参加培训奔波到其他园区；二是小范围的培训可以面对面互动交流，教师接收的信号高于集体培训的效果。

耗时两周的时间，我先后做了八场培训。选取了发生在我们身边的七个鲜活的案例，分享了园领导参与处理的全过程，同时也分享了宁园长对处理过程的点评，使教师和保健医从中吸取经验，提升解决问题的能力与沟通的技巧。主要内容有以下几点。

一是掌握事实真相，如实反馈。幼儿在园期间受伤，教师应尽可能将整个过程了解清楚，如果不是自己亲眼所见，要向他人，包括幼儿进行询问，或者让幼儿模拟当时的情景。在与家长反馈时，教师要如实、尽量详细地向家长描述受伤过程，如果是被某一物品打伤，要向家长展示具体的物品，让家长做到心中有数。不要试图遮掩事实，不要随便使用“不知道”、“不清楚”等短语，以免被家长误以为孩子被忽视，或给家长留下推卸责任的印象，甚至会被不理智的家长断章取义。教师更要如实地向园领导反馈事实真相，使园领导在处理问题时能够依据客观事实做出判断分析，思考处理的策略。

二是与家长交流的态度要保持不卑不亢。要敢于承担责任，对自己的过错要诚恳道歉。面对家长的无理要求、不坦诚或过激的态度要冷静分析、引导，谦虚但不要过于谦卑，表达时要自信、沉稳，要掌握主动权。在解决矛盾时最好是先倾听家长诉说，倾诉可以缓解、平复家长的激动情绪，也可以让我们从中找到谈话的切入点。交流过程中如果遇到家长经常打断你的话时，应该提醒家长耐心倾听，一味地任由家长打断话题，会扰乱你的谈话思路，影响到谈话的效果。

三是学会保护自己。遇到家长无理取闹、影响了正常的教学秩序时，应严肃劝其离开。当家长出现过激行为时，不要擅自与家长单独接触，要学会保护自己，以免被伤害，必要时应立即报警。

四是关注有特殊需求的幼儿和家长。教师每天对有特殊情况发生的或是家长有特殊要求的幼儿以最适合自己的方式做记录，晚间离园时要重点与家长交流、反馈。其他幼儿可以进行分组，每天重点交流几名幼儿，保证每名幼儿每周都能有一次与家长详细交流的机会，避免家长因长期被忽略而引发不满情绪。一旦有遗忘的事件，要在第一时间采取补救措施，可以给家长打电话、发短信说明，也可以预约时间面谈。

五是要敢于发言。当教师参与园领导与家长的约谈时，要发挥自己的作用，适时发言，唯唯诺诺只会让你的威信在家长心目中大打折扣。当出现了问题在班级得不到解决，上升到园领导出面解决时，再加上教师的“坐观其变”、“不言不语”，只会让家长对你产生不信任感。

六是兑现承诺。对有特殊情况的幼儿，应与家长共同探讨解决方案，一旦达成共识，教师应铭记在心，不等不靠，在约定的时间内兑现诺言。否则错过了解决问题的最佳时机，不但影响了幼儿的发展，还将失信于家长，日后的家长工作将会事倍功半。

七是对幼儿的求助声音要敏感。教师不要随便用“等会儿”、“不要紧”等短语敷衍“爱告状”的幼儿，要耐心听完幼儿的倾诉，根据孩子的发展水平采用不同的处理方式，或引导幼儿自己尝试解决问题，或直接教给他解决的方法，教师给予辅助，相信经过一段时间的培养，幼儿解决问题的能力增强了，告状的频率会降低。一味的敷衍不但阻碍了幼儿的发展，更有可能漏掉重要的信息，如五官异物、外伤等，造成不良后果。

培训工作结束后，教师们一致反映：这种结合具体案例边分析边讲解的学习，能够让大家产生共鸣，而且小范围的学习倾听效果好，收获很大。年轻教师更是表达"太实用了"，有位教师兴奋地告诉我："昨天我们班有位家长对孩子与同伴发生矛盾表示不满，态度很不冷静，我就用上了你讲的'遇到家长态度过激时如何处理'的办法，效果很好！"。

从教师的反馈中看出，这次培训丰富了教师与家长的沟通智慧，案例的描述起到了的示范作用，教师在家园沟通工作中能够灵活借鉴，获得成功体验。培训工作达到了预期目标！

抓住时机，展示隐藏在背后的亮点

近期又有挂职园长来园学习，我园的课程实施质量备受来访者的关注，但连续十天的全日跟踪，幼儿的生活活动、保育、饮食工作质量也将会一览无余。这既给我们的工作带来压力，同时也是展示这些隐性亮点的好时机。

1. 高质量的生活活动赢得称赞

一天中午，20位挂职园长在阳光园大二班观摩了午餐活动，从四位小值日生自信、温馨的报餐开始就赢得了园长们的称赞，之后幼儿从容地盥洗、取餐，各环节安静、有序、紧凑，把掉到桌子上的饭渣捡到垃圾盘中、餐巾叠放得整整齐齐……时刻体现着文明与礼仪。当发现每张桌子上有两个垃圾盘时，有的园长询问缘由，当我告诉他们：一个垃圾盘、一个抹布盘，不然容易把垃圾和抹布搅在一起，使用抹布擦桌子会越擦越脏。在场的几位园长感叹：你们的工作太规范了。当看到有两名幼儿坐下来就先喝汤时，一位园长疑惑的问我为什么，我解答：这两名幼儿属于肥胖儿，这是我们的干预方法，先喝汤可以让他们有饱腹的感觉，食欲相对减弱，进餐速度减慢，食量也会减少，在宽松、自然的状态下控制幼儿的进食量，控制幼儿的体重增长。园长们听后啧啧称赞："幼儿已经养成了良好的行为习惯，这不是一日之功啊！你们的教师也是在真心关注每一名有特殊需求的孩子，工作太细致了！”

伴随着称赞声，我也看到了不足。

问题：一是幼儿不能把“轻轻地做事情”贯穿于各环节，如搬小椅子时出现较大的碰撞声。二是教师对个别进餐习惯不良的幼儿指导不够，如有的幼儿吃饭速度过快，仅仅十分钟就结束进餐。

反思：这些问题在各园各班均存在，主要原因是一日活动的各环节衔接较紧张，尤其是当上一环节出现拖堂现象，导致下一环节时间仓促，来不及细致指导，一些问题被得过且过；再有，教师强调做事的速度，认为速度可以说明质量。这反映出教师指导幼儿不到位，也反映出我们检查、指导教师的标准存在问题。以进餐为例，因为各班均有进餐习惯不良的幼儿，我们每天重点检查在规定时间内是否结束进餐活动并作详细记录，但对进餐速度过快的幼儿仅是口头提醒，却没有把它作为生活活动质量考核内容，给教师发送了错误的信号，导致教师忽略吃饭过快的幼儿。教师的工作内容繁杂，有时心有余而力不足，管理者重点抓什么他们就重点做什么，因此出现问题时，我们应该先从管理者角度反思，检查督促的力度够不够，对重点、难点的指导是不是具体到位。我将近期出现的问题进行汇总，在下周的保健医例会当中逐一分析，强调下一阶段的工作从问题入手，进一步提高幼儿的生活活动质量。

2. 精心钻研的膳食工作收获美誉

宁园长为挂职园长做的“基于人本主义的后勤管理”报告时，我发现挂职园长对我园的花样食谱非常感兴趣，看着课件中各种各样的面点照片，小声嘀咕：“太诱人了，看着就想吃！”学习结束后，我把这一信息传递给面点师耿少红，商讨我们是否应该做一些幼儿加餐的面点给挂职园长品尝？一拍即合！接下来快速制定出面点花样的种类、带量、订购原料，短短的半小时，一切准备工作就绪。第二天下午，花样各异、色泽鲜艳的面点由耿少红和张松两位师傅送到二楼会议室，朱园长特意向客人做了介绍，大家当时的表情可以用“垂涎欲滴”来形容，一盘盘形色诱人的点心顷刻间一扫而光。两位师傅用他们的巧手把客人从听觉、视觉的诱惑转为味觉享受，相信这样的方式会加深他们的记忆。吃过之后，大家并没有满足，还想要获取制作方法，于是耿少红师傅毫无保留的现场答疑。大家感慨：其实做起来很简单，这就是用心与不用心的区别，你们幼儿园的厨师都这么优秀！其实，我们可以展示的何止是这几种面点？我们创新了几十种菜品和面食，无论从色、形、味还是营养价值等方面，都值得广泛推广。

展示活动让客人看到我园不仅教育教学质量领先，幼儿的生活活动和后勤工作同样在高质量开展；同时，也让教职工获得了成功体验，有效激发了他们的工作积极性，教师更加重视幼儿生活习惯的培养，保育员和炊事员更加注重日常工作的操作规范性、经验的积累和创新的意识。

对教师习惯养成的管理

近期我在某园区看到“6S 现场管理”质量不高，主要是物品摆放存在问题较多：橱内衣物凌乱堆放，餐点后的用品不能及时归位，搭建区的积木不能按照类别摆放在规定位置，琴凳内物品过重压破了底座等。各班的质量参差不齐。

反思：出现问题与班主任的管理、与保教人员的习惯养成有直接关系，每当遇到更换主题或有接待任务时，教师的精力往往容易偏向于教育教学，忽略了幼儿的习惯养成和保持自己的良好习惯。

解决策略：各班情况不尽相同，要逐一分析解决。

没有专职保育员的班级出现问题与当天负责保育的教师工作效率有直接关系。例如：上午提出问题时，她满脸真诚地答复我：“还没来得及，马上整理！”下午再看到问题时，她仍用同样的话来解释。我耐心帮助她分析：每次看到她都处于忙碌状态，但总是达不到预期效果，问题的根源不在于“来不及”，而是自己的“统筹能力”出了问题。做保育工作也要有计划，哪些工作要立即完成，哪些工作可以延迟完成，有没有几项工作可以合并完成的，要心中有数。举例说明应该如何衔接各环节，使效率更高、速度更快。对没有保育工作经验的年轻教师，要求她多向有经验的专职保育员取经，可以调整工作时间去观摩她们的工作方式，从中习得一些技巧。

对存在问题最多的班级，我与保健医生交流了他日常管理的策略，他表示：开学以来针对这个班级存在的问题已多次与班主任交流，分园园长也亲自参与交流，并按照实际情况进行了月考核，但他们的反复性太强，总是处于时好时坏的状态。很明显，这是班主任的工作态度出现了问题，自己没有养成良好的工作习惯，没有给班级成员起模范带头作用。我和保健医生共同与班主任进行了交流，先利用照片的形式向她再现当时的场景，直截了当指出这些问题就是教师和孩子没有养成良好行为习惯所导致的结果，班主任对此没有异议。接下来我进行了分析："你组织的教学活动那么出色，公开课上得那么精彩，说明你非常聪明，能力很强！为什么在孩子和自己的习惯养成方面总是出问题呢？我认为就是态度问题，就是思想不重视导致的，缺乏坚持性。如果把这些问题分享给大家看，大家会怎样评价你呢？是不是会觉得你善于'作秀'？你不能以身作则，怎么行使你的班主任权利？你说出来的话有分量吗？"班主任非常诚恳地作了自我反思："这些问题都是我的原因造成的，每次整理物品时，都是我的东西乱摆乱放，没有别人的东西，你说的没错，我就是缺乏坚持性，发现问题也经常清理，但清理过后继续乱堆乱放。"最后她很坚定地表态："活动组织的好其他方面也要做好，一定要坚持抓好孩子的习惯，也要把自己的陋习改掉。"

效果：连续几周到该园区，各班衣帽橱内、活动室的物品摆放井井有条，尤其是问题最多的班级，没有再发现同样的问题。短时间坚持不难，连续坚持下来很不容易。这就是我们可爱的老师！不但有胸怀接纳问题，还有能力解决问题，更有讲诚信的品质，令人敬佩！

第九篇

教科室主任韩金霞的故事

韩金霞小传

韩金霞1998年自山东师范大学教育系学前教育专业毕业后，来到青岛市实验幼儿园工作已近十四年。其担任教科室主任和早教中心负责人，喜欢研究和反思实践。该同志先后赴北京、上海、英国访问学习，先后获"心理咨询师"资格证书，南京师范大学研究生学习班结业证书；我在"同伴交往"、"课程构建、组织与实施"、"管理策略"等方面开展研究，在各种教育杂志发表《我园教师思维管理初探》、《换个角度看调皮孩子》、《班际活动中的同伴交往》等十余篇论文；先后荣获"市特级教师"、"教育能手"、"中小学学科带头人"等荣誉称号。

专家引领我成长

本周宁园长聘请南京师范大学教授许卓娅来到幼儿园，为我们开展音乐专题培训。整个培训在轻松的音乐活动中进行，每一个环节都引人深思。

许教授幽默的举止，像孩童一样真切的表现力一直萦绕在我脑海中。音乐一响起来，她的眼睛就亮起来，与给孩子做示范有些不同，她全身心地投入，快乐地沉浸在音乐之中，她用自己的行为告诉孩子，自己喜欢音乐。她是一个学者，更是孩子喜欢的一个玩伴，在与孩子一起跳舞的环节里，她一直弯着腰或者屈膝，让自己与孩子的眼睛能够平视，她那么虚心地跟孩子学习动作，从内心透露出对孩子创造的动作的好奇。从这一言一行中都能够感受到她对儿童是如此的尊重，如此的真诚。难怪我走进教育现场时，从幼儿那里获取的信息很匮乏，因为我没有真诚地与孩子进行交流，没有进入到孩子的视野，与他们同玩同乐同思考。如果我作为一个管理者与孩子互动的姿态是真诚的、投入的，那么也会影响到教师们。

她的培训方式别出心裁，首先请我们撰写关于游戏本质的词汇，然后分享不同教师的观点，以现场互动的方式让我们体会到什么是建构学习。每位教师在培训中都踊跃发言，积极交流自己的想法。许教授用心倾听每一位的发言，她的提问不是为了寻求问题的唯一答案，而是激励每个人去寻求自己没有的经验。这让我们深深地体验到：只有彼此分享不同的想法才能不断建构新的经验。

许教授的培训引发了我深深的反思：我在组织教师们研讨时，并没有遵循建构的理念帮助教师建构新经验。有时急于陈述、传达自己的想法，就没有给予教师充分发表意见的机会；教师发表的意见通常还要细细地评析一番，告诉教师应该怎样，试图让教师接受自己的思想。有时教师不情愿接受，有时教师并没有理解,因此教研效果不佳。就像前期大尧园早教中心准备组织家园沙龙活动,我建议体现家长的主动参与,并为教师列出活动组织的程序。但是教师们并没有领会和接纳。从培训中,我体悟到自己并没有认真倾听教师的想法,与教师就活动的组织过程进行细致交流和互动,在讨论中形成一致意见。看来,以灌输的方式告知教师做事,不如与她们对话互动做出决策有效啊!最重要的是要改变自己组织教研活动的观念和思路。要想让教师在组织幼儿活动时,体现幼儿主动的学习,首先我们教研时就需要体现建构的思想。

许教授提出的关注幼儿学习品质的研究也特别有实践意义。比如许教授在听课过程中,发现有一个小男孩发表了与教师不同的观点:“老师,我刚才碰到那只老鼠了。”她表扬了这个孩子拥有申诉的勇气和积极性,这是值得我们鼓励的学习品质。她还指出,“大胆地说出自己不知道,而且说清楚自己哪里不知道”这也是一种值得关注的学习品质,因为直到成年后还不具备这种品质的话,就很难快速地从他人那里吸纳新知识。由此可见,在日常活动中,看似平常的行为背后原来隐藏着影响幼儿一生的品质。我们要培养幼儿反思评价、自我觉错、自我纠错的学习品质。

在实践中,无论是唱歌活动还是语言、科学活动,都在使用提问让幼儿回忆歌词或者作品内容,但是运用什么提问,如何帮助幼儿回忆,其中策略不同,培养的学习品质也不同。许教授的提问技巧可以让幼儿学会归纳、比较、推理等记忆策略,这些学习策略可以不断迁移,受益终生。许教授先给孩子一个结构,有了这个结构框架,幼儿的创编就有了思路,有效支持了孩子的创编,在此基础上,教师再给幼儿梳理经验,比如动作的创编方面,要根据动作的方向、时值、速度、次数等纬度予以概括,幼儿很快就会掌握创编的方法。这给我启示:在教师指导过程中,要想让教师们也创造性地开展工作,也需要给予教师一个结构,引导教师会创造,在没有那么大的压力的状况下创造。我们都很想让幼儿创编、创造,但是有时不得法,要在下一步的操作中加以实践。

走进教育现场,共同研究区域活动

今天我在阳光园,早晨与李园长、朱园长、孙园长一起去各班跟踪活动区活动。研究主题实施的过程中,非常受益。

走进每一个教室,我们都会驻足观察几分钟。李园长总是第一个而且信心百倍地说:“很好,这个班的活动质量高!”或者很焦虑地说:“不好不好,主题走歪了,怎么孩子的活动那么不投入呢!”因为多年来的实践磨炼了她敏锐的专业观察力。所以跟随一起研究的我们也养成了这样的习惯:首先观察幼儿的活动状态,从幼儿的表情、动作、状态上细致观察分析幼儿参与活动时的主动性、投入性,成为我们评价班级主题实施质量的首要标准,也是教师判断组织效果的根本出发点。继而,依据从每个区域幼儿活动状态,来分析区域的材料投放与使用效率如何?分析教师预设的活动内容如何?分析师幼互动的质量如何?分析幼儿前后获得的经验的连续性如何?通过如此这般的一一诊断、分析主题实施中存在的问题。

当我们走进中班时,教师正在指导幼儿表演“会滚的汽车”,管理者与教师共同观察表演区幼儿表演的过程,教师评价幼儿表演过程中的优缺点,同时结合幼儿表演中的行为表现来分析教师对作品思想内涵的挖掘是否深刻,每个角色的性格特征和特点把握是否准确,情节的发展历程和变化的掌握是否深入。在此基础上,分析表演区的有效指导策略,比如教师的参与性示范、分享幼儿表演片段、针对薄弱点重点突破等等。同时,结合教师指导幼儿过程、评价幼儿过程,帮助教师分析如何解决“幼儿模式化表演”问题,比如打破以教师表演为唯一标准的惯例,允许不同的孩子有不同的表演方式,激发幼儿以不同方式表现同一角色的创造力等等。经过此类各个不同区域的研究,幼儿的各个活动区的质量在不断提升,教师对于区域的指导水平也在不断提高。

其次，以教师疑惑的问题为切入点，在碰撞中转变指导观念。开放的过程也是研究的过程，更是促进教师提高的过程。将每日的生活作为研究的对象，使得我们与教师始终处于不断思考、不断质疑、不断寻求解决策略的研究状态中。对于教师来说，最有效的研究是基于教师面临的真实问题的研究。在解决教师面临的问题过程中，以教育现场为基点，通过对话、碰撞不断建构新的教育经验。

我们在观察跟踪搭建区活动中发现一些问题，比如教师愿意使用圆筒、纸盒等材料代替积木进行搭建活动，这样可以很快解决搭建中幼儿遇到的问题，也能更好地呈现出作品的特点。另一个问题是搭建模式化。幼儿几天内的搭建作品大致相同，没有什么变化。针对这些问题，我们与教师从幼儿发展的角度，一起分析不同长短、厚薄、高矮、大小的积木之间具有一定的比例关系，在使用这些不同材料的过程中，是怎样促进幼儿数、量概念的构建的？一起分析活动的目的是为了外在结果上作品的宏伟壮观，还是幼儿在搭建过程中获得的丰富经验？一起分析使用了这些代替物，是怎样替代了幼儿思考问题、解决问题的发展机会的？一起分析是将教师心目中的搭建作品教给孩子来模仿，还是根据孩子的已有表现运用不同的方式表现？一起分析如何通过分析搭建规律而不是直接教给单一的搭建方法，为孩子提供多元的、富有变化的创造空间？通过这样的分析，教师认识到教师以固定思维束缚孩子的思维存在的问题，理解了搭建过程的意义，理解了教师指导的根本目的，使得搭建活动质量获得很大的提高。

最后，从细节着眼，开展互动对话研究。对于每个活动环节，每位教师的表现都能够从细节着眼，本着高标准高要求进行精益求精的研究。我们就集体活动中教具的提供，教师的提问、教态、表情、示范、站位，教师如何回应等细节问题一一互动研究。从教师评价的思路、方式、内容等不同方面进行细致的研究。除了日常的研究之外，在最后结束活动后，还以集体反思的方式互动交流。

老子曰：“天之道，损有余而补不足。人之道则不然，损不足以奉有余。孰能有余以奉天下？唯有道者。是以圣人为而不恃，功成而不处，其不欲见贤。”

这段话也就是说：自然的规律是减少有多余的来补足不够的，人世的规律却不是这样，是消减不足的而供给有多余。谁能够把多余的东西拿出来奉献给天下呢？只有能够遵循自然规律的人吧。因此，圣人助长了万物而不望报恩，事业成就而不自居有功，像这样做，他从来就没想要显现自己的贤能才德。

管理者作为专业先行发展的引领者，将自己的智慧奉献出来，带动教师不断成长，奉献的同时，自己将获得更多的智慧。何况，教师依然有可能拿出"有余"的部分补充管理者的"不足"。对于教育研究来说，对话式的互动研讨更应该使人人都不以彰显个人才能的心态参与研究，如果仅仅是陈述个人观点，而这些观点同他人的观点不能形成内在的联系，不能"益不足"，便不能称其为"对话"。对话是围绕共同关注的话题或者要解决的问题，结合自己的实践体验表达自己的想法，一个人的观点是在另一个人的观点基础上生成表达出来的，或者是对另一个人观点的补充，或者是反对，或者是质疑，或者是产生的共鸣。总之这些观点之间彼此联系，互相碰撞，真正实现"有余"补了"不足"。如此才能在对话中建构彼此的经验，才是运用集体智慧解决共同的问题，个体之间才形成共同体。

欣赏教师实践智慧的闪光点

——听王娟老师组织儿歌活动有感

随手推门去听王娟老师组织儿歌活动"什么船儿"，这首儿歌特别简单，仅有四句。但是听完了王老师组织的活动，感觉幼儿远远超越了学会四句儿歌内容的要求，在整个活动中，我和王老师一同与幼儿经历了富有乐趣的学习旅行。

活动开头，是一个看似不相关的话题，"上个主题，我们学了哪些儿歌？"幼儿说出了三四个儿歌的名字。随后教师请幼儿倾听"今天的儿歌与以往有什么不一样？"围绕这个话题，教师朗诵了两遍，幼儿便呈现出惊人的认知能力、感悟力和概括能力。

教师：今天的儿歌与以前的儿歌有什么不一样？

幼儿没有应答。

过了一会儿，教师说，我再朗诵一遍。

朗诵第二遍之后，幼儿纷纷表达自己的想法：

孩子1：平常的儿歌没有问题，这个有问题。

教师：诗歌里提出什么问题？

孩子1：什么船儿水上漂？

教师：对，儿歌中有好几个问题。

孩子2：这首儿歌很简单。

教师：你怎么觉得很简单？

孩子2：只有4句话，而且很短。

教师：对，简短容易记。

孩子3：每一句里都有个“儿”字，其他儿歌里没有。

教师：你说说看哪里有“儿”字？

幼儿和教师一起说了好几句，发现果然都有“儿”字。

孩子4：这首儿歌里有问题。

教师：你和刚才那个小朋友想法一样。

孩子4：不仅有问题，还有答案。

教师：对了，一问一答，所以叫问答歌。

到这里，幼儿似乎发表了所有的感受，王老师提出你们听一听每一句的最后几个字，看能发现什么？

教师又朗诵了一遍，幼儿发现后面几个字是一样的。到此，儿歌所具有的一问一答、“儿”字歌、简单有规律、重复性等特点一一被幼儿解读出来。在教师提出问题之后，幼儿的回答是粗浅的、初步萌芽的，教师最为可贵之处是在倾听的基础上引发有效的师幼互动。

教师没有采用让幼儿一句句回忆诗歌内容：“诗歌中说了什么？”但是孩子在完整倾听、对比分析儿歌特点的过程中，已经全部学会儿歌了。

在完整朗诵的过程中，对于个别字不对的地方教师又提出来，为幼儿解释，幼儿很快纠正了细节记忆上稍微模糊的地方。比如在“气垫船”这个地方孩子有点迷茫，教师专门讲了讲气垫船的特点。还有的孩子说“水上游”，儿歌中是“水上漂”，教师和幼儿一起分析了两个词的不同之处。

在课堂的后半部分教师和幼儿开始讨论创编新的儿歌，有一位小朋友开始与旁边的小朋友嘀咕着说话，玩剪子包袱锤的游戏。王老师没有中断课堂，而在活动快要结束时，很严肃地说：“你朗诵一遍儿歌。”显然孩子很会解读教师，知道教师生气了。于是，在几分钟的对峙中，气氛充满了火药味。我都有些紧张了，很担心教师把孩子的一个课堂纪律问题，作为小辫子揪住不放，泛化为评价孩子整个学习的标靶。这时，王老师说：“你请一个小朋友跟你一起朗读。”他怯怯地请了一个小伙伴，王老师嘱咐这个小朋友说：“你小声，让他大声朗诵。”这个孩子终于放松了心情，完整地朗诵出了儿歌，虽然有个别不对的地方。她并没有继续批评这个孩子，而是很平静地说：“你朗诵得不错，如果能够认真创编新儿歌就好了。”孩子很惭愧。

王老师的机智让这个孩子认识到自己的问题，没有让全体小朋友来歧视他，而是帮助、鼓励他。这时孩子才有羞愧感。如果教师的批评让孩子失去了羞愧感、自尊感，在全体小朋友面前都丢掉了面子，那么他下次肯定更加反感，更加不喜欢参与课堂活动。很明显这个孩子的学习力、记忆力都很强，很快就学会了。虽然他之前不能很好地控制自己，在创编时段走神，不能很好地将自己调整到集体学习的轨道上来，但是教师的处理方式已经让他自我感悟到应该如何做。

在活动评析时，我赞赏她是一位善于倾听的教师，是一位机智的教师。

因为在这次活动中，教师没有走过场，而是尊重、欣赏孩子的学习潜力，教师与孩子平等了，不高于孩子一头，教师的心才能静下来，才能珍视孩子说的每一句话，哪怕是磕磕巴巴的话，哪怕是声音很小、没有底气的话。平等了就没有好孩子与差孩子之分，班级活动进程的决策权才能由全体孩子共同掌握，共同推进，即使不符合教师心思的观点也会得到重视；教师没有应付性地被动回应幼儿，而是接纳和理解儿童心灵世界，站到孩子的角度去理解孩子说的话，既不是用教师的先知去评价孩子的粗浅，让孩子敬仰教师，也不是揠苗助长，一下子将孩子拔得老高，让孩子望而却步，而是丰富拓展他所萌芽的观点，是基于孩子水平的支持，是帮助他们建构完善既有的观点。

王老师说得很朴实："我不会说，就让孩子来说。"我说，"你这叫无为教育。"然而"无为"不等于"不为"，"无为"是有智慧的，善于倾听是一种包容的胸怀，一种无为的智慧。

教师的实践智慧有时是无意识的行为，当我与王老师围绕上述活动中的优点进行交流互动时，她更加清晰地理解了幼儿为什么那么踊跃地发言，为什么那么快就能够熟练朗诵了，为什么那个调皮的孩子羞愧地低下头。

我能够感受到：我的欣赏使她满心欢喜，我相信，这次活动中的有效策略将在其今后的实践中得到再次运用，同时其自我效能感的提高将推动其创造新的教育智慧。

在碰撞与质疑中建构新经验

——关于两则故事教学的研究

周一青岛市的挂职园长培训在大尧园开展。首先挂职园长跟踪了程佳佳老师组织的中班故事《好吃的蛋糕》，随后与教师们一起开展互动研讨。

研讨过程中，程佳佳老师在活动设计方面，突出了孩子观察在前、教师示范讲述在后的学习方式，这种方式引起了不少教师的质疑。有的教师问："这个活动到底是故事还是看图讲述？既然是故事教学，是不是应该首先完整讲述故事？"有的教师问："活动中，幼儿首先依据图片讲述用自己的语言讲述，但是语言没有原有的故事优美、丰富，是否会影响孩子对故事语言的学习？"

围绕这些问题，挂职园长和教师们开展了热烈的讨论，大家纷纷发表自己的意见，经过讨论理清了语言教学中的一些基本观念问题：拘泥于是什么课型的讨论毫无意义,关键在于如何看待教材的问题。如果把故事作为工具性教材来组织,仅仅为了学习词汇、句子等,就需要教师首先为孩子示范讲述,这样孩子学得又快又好;但是如果把故事作为人文性教材来组织,教师的着力点以故事为媒介,学习观察的方法、提供运用自身生活经验自主组织语言进行讲述的机会,提供同伴分享讲述经验的机会,教师指导的重点在于依据幼儿的需要帮助其学会有条理地讲述的方法,体验故事中蕴含的情感,体验故事角色心理活动,从而在孩子的心灵中留下痕迹,而不是作为道德教育的小尾巴来重复某个抽象的道理。当我们将故事作为人文性教材,充分尊重孩子学习的自主性、参与性和积极思考的个体能动性,那么课堂也就由教师为主的活动转变为幼儿为主的活动。因为我们追求的不是顺利地记忆故事等显性的、外在的工具性效果,而是引发儿童内在的思想与教材互动、引发儿童就教材的内涵与同伴分享交流。

最后参观的教师说:“现在我们明白了,为什么幼儿在图书角中那么喜欢阅读图画书,孩子专注,因为教师在集体教育活动中着力培养了孩子的观察能力和讲述能力,培养起来幼儿的兴趣!”“难怪你们的孩子做事那么自主、自信,其实让幼儿自主学习已经渗透到你们教学过程中的每个环节,主题实施的全过程。”

周三在阳光园听徐双老师的大班图画书阅读《船夫大叔》,活动后,我请执教教师首先自己反思教学过程,并提出自己感到最难以解决的问题是什么。徐老师说:“每次活动中孩子的回答总是不一样,我觉得最难的就是如何应对来自孩子不同的反应。另外,有时孩子的回答总是远离故事内容,我不知道该如何回应。”

我感到教师这一反思是一个很核心的问题,也是一个值得研究,值得解决好的问题。分析其原因以及解决策略主要有以下几个方面。

首先我们一起分析了“图画书阅读的价值”。图画书图与画的交融使图画书拥有了第三个故事,幼儿总是带着特有的生活经验、兴趣及已有思维水平理解图画书,也必然会产生对图画书的独特理解,因此 40 个孩子在阅读同一本图书时会诞生四十个不同的故事，因此孩子对图画书的独特理解和表达是必然的，也是阅读图画书的根本价值和意义所在。我们不能苛求孩子的表达与图画书中的“文字”相符，而是指导幼儿建立对图画书的“合理”的理解，即幼儿的表达符合观察到的画面所呈现的内容，符合故事发生的逻辑，符合孩子现有的理解水平。

师幼互动过程始终是语言集体教育活动关注的重点，我们又围绕其互动价值进行商讨。活动中仅仅通过一问一答，顺利完成教师预先设计好的环节是不够的，要在互动中彼此倾听、彼此交换想法，这样教师就能了解幼儿现有的想法和需要，判断决策当下环节中教师应该如何反应。我们回顾了活动中教师忽略了一些与自己的教学环节不相符的“回答”，教师坦诚：自己从心底里排斥那些与自己心目中的答案不一致的幼儿想法，这时教师会“失聪”，或不知所措。然而，每位幼儿的回答总是他们自己这个独有的个体的想法，想法必然不同，所以总希望孩子跳到自己划定的圈子里，一方面造成自己的“失聪”，另一方面教师的反应或者评价也总会给孩子带去“失望”、“不确定”，最终导致孩子怀疑自己的想法，想尽办法揣测教师的心思，迎合教师的想法。如果教师开放了自己的心态，将幼儿纳入到活动的进程来，让幼儿与教师一起来推动，接纳孩子的不同想法，教师才能开始“听”，“听懂”孩子的心声，并把自己的想法也说给孩子“听”；如果教师理解孩子是不同的，教师就能悦纳孩子，将孩子的“错误”想法视为提升孩子经验的契机，将孩子“不同”的想法视为拓展活动的契机；如果教师珍视孩子的想法，孩子才能珍视自己真实的内心世界，才能在活动中呈现出更多的创造力和活力！总之，不是让幼儿贴近教师，而是让教师贴近幼儿！

由此可见，教师专业的成长是一个不断否定自我的过程，需要在不断的自我质疑、他人质疑中，引发对实践的深度反思，在不同观点的碰撞中构建新的教学经验。

引导教师关注“看不见的活动成效”

小班在实施“能干的我”主题时，教师指导幼儿将在家庭中能干的表现拍下来，制作成信息报，带到幼儿园与小朋友分享，这样就能将主题延伸到幼儿真实的生活中，也能够实现家长与教师同步实施主题。

从这些信息报中，能够透视家长对此活动意义的理解。有的孩子家长拍下的照片是用矿泉水瓶给小花浇水，够不着，水流不到花盆中，于是搬来一个小椅子，终于把水浇到花盆中。有的孩子家长拍的是孩子拿着大拖把帮妈妈拖地、洗衣服、洗碗等，有点儿摆姿势的味道。前者的家长是真正让幼儿参与到家庭劳动中，尽自己的微薄之力，却是实实在在地付出自己的努力和智慧，只有自己真正付出了，承担起这件事情的责任，才能真正体验到自己的力量和自己做的快乐！有了这些体验，幼儿的分享活动、区域活动就是表现自己的体验。而后者则是为了完成教师布置的任务，仅仅为了拍照片表明我在家里干过了，却没有真正地参与其中。这其实不仅没有实现教师最初的活动目的，让幼儿参与到家庭劳动中，或者在自我服务中体验到自己能干。更令人担忧的是可能会留下难以抹掉的、看不见的教育痕迹：我虽然是做做样子，我虽然就做了一次，但是还是可以跟大家说：“我帮妈妈洗衣服了！”而且受到了教师的表扬。没有付出多少努力的事情却可以在小朋友面前张扬，可以从中获得好评。在与小班教师的交流中，确实也有同感，只是拍拍照片，不能持续性在家鼓励孩子的家长不在少数。所以对于家长的引导应是持续性的。

不止一次地看到小三班教师耐心地等待孩子慢慢地穿背心、包肚皮，坚决不为了赶着下去做操，赶着按点吃饭而代替孩子塞衣服。这让孩子内心深入感受到教师对自己的信任，感受到教师对孩子自己生活的尊重，感受到通过自己努力或者同伴之间互相帮助是可以解决自己应该解决的问题的。

有些课程实施的成效能够看得见，有些课程实施的成效从表面、从形式上看不见，这些看不见的也是有价值的，需要我们深入到主题实施的内在，用心地落实到实处。而往往是这些看不见的更容易在孩子的心灵深处留下印痕。

作品、表征符号最容易让幼儿、家长、其他的教师以及跟踪活动的园领导看得见。在看不见的领域里，是否也同样引发我们去深入思考、去为之付出？例如幼儿的活动品质：当幼儿遇到困难，活动有了瓶颈，我们直接告诉孩子如何做；或者我们代替孩子做；或是我们历经较长的时间，鼓励孩子自己去解决，这三种活动的成效可能从作品表面看来大致是一样的，但是影响到的孩子的活动品质却是不同的。一种努力的、坚持解决困难的精神对于孩子的终身发展都是有价值的。然而我们（包括管理者在内）一定要静下心来，看看作品背后，教师和孩子的付出是怎样的，然后再发出“作品真的很棒”的赞赏！

听中班教师的活动区评价时，一位小朋友饶有兴趣地对自己的拼摆作品讲出了生动的故事。然而，教师讲述时，却首先评价的是“怎样才能让海豚拼得更像？”这是一种发生在每个教室里的经常性的评价角度，即怎样使自己拼摆的，或者泥工制作的，或者绘画的东西更像事物本身。这一评价点是提高幼儿拼摆水平的关键，但是与幼儿现有的讲述兴趣点相脱离，这就表现出教师技能提高至上的价值倾向了。

不可否认，在表现某一种事物时，就是要表现事物的主要特征，但是不是“像不像”就是唯一的美的表现标准呢？中国的国画与西方的油画不同，油画是对原有事物的真实再现，追求逼真，然而国画是对事物的概括性表现，追求神似。我们不能对齐白石说，你的虾没有表现出它有十节身体，也不会挑剔牡丹花叶子没有叶脉。如果将拼摆的作品作为一种艺术性的表现来看，就没有必要一定要求孩子让作品像事物本身。我们应该鼓励孩子运用自己喜欢的方式表现自己对事物本身特征的独特理解，只要孩子有自己的解释。

如此看来，拼摆活动还有“看不见的活动成效”，如自由表达情绪、释放自己情感、映射自己思想的语言。对于孩子来说，单纯地再现一个动物的特征是一件枯燥、无趣的事情。但是让孩子运用拼摆创造一个发生在动物之间的故事却是富有挑战性和有趣的事情。因为孩子可以尽情地将动物赋予情感、意义，也可以将自己的生活体验投射到动物的生活中。这样围绕孩子作品的评价重点也可以发生相应的转移，比如围绕所表达的故事内容展开讨论，凭借故事为载体，拓展幼儿表现内容，并将动物的特征、习性等自然而然地渗透在故事中。

突破既有的模式化思维

我和李园长一起走进小班，此时活动室的墙饰上，展示了主题的进程——“冬天在哪里”和“冬季的服装”，这周进入到第三个核心点“不怕冷”。我们看到幼儿都参与到活动过程中，再进一步深入观察，可以看到有的幼儿在绘画小朋友拍球、跨栏等参加冬季锻炼之类的内容，但可以感受到他们并不是那么发自内心地做着自己喜欢的事情。

倾听教师对主题实施的感受时，郭静老师认为在“冬天在哪里”的感知中，幼儿的感受和体验不够深刻，特别是“冷”的感受，几乎每个孩子在来园、离园的时候，都会被包得严严实实，并没有机会体会到冬天的“冷风”、“严寒”，没有这种真实的体验，幼儿的感受就落在表层。

当问及“在主题过程中，有没有发现幼儿特别感兴趣的活动”时，郭老师说：“在户外孩子发现小池塘里结冰了，特别感兴趣，有的孩子扔个小石子看是不是能打碎，一点儿也打不破，再扔个大些的，仍然不破。甚至个别孩子直接走进去了。我赶紧把他抱出来。孩子很感兴趣，所以我们就让孩子回家去做冻冰花。”

刘燕老师谈到：“幼儿发现池塘里的冰很感兴趣，于是教师捞出一块冰，有的孩子把它放到沙里去，发现冰化了，有的孩子把冰带到教室里，发现冰化了。”

当询问教师是否依据孩子的兴趣拓展产生活动时，她们都很坦然没有。但是从表情中可以感受得到，她们也认为应该依据孩子的兴趣拓展类似“冻冰花”“为什么冰化了”等活动，但是并没有实施。然而当下周等到课程计划里出现

“冻冰花”这个活动时,幼儿的兴趣已经失去,却必须按照教师制定的活动计划实施。如此就失去了适宜的活动时机,既而会带来一个问题,即课程的实施就是方案的落实,而不是对课程的创生过程。同时也带来了另一个问题,看似主题的各个核心之间都是相互联系的,并逐步推进,然而主题推进的依据不是课程方案,而是幼儿的经验。

主题的整合性不在教师的心里,而在幼儿的活动中。所以当我们在实践中实施主题时,着眼点是幼儿现实的活动,而原有的方案中的活动往往应该服从于孩子的需求。这时,作为管理者,指导的重点不是是否落实了主题周计划中制定的各类活动,而是周计划中各类活动的价值、内容与幼儿活动之间的灵活有机结合,以及教师创造性的思考。这对于教师来说是特别具有挑战性的,但是同时也是激发教师内在自主性、创造性的动力。因为发生在不同教室、不同孩子的活动是不同的,教师面对不同的教育情境时所作出的反应也是不同的。有生命力的课程恰恰就产生于此。突破既有的模式化思维是创造性实施课程的关键。

小箱庭,大哲学

2012 年 2 月 17 日、18 日应宁园长之邀,张日昇教授来幼儿园做“箱庭世界”主题的培训。张日昇教授是北师大心理学教授,博士生导师,被称为“中国心理箱庭第一人”。虽然只有短短的两天培训,却使我的心灵得到洗礼,我的思想得以启迪!

张教授培训的主题是“箱庭世界”,本来以为箱庭疗法是一门具体的技术,但是,张教授从“心”讲起,认为箱庭疗法不仅是一门技术,更是对生命的大爱,是人文关怀,是用爱来抚慰一颗受伤的心。张教授在培训中,将“箱庭”纳入整个关于人的学科,如心理学、教育学、社会学、人际学、佛教、哲学等等,从一个生态的系统中为我们解读，而且从我们身边发生的大事、小事，国事、民生上引发出箱庭，所以讲授的内容很自然地滋润了我们每个人的心灵，让我们愉快地、自然而然地悦纳箱庭的观念。这让我感受到，教育也同样如此，不能局限在学科本身，要站在多学科、多领域研究成果的基础上去审视，所以一定要拓展学习的视野，吸纳更为丰富的信息，这样对课程、教育的研究才能走得更远。

同时我也深刻感受到箱庭首先是一门哲学，一门关于如何做人的深奥的哲学。整个笔记中，没有系统的理论阐述，记录下来的大多是富有哲理的警言名句。“信、敬、静、和”四个字足以让我品味一生，践行一生。“人文关怀、明心见性、以心传心、无为而化”是无论放到生活、放到教育还是放到管理皆可适用的“理”！“宇宙之大，世界之小，宇宙无双日，乾坤只一人，天圆地方，感宇宙之无限，箱里庭外，觉世界之虚实。”是不断认识自我、觉知自我、提升自我的人生信条。在教育现场，我们应该信任孩子，敬畏童年；在管理实践中，保持淡泊的心境、宁静的心情，以“和”为基本原则影响他人。这将成为我教育、管理得更好境界目标。

箱庭也是一门科学，我被张教授严谨的科学态度、科学研究方法深深感动。在这个心浮气躁的社会里，教授能够始终保持着实事求是的研究精神，多年如一日地，集中精气神去做好箱庭研究，而且说的就是做的。做的是人实际需要的，做的是符合规律的，做的是实实在在的，这实在是不易。听到张教授所讲的故事，我们多次感动到热泪盈眶。这种精神不仅存在于张教授一人那里，在他的两位弟子张文、姜智玲老师的报告中，这种精神也时时处处可见。真是名师出高徒，两位弟子虽年纪轻轻，但在其报告中呈现了其学识精深、实验精湛、记录翔实，以具体的案例解读了箱庭在特殊儿童治疗过程中的实用策略。一种学术精神做到这个份上，让人不再厌恶、质疑学术研究的社会价值！这让我第一次见识到真正的学术研究的魅力！

我不得不感叹，箱庭世界的基本理念与“开放教育”有着异曲同工之妙。难怪，宁园长能够把张教授请到实验幼儿园，尽管他两人的做事领域不尽相同，但是两人的价值观念、追求却是如此趋同！在下午休息的空闲时间里，张教授为宁园长冲了一杯热咖啡。此情此景颇为感动，特附短文一段。

一杯热咖啡，怎一个情字了得？

他，一位来自创建箱庭文化的教授，

慢条斯理地、有理有序地调制一杯咖啡，

用心、静心、精心、细心地做着，

是一项重大研究？

是对生命的呵护？

是一份生活的享受？

一切就绪后，被端到宁园长的面前，

没有虚伪，

没有客套，

没有目的，

甚至没有一句话，

只有咖啡悠悠然散发着香气！

浸满两位相濡以沫的老相交的心扉！

什么是衡量交情的标准？

这杯咖啡就是明证！

我由衷地敬佩教授达到的境界，由衷地感激宁园长提供机会让我们与教授相处两天，默默地感激宁园长的高瞻远瞩，当年率先带领我们参与团队培训，领略企业管理的风采，跳出教育看教育，推动了团队创建与发展。如今，让我们再次站在大哲人的肩膀看教育，看人生，用箱庭文化净化教育者的心灵，滋润“开放教育”的再发展。

勿让电子产品侵蚀婴幼儿的生活

对不能参与集体活动的孩子，我和部分家长进行了简单的个别交流，总结有两个原因，一个是年龄偏小的注意力集中时间短，一个是不少孩子在家里看光盘、IPAD的现象较多。

案例A：阳光园周四下午一名早教孩子自来园开始就哇哇大哭。经了解孩子来园两次都哭得厉害，平日不喜欢与别人玩。由姥姥和奶奶家一个月一轮流照看。奶奶腰不好，照看期间一直在家中不能下楼。姥姥教孩子背诵唐诗，妈妈教孩子做数学题，还喜欢玩平板电脑。

在沟通过程中，我与姥姥分析了2～3岁孩子的特点、兴趣和需求，请其不要提早教育，停止古诗、数学等教育，不要让他玩平板电脑。尽量克服困难，不要频繁更换教养人。家长一定要坚持带其来幼儿园，教师会在自由活动时间多与其互动。回家后，家人不要批评孩子哭闹，但是要提供更多的外出接触小朋友的机会。

案例B：曙光园周三上午一名孩子集体活动期间，很难集中注意力听指令，一会儿躺在地上打滚儿，一会儿转圈，一会儿走到教师跟前拿教具。爸爸指导孩子过程中，一句话要重复很多遍，而且都是命令式的，会影响孩子倾听指令。经与爸爸一起交流，孩子在家中看电视的时间很长，也喜欢玩手机游戏等。

同一个班级的另外两个女孩，也经常跑离群体，其中一位的年龄比较大，语言表达也不错，但是很敏感，不愿意与他人有身体接触。每天看巧虎光盘、电视的时间也比较长。

现在看来电子产品已经成为孩子生活中经常接触的物品，而且有不少家长对孩子的特点了解比较少。所以我们想开展一个电子玩具与幼儿生活的调查。

类似这样的由于过度观看电视、电脑等电子产品而引起的注意力不集中，不爱交往，或者不乐于动手玩积木等探索性玩具的孩子为数不少。因此我与早教教师全面剖析了电子产品对幼儿成长的影响，以便有效指导家长合理安排幼儿的生活。

有的全职母亲，因为喜爱干净，需要花费大量的时间清扫卫生，因此就用电视代替自己照看孩子，孩子在看电视时，不吵也不闹，而且注意力维持的时间也很长，所以是极好的不花钱的高级“保姆”。有的家长认为孩子非常聪明，很快就会玩 IPAD 中的游戏，在拼图等游戏中可以培养幼儿观察力、敏锐的反应能力等，还可以让孩子学习颜色、汉字等等。有的年轻家长认为孩子天生就喜欢玩游戏，大人玩起来都拔不出眼睛来，让孩子玩玩也没有什么坏处。有的家长有一回家就开电视的习惯，孩子是在电视背景中吃饭、玩玩具，有时电视一更换频道，在一旁玩玩具的孩子会立即警觉到变化。综合看来，家长对电子产品对孩子的影响并没有清晰的认识。因此，在无意当中，电子产品控制了孩子的时间，束缚了他们的双手 ，占据了他们的双眼，掌控了他们的大脑。孩子成为电子产品的“俘虏”，乃至于“牺牲品”。

电视是若干个连续的画面快速播放，看电视或者动画片的过程中，大脑还没来得及反应，就会呈现下一个画面，大脑总是处于被动思维状态，看得时间长了，大脑主动思考的意识就会缺乏甚至受到抑制。而这些画面总是有新奇的内容，对于好奇心和吸收力很强的孩子来说，也就具有无比的吸引力，以至于被动地受到电视的掌控。

同看图画书不同，图画书的画面是静止的，需要儿童自己动手翻阅，可以依据个人兴趣停留，引起大脑的主动观察、分析、对比、思考、判断等一系列复杂的感知、思考、动手过程，因此我们可以看到，喜欢阅读的孩子注意力集中的时间比较长，乐于观察、思考问题。

孩子 1 岁半时，其大脑重量是成人的 75%；至 3 岁前，大脑的纤维髓鞘化过程全部完成。也就是说 3 岁前，是幼儿大脑迅速发展、成长的时间，是人的一生中成长速度最快的时期。

有个别家长反映，如果是孩子喜欢的动画片，他们能够一个人看到晚上十一二点，大脑长时间受到新奇的刺激，会不会影响孩子的睡眠时间？要知道深度睡眠时段也是大脑处理整理信息时段，更是脑发育成长时段。会不会影响孩子一生的思维习惯？主动思考是完成所有智力活动的动力和基础，也是良好习惯中最重要的一环。长此以往孩子会不会成为电视所操控的“牺牲品”？

电视不过就是一个冷冰冰的机器而已，而人的心灵成长需要的是温暖的关系，有着高兴、生气、悲伤、欣喜、着急等不同情绪反应的成人的陪伴。电视能回应孩子的疑问、情绪反应吗？不能。尽管它有时也能让孩子哈哈大笑，然而它不能理解、辨别孩子哈哈大笑背后隐藏的内涵，是嘲笑、幽默的笑、惊奇的笑还是幸灾乐祸的笑，更不能适宜回应、引导。由此不难理解，由机器陪伴长大的孩子为什么不喜欢与教师、小朋友交往，因为在孩子情绪情感发展的关键期内，他缺乏亲人与他亲密接触，不断交往的环境刺激，因此他们对他人的情绪不敏感，对情感反应麻木冷漠。同时得到亲人爱抚、亲昵的心理需求没有得到适宜的满足，经常会出现情绪烦躁、不听教导，甚至出现攻击性行为倾向。

有的家长定期为孩子从网络上下载游戏，认为游戏可以促进孩子发展。那么让我们看看玩电子拼图游戏与玩积木游戏有什么不同。

电子拼图游戏与积木游戏的区别

	电子拼图游戏	积木游戏
操作对象	屏幕操控： 二维空间	实物操作： 多维空间
操作方式	仅依靠视觉的观察	对物体材质、重量、大小、形体的触觉、视觉、重量觉、听觉、空间知觉等多种感觉的综合感知

续　表

	电子拼图游戏	积木游戏
操作过程	大多为随意性试误，被动思考	可随时尝试错误、调整错误，始终处于主动思考过程中
	创造性空间小，玩法与结果是提前预订好的，不可以随自己的意愿、水平而自主做决定	创造性空间大，可以随自己的意愿、水平操弄，创造自己喜欢的任何作品
	不断给予正确还是错误的反馈，而这些反馈是预定程度人判定的	自我反馈活动的成功与失败，适宜与不适宜，是不断自我判断、自我评价、自我反思的过程
操作伙伴	适合一个人面对屏幕玩，无法与成人进行情感交流	可以与成人面对面，边交流互动边玩，增进与亲人的情感互动
操作结果	外在的游戏奖励	内在的成功体验
经济投入	免费下载	需要经济付出
操作管理	简单的开关机即可	收拾整理，这也是学习的过程和良好习惯培养的契机

从对比中我们可以清晰地知道，仅仅看到电子游戏给孩子带来的那一点发展成效，太片面了。尽管信息时代里，电子产品充斥了孩子和大人的世界，然而玩具给孩子带来的乐趣，其蕴含的发展价值，是电子游戏所永远替代不了的。即使是那些孩子吃完后的瓶瓶罐罐，提供给孩子玩沙、玩水，或者装豆子，都远比电子游戏带来的发展价值高得多。特别是从长远的观点来看，直接影响着孩子探究的兴趣、好奇心，动手操作的欲望以及自我观察—自我判断—自我评价的意识和能力。而这些良好学习品质的形成将为孩子的一生奠基。更重要的是，在动手操作中，孩子体验到我能行，我可以做到，拥有自己驾驭环境的能力和调控自己的力量，逐步形成积极的自我。这个只有依靠自我动手、动脑才能诞生的另一个心理上的“自我”，将决定孩子是否愿意积极探索生活中的新奇事物，是否能勇于面对困难、挫折、错误，是否乐于承担具有挑战性的任务。总之，“自我”是幼儿面对任何事情时，无处不在的“镜子”，从这面镜子中看到的东西

是孩子做事的出发点。电子产品可能使这面镜子中的自我很胆小，很懦弱，很无助，也可能阻碍了孩子勇敢地无所畏惧地去探索这个广阔的世界，而是将自己封闭在一个狭小的空间里，无法与外界特别是具有丰富情感的人建立起亲密的关系。

每当谈到这个话题，我眼前总会浮现那个可怜的孩子，目光暗淡，蹲在那个自己喜欢的汽车面前10分钟，都没有动手取出、打开，看看是否能跑起来，坐在美工区中足足30分钟，却不能动手做半点事情。只喜欢自己单独游戏，不跟小朋友交往，见到陌生的成人，就会带着焦虑的情绪跑得远远的。这个孩子每天的生活都离不开电视，都要被灌输汉字，学习英语，而母亲为了自己的事业，每周才能与孩子见一次面，见面时除了以拥抱亲吻孩子的方式来表达爱意之外，不会与孩子说话，也不会与孩子一起玩玩具。孩子虽然拥有良好的家庭经济条件，父母的文化素养也都在本科以上，然而教育素养水平却决定了孩子的发展水平。

无意诋毁电子产品的价值，但是我极力推崇成人与孩子凭借玩具、图书为媒介，与孩子建立起亲密的关系。只有父母才是帮助孩子建立起积极的自我的最重要的他人。积极情感是滋养孩子心灵的“极品参”，而这一资源就是我们父母自身。

成人是孩子成长环境的营造者，家长的生活习惯、观念意识在有意无意之中成为影响孩子发展的决定性力量。我们是否想过，一天当中，我们与孩子有多长的时间沟通交流，有多长时间陪孩子阅读，有多长时间陪孩子玩玩具，创造了多少机会带领孩子走进大自然，而有多长时间孩子受到了电子产品的影响。当我们跟孩子在一起的时候，又是以一种怎样的方式来陪伴孩子，是疲惫地随意应答一下孩子，还是充满激情地很认真地与他说话；抱着孩子一起看电视、玩游戏，还是从孩子的角度出发，创设适宜孩子成长的耳际环境、双眼视野？不要小看这些细微的差别，不是你为孩子投入多少钱决定了孩子的成长，而是在平凡的生活中，你与孩子相处的关系质量决定了孩子如何成长，朝什么方向成长。

解决早教家长观念与行为问题

从跟踪早教家长参与陪同幼儿活动中，发现家长在教育观念和指导方式方面都存在很多问题，因此，我与早教教师一起利用录像、照片等记录，分析家长的行为，为今后的家长指导工作搜集素材。

在跟踪家长陪同幼儿活动时，发现家长不适宜的地方有下列几点。

1. 催促行为

一种是教师在提出问题之后，家长马上告诉幼儿答案，让幼儿按照自己的想法说。一种是在教师安排好活动后，家长用语言一个劲催促“快贴、快点做”，生怕自己的孩子做得慢。而幼儿自然有自己的做事程度和速率，这种催促无疑干扰了幼儿正常的投入做事氛围和程序，不能尊重孩子自己的学习步骤。

2. 纠错行为

幼儿在操作中出现错误后立即以语言或行动予以干涉。特别在美术、动手操作类活动中，家长发现幼儿要粘贴的位置不对了，立即把其挪动到准确的位置上，本来就是为了训练幼儿的手眼协调，结果幼儿无需努力就可在家长的多余的协助下完成了。有的幼儿会选择与教师不同的操作方式，但是家长总会把孩子的行为方式纠正到教师呈现的。例如贴糖葫芦时，有的幼儿会选择由上面、下面向中间贴的方式，但家长会让幼儿按照从上向下贴的方式，因此最后美术作品与教师的示范如出一辙，看不到幼儿出现的问题，也看不到幼儿自主决定的做的不同方式。

3. 代替行为

代替幼儿做事大多出现在幼儿的生活自理方面。比如代替幼儿接水、穿鞋、放衣服等等。有的班级，活动区活动一结束，家长立即争先恐后地冲进来，幼儿则立即伸出小脚，等待“服务”。有的家长则比较尊重孩子自主的权利，放手让幼儿做，幼儿明显地能够自主参与活动，自我服务能力也比较强。

4. 干扰行为

有的家长坐在幼儿后面陪同活动时，会不自然地将手放在幼儿的头上、肩上，不停地抚摸，有的家长会抱着幼儿听课，幼儿依偎在家长身边缺乏学习的状态，而幼儿的思维也常常会受到干扰。

针对这些现象，我们采取小组的形式进行交流互动。我们截取了典型的录像播放给家长看，家长当场就笑了："自己都不知道是这样的，怎么什么事都替代孩子了？""我也是，我都不知道自己什么时候把手就伸过去帮助孩子了。""我怎么话那么多啊！"家长从自我反思就认识到不少问题。同时我们也结合具体情境给家长传播幼儿自己动手做的重要性。比如 2 岁半到 3 岁半是教孩子做到有规矩的关键年龄，应使之形成良好的卫生习惯和遵守作息制度的习惯。2 岁左右幼儿需要在认识自我能力的过程中实现"心理上的诞生"，也是自主性发展的关键期。动手自我服务同玩玩具、上课一样，都会促进幼儿有效发展。

除此之外，教师还结合现场给家长提出具体的要求，采取个别交谈的方式进行交流。家长在教师的导引下在逐步发生变化，但是仍有很多家长的理念和指导不科学。需要我们长期努力。有的老人说："我知道自己做得不对，可就是控制不住。"有的老人说："她还这么小，不帮不忍心。"还有的老人对教师的要求不认同，认为只要孩子不哭就行，想干什么就干什么，不需要什么要求。家长的教育素养参差不齐，特别老人教育观念的改变是一项长期的工程。我们需要有耐心，不是通过一次两次的交流就能解决问题，需要系统的指导和协助。

合作研究早教课程

本周的活动是新增加的主题“饭菜真好吃”，这是基于幼儿在园进餐确立的主题。但是假期修订的主题内容具体实施起来，在周一跟踪活动时发现，认知成分太多，内容远离幼儿生活，幼儿不感兴趣，有个别幼儿开始四处乱跑，歌曲《买菜》因太难，造成幼儿只听不开口唱。

于是跟赵军芳老师重新分析了此主题的价值，其真正价值在于让幼儿喜欢在幼儿园吃饭，而不是认识很多蔬菜。赵老师立即主动重新寻找适宜的内容，一直忙到晚上 10:30，找到的关于小勺和两只老虎方面的内容非常适合宝宝的年龄特点，而且设计了幼儿用小勺盛玩具的操作游戏，这可以解决幼儿生活进餐中不会用勺的问题，提高幼儿动作灵活的盛饭能力。这些内容贴近了幼儿的需求和生活，内容之间也有了整合性，而且内容的难易程度也更加适合幼儿了。更新的内容共享到其他园所时，教师们都感到内容适合幼儿了。由于有了 QQ 群，这种交流就更加便捷、迅速了。

如何让活动区活动随着每个周的主题也发生动态的变换？利用收集来的蔬菜开展怎样的活动才适合 2～3 岁的宝宝？在活动区活动中，我们一直在思考这些问题。对于蔬菜的感知方面，最初教师注重让幼儿表达蔬菜的名称、颜色等，幼儿不感兴趣。经过反思，教师请幼儿带来蔬菜当即分享，请幼儿介绍自己带来了什么，大多数孩子能够自豪地表达。之后我们便投放到活动区中。邱静老师将实物茄子、胡萝卜、辣椒，放在蘑菇丁板上，引导幼儿在其周围放蘑菇丁。有的幼儿利用积木为蔬菜搭家，有的幼儿把蔬菜当作娃娃家的材料，模仿妈妈洗洗、切切、刮皮等。这时，教师需要不断使用语言引导幼儿的行动，在生动的情境中引发接触蔬菜的兴趣。比如教师拿着茄子说：“茄子很软，土豆很硬。”孩子也会动手去拿、捏、扔到地上或者摆弄着，有的拿着黄瓜放在脸蛋上试，说:“凉。”有的拿着西红柿说:“滑溜。”尽管有很多不开口说，但是他们接触了不同质感、形态的蔬菜。有的幼儿将实物放在相应的图片下面，说:“这是白菜。”

万老师请幼儿尝试摘油菜、菠菜，锻炼幼儿手眼协调的同时，感受蔬菜。有的幼儿拿到西红柿和黄瓜就张口咬，教师将黄瓜切开请幼儿品尝。一个至今一直吃干米饭或馒头，从来不吃蔬菜和肉的王雨涵小朋友，咬开黄瓜说好吃。以此为诱导，中午吃掉了两个半肉饼。她的妈妈很惊讶。有个幼儿将葱叶拽下来，说:“大葱的味道。”有的幼儿折断了芹菜，发现里面有长长的线。在收集过程中，不关注幼儿发展的家长也不会参与收集活动，我们就进一步与其交流，说明收集的意义，并引导家长在生活中让幼儿多接触生活中的东西，一样可以锻炼幼儿的小肌肉，可以发展幼儿的多种触觉能力。特别是很多幼儿不喜欢吃带叶的菜，有个别幼儿只吃土豆，需要家长在与幼儿一起探究蔬菜、接触蔬菜过程中，在家庭中丰富做菜的花样，逐步解决幼儿偏食的问题。

早教主题沙龙活动的有效组织

上两个学期，我们通过主题沙龙活动方式的有效组织，高效率地解决了家长不少焦虑的问题，受到家长欢迎的同时，家园合作促进了孩子的成长。因此在本学期初，我们思考如何进一步深化家园主题沙龙的研究，使其成为家园合作的有效形式，并进一步细化主题沙龙的组织要点，研究主题沙龙适宜的活动内容和组织形式。

以前，我们组织活动时，针对家长普遍关注的入园焦虑、生活自理问题，开展“在生活中学习，在做事中成长”的主题沙龙，参与人数较多，主题相对集中，解决的是普遍性问题。这学期，我们通过幼儿小档案、日常的家园沟通、跟踪观察等，发现幼儿之间的差异性比较大，家长的需求也各不相同，因此本学期想通过组织灵活多样、内容丰富的小型主题沙龙，来满足不同家长的需求。由于沙龙的内容会比较丰富，家长的选择空间较大，参加的人数也会相应减少，这样就会创造更多的交流机会，互动密度也可增大。

周五下午，由潘燕老师组织了第一次以早期阅读为主题的家园沙龙活动，来园的家长共12名。潘老师结合日常的图书漂流活动中发现的一些核心问题，如图书选择、图书朗读等方面，设计了活动组织策略。

在活动环节的设计上，潘老师摒弃了理论讲述的组织方式，而是首先请家长选择一些幼儿在家庭中读的图书带到幼儿园，让家长将图书分为你认为哪些孩子喜欢，哪些不喜欢，并谈出自己的理由。在此基础上，教师点评家长对于图书选择的价值判断问题。然后教师将家长带来的图书进行分类，分别讨论每一类图书的价值和利用。之后请家长现场朗读图书，并即时点评，讨论家长为幼儿朗读图书的要点。

活动组织中，潘老师以互动对话为主，尊重家长的参与讨论权，引发每一位家长表达自己的观点，引发家长之间的观点碰撞，营造了宽松、自由、民主的交流氛围，与家长形成了和谐的互动关系。

活动中，我们发现随着绘本在社会中传播的范围和影响力的不断扩大，以及上学期对家长早期阅读的指导，家长们对于幼儿图画书的价值认识、参与热情以及早期幼儿阅读兴趣的培养方面，较去年同期的家长都有很大的不同，他们不少家庭每天为幼儿阅读图画书，幼儿最喜欢做的事情就是阅读图画书，有的孩子睡觉之前必须阅读图画书，有的孩子的阅读量已经积累至几十本甚至上百本。家长们在朗读的水平上也令我们惊讶，由于自身的综合素养比较高，而且有的家长已经研究了松居直的图书，鉴赏过很多的绘本，因此他们的朗读充满感情，重难点的把握很到位，对图书的价值判断也比较到位。

但是我们在活动中也发现许多值得深入探讨的问题：首先，家长在阅读图画书的重要性认识方面，更多地注重认知能力的发展，比如点数、科学知识。随后到来的两位爸爸觉得读图画书是妈妈的事情，是哄孩子睡觉的法宝。因此，我们探讨了“亲子阅读作为培育温暖的亲子关系的重要纽带”的问题，阅读较电子产品有更为温暖的亲子情感交流方面的重要价值，阅读具有对幼儿观察力、理解力、语言表达力等多方面的影响价值。另外，根据家长认为“字越少图画书问题越简单”、“不同年龄的幼儿应该读什么合适”等问题进一步展开讨论，结合现场提供的图画书，家长与孩子一起读过的图画书，进一步深入挖掘图画书的图与画之间的关系，图画书的内涵与幼儿认知水平之间的关系、2～3 岁幼儿认知特点与图画书内容之间的关系等，引导家长为幼儿选择适龄图书，选择适合幼儿思维特点的图书。

其次，在选择图书方面，很多家长选择益智图书，并表达幼儿喜欢这类图书。但通过具体举例发现：有的是超越幼儿年龄的数知识的机械训练，有的是单调的匹配。因此，我们结合 2～3 岁时期幼儿的动作思维为主的特点，探讨了“动手游戏与益智题目谁更有价值”，帮助家长树立让幼儿更多参与实物的操作游戏、生活中的动手操作；并对比了益智图书与图画书的不同，讨论图画书对幼儿的观察力和理解力的培养价值。

最后，在家长朗读图画书过程中，还探讨了“是否依据图画书的原文朗读”“如何让图画书与幼儿的生活联系在一起”“如何停下来与幼儿一起讨论”“家长的哪些提问是适宜的？哪些是不适宜的，为什么？”“家长朗读图画书时的动作、语音语调怎样利于孩子的阅读”等等，剖析了家长朗读过程中有效的指导和不适宜的做法，为家长提供了更加具体的策略上的支持。

通过本次活动，我们感觉到小型的家园沙龙活动成效很好，过程中家长的有益经验得到有效分享，教师也能从中获得丰富具体的信息；而且由于讨论的问题具体，每个家长都能够针对自己的孩子特点提出问题，同时又能获得适宜的支持，因此深受家长的喜爱。我们想继续开展“户外运动与游戏”“电子产品与幼儿生活”“祖辈育儿”等方面的小型家园沙龙，将有共性需求、有兴趣或者问题的家长聚集在一起，通过沙龙形式民主解决。每个园所面临的问题可能不同，选择的沙龙主题也可以不同。

我请潘燕老师将活动组织的程序以及活动内容、实录要点，总结下来，以备其他教师或者下学期组织同类型的家长沙龙活动作为参考，同时刻盘作资料。